AF356265

COURS
D'HYDROGRAPHIE,
OU
DE NAVIGATION.

TOME SECOND.

COURS D'HYDROGRAPHIE,

OU

DE NAVIGATION,

Professé à Paris, & mis à la portée de tous les Navigateurs ;

Par M. DE LASSALE, Professeur de Mathématique & d'Astronomie.

TOME SECOND.

A LONDRES,

Et se trouve à PARIS *chez* ROYEZ, Libraire, Quai des Augustins, à la descente du Pont-Neuf.

M. DCC. LXXXVII.

QUATRIEME SECTION.

INTRODUCTION

A L'ASTRONOMIE NAUTIQUE.

NOTIONS DE LA SPHERE.

399.... SI l'obfervation des aftres eft abfolument néceffaire pour fixer les différens points de la furface de la terre, à plus forte raifon pour déterminer ceux de la furface de la mer, où le navigateur obligé de lutter fans ceffe contre les vents & contre les flots, ne voit rien autour de lui de ftable ni de fixe auquel il puiffe rapporter fa fituation. Les expériences de Lock, qu'il emploie à ce défaut, ne lui donnent, comme nous l'avons vu, que des réfultats vagues & incertains, fur le témoignage duquel il feroit imprudent de fe repofer, même après y avoir appliqué les corrections jugées néceffaires dans différens cas.

D'un autre côté, comment déterminer fans le fecours des aftres la variation inconftante de la bouffole qui doit le diriger dans fa route ? Tout rend donc indifpenfable pour lui la néceffité de connoître le ciel, la fituation & les mouvemens des aftres qui y font, & de fe familiarifer fur-tout avec l'obfervation de ces mêmes aftres qui y font le guide le plus affuré qu'il puiffe avoir fur un élément auffi mobile que celui de la mer.

400... C'eft pour repréfenter le mouvement de ces corps céleftes & en rendre raifon, qu'on a imaginé les différens cercles de la fphere armillaire. Ces cercles, dont la plupart fe trouvent être communs à la terre & aux cieux, font au nombre de dix, parmi lefquels il y en a de grands & de petits.

Les grands cercles font ceux qui ont le même centre que la fphere, & qui la partagent en deux parties égales. Il y en a fix, l'horifon, le méridien, l'équateur, le zodiaque qui renferme l'écliptique & les deux colures.

Les petits cercles n'ont pas le même centre que celui de la fphere, & la divifent par conféquent en deux parties inégales ; il y en a quatre, favoir, les deux tropiques & les deux cercles polaires ; ces petits cercles font paralleles à l'équateur.

Des grands Cercles de la sphere céleste, repréfentés par ceux de la sphere armillaire.

(Pour l'intelligence de ceci, il faut avoir une sphere fous les yeux).

De l'Horifon.

401... L'horifon dont nous avons déja parlé (223) eft un grand cercle qui fépare la partie du ciel que nous voyons de celle que nous ne voyons pas. Il marque le lever & le coucher des aftres. Un aftre fe leve, lorfqu'il paroît fur le bord oriental de l'horifon, & il fe couche lorfqu'il s'abaiffe au-deffous du bord occidental, & qu'on le perd de vue. C'eft fur l'horifon qu'on marque fur‑tout les quatre points cardinaux qui font les limites des amplitudes & des azimuts dont nous aurons occafion de parler dans la fuite pour déterminer la variation de la bouffole.

Du Méridien.

402... Le méridien eft un grand cercle de la fphere célefte, qui paffe par les poles du monde & par ceux de l'horifon. Il coupe perpendiculairement ce dernier cercle aux vrais points du nord & du fud, & partage la fphere en deux parties égales, l'une orientale & l'autre occidentale. Il marque la plus grande élévation des astres sur l'horison, puisqu'il divise en deux également les arcs diurnes de tous les paralleles à l'équateur.

Les poles du méridien indiquent sur le plan de l'horison les vrais points d'*est* & d'*ouest*.

De l'Equateur.

403 ... L'équateur céleste que les marins nomment aussi *ligne équinoxiale*, ou simplement la *ligne*, est un grand cercle qui divise la sphere céleste en deux parties égales ou hemispheres, l'une septentrionale ou boréale, & l'autre méridionale ou australe. Les poles & l'axe de ce cercle sont les mêmes que ceux du monde, puisque le soleil & les autres astres semblent le décrire en tournant chaque jour d'orient en occident. Les deux points opposés dans lesquels l'équateur coupe l'horison, sont les vrais points d'est & d'ouest auxquels répondent précisément les poles du méridien.

Ce cercle est nommé *équateur*, parce que quand le soleil se trouve dans son plan, le jour est égal à la nuit sur toute la terre; ce qui arrive deux fois l'année vers le 20 mars & le 22 septembre.

Du Zodiaque & de l'Ecliptique.

404 ... Le *zodiaque* est un grand cercle ou plutôt une bande circulaire placée obliquement

fur la fphere, d'environ 18°. de largeur, dans laquelle les plantes font leur révolution par leur mouvement particulier d'occident en orient, qu'il ne faut pas confondre avec le mouvement journalier, en vertu duquel le ciel & tous les autres aftres paroiffent tourner d'orient en occident dans l'efpace de 24 heures.

405... Au milieu du zodiaque eft placée l'*écliptique*, grand cercle de la fphere célefte qui coupe obliquement l'équateur, de maniere que les plans de ces deux cercles forment par leur interfection un angle de 23°. 28', & c'eft ce qu'on appelle l'*obliquité* de l'écliptique.

406... L'écliptique repréfente dans le ciel la trace que le foleil décrit par fon mouvement annuel d'occident en orient. Cet aftre ne s'écarte jamais du plan de ce cercle, au lieu que les planetes s'en éloignent de part & d'autre d'une quantité qui peut aller à peu près à 9 degrés; c'eft pourquoi les aftronomes modernes ont porté fa largeur jufqu'à 18°. au lieu de 12°. que lui donnoient les anciens; parce que Vénus peut avoir environ 9°. de latitude.

La largeur du zodiaque comprend donc tout l'efpace en latitude que les planetes parcourent dans le ciel.

407... Les anciens aftronomes ont divifé en 12 conftellations toutes les étoiles du zodiaque, voifines de l'écliptique; ils ont affigné à chacune 30°. d'étendue, & ont nommé ces conftellations ou figures étoilées les 12

fignes du zodiaque. Les voici avec leurs noms
& leurs caracteres particuliers, felon l'ordre
des faifons & des mois auxquels le foleil leur
répond fucceffivement dans l'efpace d'un an.

Printems.		*Automne.*	
Belier.....♈...20 mars		Balance...♎.. 23 feptemb.	
Taureau..♉...20 avril		Scorpion.♏.. 23 octobre.	
Gemeaux.♊...21 mai		Sagitaire.♐.. 22 novemb.	

Eté.		*Hyver.*	
Cancer... ♋... 21 juin		Capricorne.♑. 21 décemb.	
Lyon......♌... 22 juil.		Verfeau.... ♒..19 janvier.	
Vierge...♍... 23 août		Poiffons.... ♓.. 18 février.	

Les fix premiers font dans la partie fepten-
trionale de l'écliptique, & les fix autres dans
la partie méridionale.

408... - Ces 12 fignes defignoient autrefois
dans le ciel les 12 conftellations ou figures
étoilées dont ils portent les noms; mais comme
le point de l'écliptique où le foleil fe trouve
à l'équinoxe du printems, recule tous les ans
d'environ 50″ de degré, & que toutes les
étoiles, en vertu de ce mouvement qu'on
appelle la *préceffion* des équinoxes, paroiffent
avancer de la même quantité; depuis ce tems
la conftellation du belier, qui fe trouvoit à pareille place, a avancé de près de 30°. ou d'un
figne vers l'orient, celle du taureau d'autant,
& ainfi des autres; c'eft ce qui fait que chaque
conftellation ne répond plus aujourd'hui au
figne de même nom, comme on peut le voir

en jettant les yeux fur une carte célefte. Donc par le figne du belier on ne doit entendre aujourd'hui que les 30 premiers degrés du zodiaque ou de l'écliptique, différent par conféquent de la conftellation de même nom, qui n'eft plus à la même place en vertu de la *préceffion* des équinoxes.

409... On appelle points *équinoxiaux* les 1ᵉˢ. degrés des fignes du belier & de la balance auxquels l'écliptique coupe l'équateur. Le paffage du foleil par le premier de ces points eft l'époque du printems, & fon paffage par le fecond eft le commencement de l'automne. Le moment de ce paffage s'appelle l'*équinoxe* : le foleil étant alors également éloigné des poles du monde, fe leve & fe couche ce jour-là aux vrais points d'eft & d'oueft.

410... Au milieu de l'intervalle qui fépare ces deux points, il y en a deux autres qu'on nomme *folfticiaux*, dont l'un répond au premier degré du cancer, & l'autre au premier degré du capricorne. Lorfque le foleil par fon mouvement annuel entre dans le figne du cancer, nous avons le commencement de l'été, & lorfqu'il touche au figne du capricorne, l'hyver commence pour nous.

Des Colures.

411... Les colures font deux grands cercles qui fe coupent perpendiculairement aux poles du monde. Ils partagent l'écliptique & l'équateur en quatre parties égales, & servent par ce moyen à distinguer les saisons; celui 'qui passe par les points équinoxiaux se nomme *colure des équinoxes*, & on nomme *colure des solstices* celui qui passe par les deux points solsticiaux. Ces deux cercles ne sont autre chose que deux méridiens, qui, à cause de leur fonction particuliere, ont reçu différens noms.

Des petits cercles de la Sphere.

412... Le soleil, en vertu de son mouvement diurne, paroît décrire chaque jour un cercle parallele à l'équateur. Ce parallele est d'autant plus petit, que cet astre est plus éloigné de l'équateur. Or l'écliptique dont le soleil ne s'écarte jamais, n'est éloigné de l'équateur que de 23°. 28', tant du côté du nord que du côté du sud : donc les paralleles qui se trouvent à pareille distance de ce grand cercle, sont les plus petits que le soleil puisse décrire par son mouvement diurne.

Ces deux paralleles, dont l'un est au nord & l'autre au sud de l'équateur, se nomment *tropiques* du mot grec Τρεπω qui signifie, je tourne; parce qu'en effet quand le soleil a décrit l'un ou l'autre, il s'en retourne vers l'équateur.

Celui qui est situé au nord s'appelle *tropique du cancer*, parce que le soleil paroît le décrire en entrant dans le signe du cancer le jour du solstice d'été.

Celui qui eft fitué au fud fe nomme *tropique du capricorne*, parce que cet aftre paroît décrire ce petit cercle, lorfqu'il entre dans le figne du même nom le jour du folftice d'hyver.

413... Les cercles polaires font deux petits cercles de la fphere célefte, décrits parallelement à l'équateur par les poles de l'écliptique, tandis que la fphere célefte fait une révolution fur fon axe : leur diftance aux poles eft de 24° 28′, la même que celle qui exprime l'inclinaifon de l'écliptique fur l'équateur.

L'un fe nomme cercle polaire *arctique* ou *feptentrional*, parce qu'il eft près du pole de même nom, & l'autre cercle polaire *antarctique* ou *meridional*, à caufe de fon voifinage du pole de même nom.

414... Pour embraffer toutes les queftions qu'on peut faire fur la pofition d'un aftre en vertu du mouvement diurne, on a imaginé dans le ciel d'autres cercles qui ne fe trouvent point dans la fphere armillaire, mais dont la connoiffance eft néceffaire aux navigateurs ; tels font les *verticaux*, les *cercles* de *déclinaifon*, de *latitude*, de *longitude*, &c.

Des Verticaux.

415... Les *verticaux* font de grands cercles qui vont du zénit au nadir. Ils marquent l'élévation des aftres au-deffus de l'horifon ; car la hauteur d'un aftre eft l'arc du vertical compris entre cet aftre & l'horifon. Ils fervent encore à rapporter un aftre au point de l'horifon auquel il répond verticalement. On peut donc imaginer autant de verticaux qu'il y a de points dans l'horifon.

On appelle *premier vertical* celui qui touche l'horifon aux vrais points d'eft & d'oueft, de forte qu'un aftre qui eft dans le premier vertical, quelqu'élevé qu'il foit d'ailleurs au-deffus de l'horifon, répond exactement à ces deux points cardinaux.

Il eft clair par la définition que nous venons de donner des verticaux, que chaque méridien eft un vertical, puifque ce cercle paffe par le zenit & le nadir, & qu'il coupe l'horifon à angles droits. La hauteur d'un aftre doit donc être appellée *hauteur méridienne*, lorfque cet aftre fe trouve dans le plan du méridien du lieu où il eft obfervé.

416... Si l'on examine à quel point de l'horifon répond le vertical d'un aftre, c. à. d., à quel point de l'horifon cet aftre répond verticalement, ce point fervira à déterminer fon *azimut*; car l'*azimut* d'un aftre eft l'arc de l'horifon compris entre le N. ou le S., & le point de l'horifon auquel répond le vertical de cet aftre. Tous les aftres qui font dans un même vertical ont par conféquent le même *azimut*.

417... On entend par *angle azimutal*, l'angle formé au zénit par la rencontre de deux verticaux qu'on nomme auffi *cercles azimutaux*, dont l'un paffe par les points nord & fud, &

l'autre par le centre de l'aſtre obſervé. Un angle azimutal peut donc avoir plus ou moins de 90°. Si l'angle azimutal a plus de 90°., alors on ſe ſert de ſon ſupplément, parce qu'on a coutume de compter l'azimut du plus proche méridien.

418... Si, lorſqu'un aſtre paroît à l'ho·riſon, on obſerve ſa diſtance aux vrais points d'eſt ou d'oueſt, cette diſtance s'appelle *amplitude*. L'amplitude d'un aſtre eſt donc l'arc de l'horiſon compris entre le vrai point d'eſt ou d'oueſt, & le point du lever ou du coucher de cet aſtre. On l'appelle *amplitude ortive*, lorſqu'on la compte du point d'eſt, & *amplitude occaſe*, lorſqu'elle eſt comptée du point d'oueſt.

L'amplitude ſoit ortive ſoit occaſe eſt toujours nord pour les aſtres qui ſont entre l'équateur & le pole nord, & elle eſt ſud pour ceux qui ſont entre l'équateur & le pole ſud. Ainſi l'amplitude du ſolèil eſt nord depuis l'équinoxe du printems juſqu'à celui d'automne, & elle eſt ſud, depuis le dernier de ces deux points juſqu'au premier.

Des Cercles de déclinaiſon.

419... Les cercles de *déclinaiſon* ſont les mêmes que les méridiens; on les nomme ainſi, parce qu'ils ſervent à meſurer la déclinaiſon des aſtres, c'eſt-à-dire, leur diſtance à l'équateur. On les nomme encore *cercles horaires*,

lorſqu'on n'examine que leur diſtance au premier méridien, parce qu'ils indiquent effec-
tivement l'heure qu'il eſt.

Des Cercles de latitude.

420... Les cercles de *latitude* ſont dans le
ciel de grands cercles qu'on imagine paſſer par
les poles de l'écliptique, & qui ſont perpendiculairement au plan de ce cercle. Ils ſont
nommés cercles de *latitude*, parce qu'ils ſervent à meſurer la latitude des aſtres, c'eſt-à-
dire, leur diſtance à l'écliptique.

Des Cercles de longitude.

421... Les cercles de *longitude* ſont de
petits cercles paralleles à l'écliptique, & par
conſéquent perpendiculaires aux cercles de latitude. On les appelle ainſi, parce qu'ils ſont
dans le ciel la meſure naturelle de la longitude des aſtres, c'eſt-à-dire, de leur diſtance
au point de leur orbite qui répond verticalement au premier point du belier; mais comme ce
ſont des petits cercles, on ne s'en ſert pas;
les aſtronomes préférent de rapporter la longitude des aſtres ſur l'écliptique, qui eſt un
grand cercle de la ſphere.

On n'obſerve dans le ciel que la déclinaiſon
& l'aſcenſion droite des aſtres, & d'après ces
connues on détermine par le calcul leur latitude & leur longitude.

L'*ascension droite* d'un astre est l'arc de l'équateur compris entre le premier degré du belier & le point de ce même cercle qui répond verticalement au lever de cet astre en allant d'occident en orient.

Des Zones.

422..., On a imaginé sur la surface de la terre des cercles analogues à ceux que nous venons de faire connoître dans le ciel. Ainsi on appelle *tropiques terrestres* deux paralleles à l'équateur terrestre, & qui n'en sont éloignés de part & d'autre que de 23° 28'.

On appelle aussi *cercles polaires* deux paralleles à l'équateur terrestre, & qui sont éloignés de ses poles de 23° 28'. Ces quatre cercles partagent la surface de la terre en cinq parties ou bandes circulaires, qu'on appelle *zones*.

423... Tout l'espace de terre & de mer compris entre les deux tropiques s'appelle *zone torride*. Les peuples qui habitent cette zone, voient passer deux fois l'an le soleil au zénit.

424... On a donné le nom de *zones tempérées* à tout l'espace compris entre les deux tropiques & les deux cercles polaires ; il y en a deux, l'une au nord, & l'autre au sud de l'équateur. Les habitans de ces contrées ne voient jamais le soleil au zénit ; telle est, par exemple, l'Europe.

425... On appelle *zones froides* ou *gla-*

ciales, les deux zones qui ont l'un & l'autre pole pour centre ; & qui font comprifes dans les cercles polaires. La zone glaciale du nord eft en partie habitée, puifque la Laponie & la Siberie en font partie ; le refte n'eft qu'une vafte mer couverte de glaces jufqu'au pole.

La zone glaciale du midi eft abfolument inconnue.

La furface ou l'étendue de chaque zone gla-ciale eft fix fois moindre que celle de chaque zone tempérée ; & la torride n'eft que les $\frac{3}{4}$ de la fomme des deux zones tempérées.

Des trois fituations de la Sphere.

Les différentes fituations de l'équateur par rapport à l'horifon ont fait donner à la fphere diverfes dénominations.

426... Lorfque ces deux cercles fe coupent perpendiculairement, c'eft-à-dire, lorfque l'équateur paffe par le zénit & le nadir, qui font les poles de l'horifon, on a, ce qu'on ap-pelle, *la fphere droite.*

427... Si l'équateur coupe obliquement l'horifon, la *fphere eft oblique.*

428... Enfin quand le plan de l'équateur ne forme plus d'angle avec celui de l'horifon, c'eft-à-dire, lorfque ces deux cercles fe réu-niffent & fe confondent, on a la *fphere paral-lele.* Les poles du monde font alors les mêmes que ceux de l'horifon.

429... La fphere droite a lieu pour tous les

peuples fitués fous l'équateur. Si un navigateur fe trouve fous la ligne, il aura les pôles du monde dans l'horifon, & tous les paralleles que les aftres lui paroîtront décrire chaque jour feront coupés en deux parties égales par l'horifon, par conféquent les jours feront égaux aux nuits pendant toute l'année. Dans la fphere droite le foleil paffe au zénit deux fois l'an, favoir, le 20 mars & le 23 feptembre. Toutes les étoiles paroiffent fur l'horifon dans l'efpace de 24 heures; au lieu que dans les autres pofitions de la fphere il y en a une partie qui ne fe leve jamais; enfin on y voit le foleil & tous les aftres fe lever & fe coucher perpendiculairement à l'horifon.

430... La fphere oblique a lieu pour tous les peuples fitués entre l'équateur & les poles. Dans cette pofition de la fphere, tous les paralleles qui peuvent être coupés par l'horifon, le font en deux parties inégales. Tout le tems qu'un aftre refte fur l'horifon depuis fon lever jufqu'à fon coucher, eft mefuré par le nombre de degrés de la portion de fon parallele qui eft au-deffus de l'horifon; c'eft pour cela que cette portion s'appelle l'*arc diurne* de cet aftre. Le jour n'eft égal à la nuit que le 20 mars & le 22 ou 23 feptembre, tems auquel le foleil décrit l'équateur qui eft toujours coupé en deux parties égales par l'horifon. Dans les pays feptentrionaux, tels que l'Europe, on a les plus longs jours tout le tems que le foleil eft dans les fix premiers fignes, parce que durant ce tems-là cet astre décrit des paralleles dont la plus grande portion se trouve au-dessous de l'horison. Il en est de même des pays méridionaux, ils ont les plus longs jours, lorsque le soleil décrit les signes méridionaux. Les peuples qui ont la sphere oblique ont toujours un des poles élevé sur l'horison, tandis que l'autre est abaissé au-dessous. Les étoiles plus voisines du pole élevé que ce pole ne l'est de l'horison, ne se couchent jamais par rapport à eux. Enfin on voit tous les astres se lever & se coucher obliquement à l'horison.

431... La sphere parallele est celle qui a lieu lorsque l'horison est parallele à l'équateur. Il n'y a que deux points sur la terre où cette position convienne ; ce sont les deux poles ; & comme ces deux points sont inhabités ou inhabitables, nous dirons fort peu de choses sur cette partie.

Dans la sphere parallele on a un des poles du monde pour zénit & l'autre pour nadir. L'année y est composée d'un jour & d'une nuit d'égale durée. Tant que le soleil est, par exemple, dans les signes septentrionaux, le pole boréal est éclairé sans interruption ; mais dès que le soleil après l'équinoxe d'automne passe dans les signes méridionaux, on est privé de sa lumiere pendant six mois. Il ne faut pas croire cependant que durant tout ce tems-là il y regne une obscurité parfaite ; on doit en excepter le tems du crepuscule, qui dure 52 jours avant le lever & après le coucher du soleil.

Dans

Dans la sphere parallele les étoiles visibles sur l'horifon ne se couchent jamais, elles font toujours à la même hauteur, & cette hauteur est toujours égale à leur déclinaison; tandis que celles qui font dans l'hémisphere opposé ne paroissent jamais. Les premieres tournent sans cesse autour de l'horifon, & les autres au-dessous.

Du mouvement des Astres.

432... Nous avons déja vu que les cieux en tournant sur les poles du monde entraînoient tous les astres d'orient en occident dans l'espace de 24 heures. Il suffit en effet de considérer le ciel pendant une belle nuit pour s'appercevoir que parmi les étoiles dont il est couvert, les unes se levent, tandis que les autres se couchent, & qu'elles suivent nécessairement la loi commune à tous les corps célestes. Il en est une fort proche du pole nord, qu'on nomme pour cette raison *étoile polaire*. Elle décrit autour de ce pole un cercle si petit, qu'elle paroît sensiblement à la même place, à quelque heure de la nuit & dans quelque saison de l'année qu'on la regarde; les autres décrivent autour du pole des cercles d'autant plus grands qu'elles font plus près de l'équateur.

433... La plupart des étoiles, malgré la grandeur ou la petitesse de leur orbite, conservent, du moins en apparence, la même situation les unes par rapport aux autres; c'est ce qui les a fait nommer *étoiles fixes*. Quelques-unes, en très-petit nombre, ne gardent pas la meme position, ni entr'elles, ni à l'égard des autres, & on les appelle *étoiles errantes* ou *planetes*. On en compte ordinairement six, fans y comprendre la terre; voici leurs noms & leurs caracteres: *Mercure* ☿, *Vénus* ♀, la *Lune* ☾, *Mars* ♂, *Jupiter* ♃ & *Saturne* ♄, auxquelles nous en ajouterons une feptieme, qui eft la planete d'*Herfchel* ♅, découverte en 1781 par le célebre obfervateur Anglois, qui lui a donné fon nom.

434... Les planetes font faciles à diftinguer dans le ciel; elles font en général plus grandes & plus lumineufes que les étoiles, parce qu'elles font plus près de nous; mais elles brillent d'une lumiere moins étincellante, parce qu'étant des corps opaques comme la terre, elles ne peuvent que nous réfléchir les rayons du foleil; tandis que les étoiles fixes font lumineufes par elles-mêmes, & ne paroiffent fi petites qu'à caufe de la diftance prodigieufe où elles font de nous.

435... L'ordre & le mouvement des planetes dans le ciel n'eft pas tel qu'on le juge à la vue, ni par conféquent le meme que celui qui eft repréfenté dans la fphere armillaire, conftruite fur le fyftême de Ptolomée. Dans cette fphere la terre eft au centre du monde, & dans le vrai c'eft le foleil qui occupe cette place; enfuite Mercure, Vénus, la Terre, Mars, Jupiter, Saturne & Herfchel tournent autour de lui dans des orbites plus ou moins grandes, felon qu'elles en font plus ou moins éloignées. Mercure & Vénus font appellées *planetes infé-rieures*, parce qu'elles font plus près du foleil que la terre ; les autres font nommées *planetes fupérieures*, parce qu'elles en font plus éloignées.

La figure 78ᵉ. repréfente les planetes dans la fituation qu'elles doivent avoir réellement & fuivant le fyftème de Copernic.

436... Outre le mouvement commun à tous les aftres, les planetes en ont un autre qui leur eft propre, par lequel elles parcourent le zodiaque d'occident en orient dans des orbites plus ou moins inclinées à l'écliptique, de ma-niere que Vénus, qui s'en écarte le plus, n'a jamais au-delà de 8°. 40′ de latitude ou de diftance à l'écliptique : chacune de ces orbites coupe donc l'écliptique en deux points op-pofés, qu'on appelle *nœuds*.

437... La durée de la révolution moyenne des planetes ne peut fe déterminer exactement, dit M. de *Lalande*, (*abr. d'aft. pag. 194*), que par leur retour au foleil, c'eft-à-dire, par le moyen de leurs conjonctions ou de leurs op-pofitions : « en effet, puifque c'eft autour du » centre du foleil que les planetes tournent, » c'eft autour de lui que leurs révolutions » doivent être comptées, & c'eft au foleil qu'il » faut les rapporter ; mais les conjonctions & » les oppofitions font les feuls points où le lieu » d'une planete vu de la terre foit fur la même

» ligne que le lieu vû du foleil , & où l'on
» puiſſe avoir directement le lieu vu du foleil ;
» ce font donc là les circonſtances qu'il faut
» employer à ces recherches ».

Ces révolutions font très-inégales , & dépendent de cette belle loi de Kepler , *que les
quarrés des tems employés par l s planetes à
parcourir leur orbire autour du foleil font dans
le même rapport que les cubes de leurs diſtances
à cet aſtre.*

438 . . . Saturne & Jupiter font accompagnés
de petites lunes ou fatellites qui tournent autour de leur planete principale, comme la lune
autour de nous. Ces fatellites font fujets à
de fréquentes éclipfes qui peuvent , fur - tout
celles des fatellites de Jupiter , devenir très-
utiles pour la détermination des longitudes
fur mer , fi l'on parvient un jour à pouvoir
les obferver malgré l'agitation du vaiſſeau.

*Du mouvement annuel du Soleil & de fes
inégalités.*

439 . . . Outre le mouvement en vertu duquel le foleil paroît décrire chaque jour un
cercle parallele à l'équateur, il en eſt un autre
dont la durée eſt de 365 j. 5 h. 48′ 48″, &
qui lui eſt particulier. Ce mouvement fe fait
en fens contraire du mouvement diurne , c'eſt-
à-dire , d'occident en orient , felon l'ordre des
fignes vers lefquels cet aſtre avance chaque
jour d'environ un degré, de maniere qu'il fait
le tour du ciel en un an.

440... Si le soleil répond aujourd'hui à une certaine étoile, ou passe au méridien avec elle, demain il en sera éloigné d'un degré environ ou plus exactement de la quantité moyenne 59' 8" vers l'est ; le lendemain de deux fois 59' 8" ; le troisieme jour de trois fois autant ; enfin il ne se retrouvera avec la même étoile, ou ne repassera au méridien avec elle qu'au bout d'un an, ou de 365 jours ¼ environ.

441... Il faut encore observer, 1°. que le soleil par son mouvement annuel décrivant l'écliptique qui est incliné à l'équateur de 23°. 28', change chaque jour de parallele à l'équateur, puisqu'il en est tantôt plus près, tantôt plus loin ; par la même raison sa déclinaison doit varier aussi tous les jours. Au tems des équinoxes, cet astre paroît décrire l'équateur & à zéro de déclinaison ; aux solstices, il paroît décrire l'un ou l'autre des tropiques, & sa déclinaison est alors de 23°. 28', c'est-à-dire, la plus grande possible.

442... 2°. Que le mouvement de cet astre sur l'écliptique, que les astronomes appellent son *mouvement en longitude*, n'est pas absolument uniforme, puisqu'on a observé qu'il accelere peu-à-peu sa course depuis le 1er juillet jusqu'au 31e de décembre, c'est-à-dire, depuis le point de son orbite le plus éloigné de la terre, qu'on nomme *apogée*, jusqu'au *perigée*, qui en est le point le plus près ; & qu'il la ralentit depuis son passage par le dernier de ces points jufqu'à fon retour au premier, de maniere que dans fa plus grande viteffe il décrit 61′ 12″ par jour, dans fa plus petite 57′ 12″, & dans fa moyenne 59′ 8″. Cette inégalité dans le mouvement du foleil vient uniquement de l'excentricité de fon orbite.

La droite qui joint l'apogée & le perigée du foleil, & qui paffe par le centre de la terre, s'appelle la *ligne des abfcides.*

443... Le foleil a une autre inégalité qui provient de l'obliquité de l'éclip·ique fur l'équateur. Cette inégalité rapportée à l'équateur va quelquefois à 1°. 55′ 31″ en plus, & quelquefois en moins. Le plus a lieu au commencement d'avril, & le moins au commencement d'octobre, c'eft-à-dire, vers le tems des équinoxes.

444... Outre ces inégalités principales, le foleil en a plufieurs autres moins fenfib'es, dont la caufe eft l'attraction réciproque de toutes les planetes qui l'environnent.

Du mouvement particulier de la Lune & de fes inégalités.

445... La lune eft après le foleil le plus remarquable de tous les aftres, & celui qu'il importe le plus au marin de connoître. Tous les mois cette planette change de figure, & tourne autour de la terre dans une orbite, qui quoique elliptique différe peu de celle du cercle : tandis qu'elle paroît fe lever & fe coucher comme tous les aftres d'orient en occident, elle retarde & femble reculer vers l'orient d'en-

viron 13°. 10′ 35″. Ce mouvement particulier
eſt appellé le mouvement propre de la lune ;
il eſt ſi conſidérable (1), qu'il ſuffit de l'obſerver un inſtant avec attention pour s'en appercevoir. Cet aſtre ayant paru d'abord auprès de
quelque étoile remarquable, s'en éloigne tous
les jours vers l'eſt de la quantité moyenne 13°.
10′ 35″, & revient à la meme place au bout
de 27 jours, 7 heures 43′ 12″. Cet eſpace de
tems eſt la durée exacte de ſa révolution autour de la terre, & c'eſt ce qu'on appelle ſon
mois *périodique.*

446... Sa révolution par rapport au ſoleil
eſt un peu plus longue, elle eſt de 29 jours
½ environ, c'eſt à-dire, que ſi la lune paſſe
aujourd'hui au méridien en même tems que

----

(1) Le mouvement propre de la lune, comparé à
celui du ſoleil, étant d'environ 12°. en 24 heures, elle
doit faire un demi - degré ou 30 minutes de ſon
orbite par heure, & par conſéquent une demi minute
de degré en une minute de tems. Or une demi-minute
de l'orbite lunaire répond à 10 lieues marines : car la
diſtance du centre de la terre à la lune, ou le rayon
de l'orbite lunaire, eſt d'environ 60 fois plus grand que
le rayon de la terre ou d'un de ſes grands cercles, tel
que celui de l'équateur. Donc un degré de l'orbite
lunaire vaut 60°. de l'équateur terreſtre, par conſéquent
une minute de cet orbite vaut un degré de l'équateur,
& une demi-minute, un demi-degré : mais le degré de
l'équateur eſt de 20 lieues marines : donc la demi-
minute de l'orbite lunaire répond à 10 lieues : ainſi la
lune fait environ 10 lieues marines en une minute de
tems, ce qui rend ſa vîteſſe aſſez ſenſible.

B iv

FIG. le foleil, elle ne fe trouvera au méridien avec lui qu'au bout de 29 jours 12 h. 44′ 3″ ; en forte que fi l'on divife par ce dernier nombre les 360°′ de fa révolution, on verra que la quantité moyenne dont elle avance vers l'orient, à l'égard du foleil, eft de 12°. 11′ 27″ par jour. Cette révolution de la lune eft ce qu'on appelle *une lunaifon*, *un mois* ou *une révolution fynodique* ; c'eft l'intervalle d'une nouvelle lune à la nouvelle lune fuivante.

447... La différence de ces deux révolutions vient de ce que le foleil s'avançant par fon mouvement propre dans le même fens que la lune, celle-ci dans un même intervalle de tems doit donc fe trouver moins éloignée de cet aftre que des étoiles. Auffi voit-on que la différence qu'il y a entre les deux nombres 13°. 10′ 35″, & 12°. 11′ 27″ qui expriment la durée de ces révolutions, eft précifément de 59′ 8″ qui eft la quantité moyenne dont le foleil s'avance vers l'orient dans l'efpace d'un jour.

79.   448... Le mouvement de la lune eft très-inégal pendant la durée de fa révolution ; fa plus grande vîteffe a lieu lorfqu'elle eft au point P de fon orbite, le plus près de la terre, qu'on nomme fon *perigée*. Depuis le perigée la lune s'éloigne de la terre, & diminue de vîteffe jufqu'au point A, qu'on nomme fon *apogée*. Paffé ce terme, fa vîteffe commence à augmenter & ainfi de fuite. La droite AP, qui joint ces deux points, l'apogée & le perigée,

fe nomme *la ligne des abſides* , elle paſſe par
le centre de la terre , & a un mouvement autour de ce centre , de maniere que le tems
de la révolution de ces points eſt d'environ
19 ans.

449... La lune s'approche donc de la terre
à meſure que ſa viteſſe augmente , ce qui fait
que ſon diametre paroît augmenter auſſi ; elle
s'en éloigne au contraire à meſure que ſa viteſſe
diminue , & ſon diametre paroît alors plus
petit. On peut donc dire que la viteſſe de la
lune dans ſon orbite , ſa diſtance à la terre &
la grandeur apparente de ſon diametre dépendent à la fois de ſa diſtance à ſon apogée , qui
eſt le terme de l'inégalité principale de ſes
mouvemens ; c'eſt-à-dire , de l'angle A T L
formé au centre de la terre par les lignes T A,
T L, dont l'une va aboutir au point A de
l'apogée , & l'autre au centre même de la
lune.

450... Enfin l'orbite de la lune étant inclinée à l'écliptique de 5°. 8′ 52″ dans ſes
moyennes diſtances , coupe ce cercle en deux
points oppoſés , qu'on appelle *les nœuds* de la
lune; en ſorte que pendant environ 13 jours
$\frac{1}{2}$ cette planete eſt au nord de l'écliptique, &
pendant autres 13 jours $\frac{1}{2}$ elle eſt au ſud de
ce même cercle. Sans cette inclinaiſon nous
aurions tous les mois une éclipſe de ſoleil, le
jour de ſa conjonction ou de la *nouvelle lune*,
& une éclipſe de lune, le jour de ſon oppoſition
au ſoleil , qu'on nomme *pleine lune*.

FIG.

Si l'orbite de la lune coupe l'écliptique au premier point du belier , comme cela eft arrivé en 1783 , 18 mois après elle la coupera au commencement des poiſſons, c'eſt-à-dire , que ſon nœud aura retrogradé d'environ 30°. ou d'un ſigne : il fait donc le tour du ſoleil en ſens contraire dans l'eſpace de 18 ans environ , au bout deſquels la lune repaſſe vers les mêmes étoiles , & tout recommence dans le même ordre.

451... Cette période de 18 ans plus 10 ou 11 jours, ſelon qu'il y a dans cet intervalle une biſſextile de plus ou de moins, ramene les éclipſes de lune à la même date de l'année civile.

Des phaſes de la Lune.

La lune , comme toutes les planetes , eſt un corps opaque qui n'a d'autre lumiere que celle qu'elle emprunte du ſoleil ; la partie de ſa ſurface tournée vers la terre nous réfléchit cette lumiere , & c'eſt ce qui donne lieu aux diffé-rens aſpects ſous leſquels nous la voyons. Ces changemens ſont connus ſous le nom de *phaſes* de la lune.

80

452... Lorſque la lune en parcourant ſon orbite ſe trouve en N entre la terre T & le ſoleil S , ſon hémiſphere qui n'eſt point éclairé des rayons du ſoleil eſt alors tourné vers nous, c'eſt pourquoi nous ne le voyons pas ; elle eſt alors *nouvelle* ou en *conjonction* , & c'eſt de cet inſtant même qu'on commence à compter l'âge de la lune. Si cette planete, lors de sa conjonction, se trouve dans un de ses nœuds ou fort près, elle cache les rayons du soleil à une partie de la terre, & il se fait alors une éclipse de soleil qui est visible pour cette partie du globe. Ces sortes d'éclipses ne peuvent donc avoir lieu que dans le tems des conjonctions ou des nouvelles lunes (1).

―――――――――――――――――

(1) Lorsque la lune lors de sa conjonction se trouve dans un de ses nœuds ou fort près, elle est alors dans le plan de l'écliptique entre le soleil & la terre : elle doit donc intercepter une partie des rayons du soleil, & son ombre prolongée en forme de cône jusqu'à la terre doit y causer une éclipse totale dans les endroits sur lesquels elle tombe. Tous les lieux situés aux environs de l'ombre, jusqu'à une certaine distance, n'ont en même tems qu'une éclipse partielle, parce qu'ils sont privés des rayons d'une partie du soleil, tandis qu'ils en reçoivent de l'autre partie de cet astre. Cet espace qui environne l'ombre de la lune, s'appelle *la penombre*. Cette penombre est d'autant plus large & le cône d'ombre au contraire d'autant plus étroit, que la lune est plus éloignée de nous. Il peut même arriver que le cône d'ombre ne parvienne pas jusqu'à la terre, à cause de la trop grande distance de la lune. Dans ce cas l'éclipse de soleil est appellée *annulaire*, parce que le diametre apparent du soleil étant plus grand que celui de la lune, déborde de tous côtés le disque de cette planete, & forme tout autour un anneau ou une couronne lumineuse. Ces sortes d'éclipses sont en même tems centrales, le centre de la lune paroissant alors sur le centre même du soleil. Une éclipse de soleil annulaire peut durer depuis 8′ jusqu'à 12′ $\frac{1}{2}$. Le premier cas a lieu, lorsque la lune & le soleil sont apogées, & le second arrive lorsqu'ils sont tous deux perigées.

FIG.

453... Le jour de la conjonction la lune se leve, passe au méridien, & se couche à peu près en même tems que le soleil; le lendemain un plus tard, & de plus en plus tard les jours peu suivans, de maniere que la quantité moyenne de ce retard est de 48' à 49'.

80. 454... Lorsque la lune environ 7 jours ½ après sa jonction est parvenue en Q à 90°. du soleil vers l'orient, elle ne nous présente que la moitié de son hémisphere éclairé & la moitié de celui qui ne l'est pas; aussi ne voyons-nous que le ¼ de son disque en forme de croissant. C'est pour cette raison qu'on appelle cette phase *le premier quartier* de la lune. Les cornes de son croissant sont tournées vers l'orient, & sa partie éclairée vers l'occident.

Elle se leve alors vers midi, passe au méridien quand le soleil se couche, & se couche elle-même vers minuit.

455.... A mesure que la lune avance dans son orbite, elle augmente tous les jours en lumiére, jusqu'à ce qu'elle soit parvenue en P à 180°. du soleil, ce qui arrive environ 15 jours après sa conjonction. Elle paroît alors tout-à-fait circulaire, parce que son hémisphere éclairé est tourné vers nous, & c'est le moment de la *pleine lune* ou de *l'opposition*; elle éclaire alors toute la nuit; car elle se leve quand le soleil se couche, & ne se couche elle-même que vers le lever de cet astre. Si la lune est alors dans un de ses nœuds ou fort près, la terre, qui se trouve entre le soleil & elle, lui cache en total ou en partie les rayons de cet aftre, ce qui produit une éclipfe de lune (1).

456... Après la pleine lune commence le *décours* ou la diminution de fon hémifphere éclairé. Cette planete nous préfente alors des phafes femblables à celles que nous avons vues dans le tems de fon accroiffement, mais en fens contraire. Elle eft d'abord ovale, puis

---

(1) Les éclipfes de lune font moins fréquentes que celles du foleil, puifqu'il en arrive trois de foleil contre deux de lune fur la furface de la terre prife généralement. Ce calcul eft fondé fur les confidérations fuivantes.

Pour que la lune foit éclipfée, c'eft-à-dire, pour que le bord de la lune puiffe toucher le bord du cône d'ombre de la terre, il faut que la latitude de la lune ne furpaffe pas 64', ou en calculant du centre du cône, il faut que le $\frac{1}{2}$ diametre du cône d'ombre, dont le *maximum* eft 46' 19", ajouté au demi-diametre de la lune, ne furpaffe pas 64'.

Et pour qu'il arrive une éclipfe de foleil, c'eft à-dire, pour qu'une partie de la terre entre dans l'ombre de la lune, il faut que la parallaxe horifontale de la lune qui eft égale à 60', plus les deux demi-diametres de la lune & du foleil n'excedent pas 90' à peu près ; mais 90' comparées avec 60' à très-peu près font dans le même rapport que 3 2 : donc il doit y avoir trois éclipfes de foleil contre deux de lune ; puifque dans le premier cas il fuffit que la parallaxe de la lune, plus les $\frac{1}{2}$ diametres du foleil & de la lune foient éloignés de l'écliptique de 90' ; tandis que pour les éclipfes de lune, il faut que le $\frac{1}{2}$ diametre du cône d'ombre, plus le $\frac{1}{2}$ diametre de lune ne foient éloignés de l'écliptique que de 60' ou 64' au plus.

FIG. 80 sous la forme d'un demi - cercle tourné vers l'orient, ce qui arrive lorsqu'elle est en R, & c'est le moment de son *dernier quartier*. Elle se leve vers minuit, passe au méridien vers les 6 heures du matin, & est alors âgée d'environ 22 jours. Bientôt le demi-cercle lumineux diminue, & prend la forme d'un croissant qui devient chaque jour plus étroit. Ses cornes sont tournées vers l'occident & sa partie éclairée vers l'orient ; elle se rapproche peu à peu du soleil, & se perd enfin dans ses rayons au bout de 29 jours $\frac{1}{2}$ environ, ou d'un mois synodique. Ainsi, quand la lune a atteint le soleil, il y a plus de deux jours que sa véritable révolution est finie, puisque celle-ci ne dure que 27 jours 7 h. 43′ 12″.

457... On appelle *syzigies* les deux points N & P de son orbite qui répondent aux nouvelles & pleines lunes ; & la ligne NTR qui joint ces deux points, s'appelle *ligne des syzigies*. Les deux points Q & R s'appellent *les quadratures*.

Du Nombre d'or & des Epactes.

458... Le nombre d'or ou *cycle lunaire* est une révolution de 19 années solaires, qui contient 235 lunaisons, & par conséquent toutes les variétés qui peuvent arriver dans cet intervalle aux nouvelles & pleines lunes. Ce fut *Meton*, Grec d'origine, qui trouva environ 432 ans avant J. C. qu'au bout de 19 ans les nouvelles lunes tomboient aux mêmes jours de l'année civile, auxquels elles arrivoient 19 ans auparavant. Les Grecs, qui n'avoient eu jusqu'alors aucune connoiſſance exacte du mouvement de la lune & de la durée de ſa révolution, conçurent une ſi haute idée de cette découverte, qu'ils firent graver en lettres d'or l'année de ce cycle : c'eſt pour cette raiſon que le nombre qui déſigne l'année du cycle , eſt encore aujourd'hui appellé *le nombre d'or*.

459... Ces nombres ſervoient à marquer dans le Calendrier les jours de chaque mois auxquels arrivoient les nouvelles lunes. Les connoiſſances aſtronomiques s'étant peu à peu perfectionnées , on s'apperçut enfin que cette méthode de trouver les nouvelles lunes n'étoit pas exacte. En effet, 19 années de 365 jours 6 heures, comme on les compte dans l'état actuel du Calendrier, font 6939 jours 18 heures ; & 235 lunaiſons ou mois ſynodiques de 29 jours 12 h. 44′ 3″ ne font que 6939 jours 16 h. & environ 32′. Ce dernier produit étant plus petit que le premier d'environ une heure $\frac{1}{2}$, il eſt clair que les nouvelles lunes doivent arriver une heure & demie plutôt tous les 19 ans. Cette petite différence fait une erreur d'un jour dans l'eſpace de 312 ans $\frac{1}{2}$. C'eſt ce qui a obligé d'employer les épactes dont nous parlerons dans peu.

460... Pour trouver le nombre d'or qui appartient à une année, il faut ajouter 1 à l'année propoſée, & diviſer la ſomme par 19,

le reſte de la diviſion eſt le nombre d'or, &
on néglige le quotient; s'il ne reſte rien, le
nombre d'or eſt 19. Par exemple, pour trouver le nombre d'or de l'année 1780, je diviſe
1781 par 19, & le reſte de la diviſion, 14,
eſt le nombre d'or de l'année 1780. On ajoute
toujours l'unité à l'année propoſée, parce
qu'au commencement de l'Ere chrétienne, il
y avoit déja un an que le cycle lunaire étoit
révolu.

Des Epactes.

461... L'*épacte* n'eſt autre choſe que le
nombre de jours dont l'âge de la lune précede le commencement de l'année civile. L'é-
pacte vient donc de ce que l'année lunaire
n'étant que de 354 jours, eſt plus courte que
l'année ſolaire qui en a 365. Cette différence,
qui eſt 11, s'accumule ſucceſſivement pendant
la durée d'un cycle, de ſorte qu'on peut dire
que l'âge de la lune & par conſéquent l'épacte
augmente chaque année de 11 jours, à partir
de la ſeconde du cycle lunaire. Ainſi lorſque
la premiere année du nombre d'or eſt écoulée,
la lune a onze jours, c'eſt à-dire, que l'épacte
de la ſeconde année eſt 11, celle de la troi-
ſieme année eſt 22, celle de la quatrieme 33,
ou ſimplement 3 en retranchant 30, quoique la révolution de la lune ne ſoit que de
29 jours $\frac{1}{2}$; parce que l'épacte augmentant de
11 jours chaque année, pour tenir compte
à peu près de ce qu'il a de trop, on compte

dans

dans ce cas les mois lunaires comme s'ils étoient de 30 jours.

462... Ainsi pour trouver l'épacte d'une année, il faut ôter une unité du nombre d'or, multiplier ensuite par 11, & diviser ce produit par 30; ce qui reste après la division est l'épacte ou l'âge qu'avoit la lune à la fin de l'année précédente. Par exemple, si l'on demande l'épacte de 1782, dont le nombre d'or est 16, je multiplie 15 par 11, & divisant le produit 165 par 30, il reste 15 pour l'épacte de 1782; ce qui signifie que la lune avoit 15 jours lorsque l'année 1782 a commencé.

La regle que nous venons de donner peut être d'usage depuis 1700 jusqu'à 1800; mais elle souffre une modification à chaque siecle à cause de l'omission de la bissextile, qui ôtant un jour à l'année, change nécessairement l'âge de la lune.

Maintenant que nous sommes en état de trouver l'épacte, voici l'usage qu'on en peut faire pour avoir à peu près l'âge de la lune, un jour proposé.

463... Pour trouver l'âge de la lune un jour proposé, ajoutez ensemble l'épacte, le nombre des mois écoulés depuis mars inclusivement & le quantieme du mois, la somme, si elle ne passe pas 30, sera l'âge de la lune; si elle passe 30, l'âge de la lune sera l'excès de cette somme sur 29 ou 30, selon que le mois aura 30 ou 31 jours. Par exemple, on demande l'âge de la lune le 12 septembre 1782, j'ajoute ensemble les nombres 15, 7 & 12 qui font l'épacte, le nombre des mois écoulés depuis mars & le quantieme du mois ; de la fomme 34 j'ôte 29, parce que feptembre n'a que 30 jours, & l'excédent me fait voir que la lune avoit 5 jours le 12 feptembre 1782.

464... Quant aux mois de janvier & de février, on ne fait qu'ajouter 1 à l'épacte de l'année propofée, & on ôte la fomme de 30 pour le mois de janvier, & de 29 pour le mois de février. Par exemple, veut-on favoir l'âge de la lune le 25 janvier 1779 ? Au quantieme du mois 25 j'ajoute l'épacte 12, plus 1, & de la fomme 38 j'ôte 30, le refte 8 eft l'âge qu'avoit la lune le 25 janvier 1779.

465... Lorfqu'on connoît l'âge de la lune, on peut favoir quel jour arrive la pleine lune ; mais on peut le trouver immédiatement, en ajoutant feulement l'épacte & le nombre des mois écoulés depuis mars, & retranchant la fomme de 29 ou de 30, felon que le mois a 30 ou 31 jours. Si cette fomme étoit trop forte, on la retrancheroit de 60.

La raifon de cette pratique eft bien fimple, la fomme de l'épacte & des mois écoulés depuis mars donne l'âge de la lune à la fin du mois propofé, & en l'ôtant de 30, il doit refter le jour de la nouvelle lune.

Par exemple, veut-on favoir quel jour arrivera la nouvelle lune au mois de juin de l'année 1785 ? j'ajoute l'épacte & le nombre des mois écoulés depuis mars, c'eft-à-dire, 18 & 4, & je retranche la fomme 22 de 30, parce que le mois de juin n'a que 30 jours; le refte 8 me fait voir que la lune fera nouvelle le 8 de juin 1785.

466... Connoiffant de cette maniere le jour de la nouvelle lune, il feroit facile d'avoir les autres phafes : mais on ne peut fe diffimuler que le calcul des épactes eft trop groffier pour être d'ufage fur mer, puifque les réfultats ne font que des approximations fur lefquelles on ne doit compter qu'à un ou deux jours près, dans certains cas; c'eft pourquoi il faut avoir recours à d'autres moyens.

Méthode plus exacte que les épactes pour avoir les phafes de la Lune.

467... Lorfqu'on veut avoir fur mer l'âge de la lune avec quelque précifion, il faut employer à cette recherche les tables aftronomiques que M. l'*Abbé de Lacaille* a inférées dans fon édition du traité de Navigation par *Bouguer.* Ces tables., qu'on trouvera à la fin de cet Ouvrage, ont été calculées de nouveau avec le plus grand foin; elles donnent le vrai tems des phafes de la lune à 10 ou 12 minutes près communément, il n'y a prefque jamais une demi-heure de différence dans les plus grandes erreurs. Cette précifion eft plus que fuffifante pour l'objet qu'on fe propofe, qui eft de déterminer l'heure du flux ou du reflux de la mer ; car trois heures d'incertitude fur le vrai tems des phafes de la lune ne peuvent produire tout au plus que 10′ d'erreur fur l'heure de la marée, à moins que des caufes étrangeres & imprévues, comme des vents forcés, n'en interrompent le cours. Voici l'explication des tables que cette méthode fuppofe.

468... Il y a trois tables employées à ce calcul. Dans les deux premieres qui font les tables des années & des mois, les colonnes qui ont en tête la lettre P, fervent à indiquer l'ordre des phafes de la lune pour les années & les mois correfpondans. Par exemple, le nombre 1 exprime une nouvelle lune, le nombre 2 un premier quartier, 3 une pleine lune, 4 un dernier quartier, 5 la nouvelle lune fuivante, 6 le retour du premier quartier, 7 la pleine lune fuivante, 8 le retour du dernier quartier; de forte que dans ces deux premieres tables une nouvelle lune eft indiquée par le tems, où le nombre P des années fait 1 ou 5 avec le nombre P des mois; un premier quartier eft indiqué par le tems, où le nombre P des années fait 2 ou 6 avec celui des mois; une pleine lune par le tems, où le nombre P des années fait 3 ou 7 avec le nombre P des mois, & un dernier quartier par le tems, où le nombre P des années fait 4 ou 8 avec le nombre P des mois.

469... Dans ces deux premieres tables on trouve des colonnes qui ont en tête la lettre A, avec des nombres qui ne paffent pas 1000. Cés nombres expriment quelle eft l'anomalie de la lune lors de la phafe correfpondante dans la colonne P. Cette anomalie, pour plus de commodité, eft comptée en milliemes; en forte que 1000 de ces parties font les 360°. de la révolution lunaire. Il faut remarquer, que lorfqu'en ajoutant ces nombres, leur fomme furpaffe 1000, on n'écrit que l'excédent; parce que, comme les inégalités de la lune recommencent à être les mêmes à chaque révolution, on ne doit plus avoir égard à la révolution achevée, mais à l'excédent qui exprime la diftance actuelle de la lune à fon apogée ou au terme de fes inégalités.

470... Les jours, heures & minutes qui font à côté de la colonne des années, appartiennent au mois de janvier, parce qu'ils marquent à quelle date de l'année correfpondante tombe la phafe de la colonne P, qui eft la premiere phafe de cette année. Par exemple, à côté de l'année 1790 on trouve 7 jours 3 h. 53' pour la phafe 4 qui lui correfpond dans la colonne P; cela veut dire que le dernier quartier, qui eft la premiere phafe de cette année, aura lieu le 7 janvier à 3 h. 53' tems aftronomique.

471... Les jours, heures & minutes que l'on voit à côté des mois, marquent, en y comprenant les mois, le tems qui a dû s'écouler depuis la premiere phafe d'une année jufqu'à la phafe marquée par le nombre correfpondant de la colonne P. Par exemple, à côté de mai & dans la premiere ligne de ce mois, on trouve 5 jours 15 h. 8', & le nombre P correfpondant eft 1; cela fignifie que depuis la premiere phafe de l'année proposée jusqu'à la nouvelle lune de mai, il s'est écoulé 5 jours 15 h 8′, plus le nombre de mois qu'il y a d'une époque à l'autre.

472... Si les mouvemens de la lune dans son orbite conservoient toujours le rapport que supposent les deux premieres tables, il suffiroit, pour avoir le moment d'une phase quelconque, d'ajouter les jours, heures & minutes qui conviennent à l'année, avec les jours, heures & minutes qui dans la table des mois répondent au nombre P, lequel, avec le nombre P de la table des années, forme le nombre qui marque la phase dont il s'agit. Par exemple, pour avoir la phase 3 de juillet 1786, j'ajouterois comme il suit :

Pour 1786 . . . . . 6 jrs. 9 h. 32′
Pour juillet 3   12   48.

Somme . . . . 9 jrs. 22 h. 20′

C'est-à-dire, je prendrois dans la premiere table les nombres qui correspondent à 1786; & comme le nombre P pour 1786 est 2, j'irois chercher, dans la table des mois, les jours, heures & minutes qui pour juillet répondent au nombre 1 de la colonne P, & la somme 9 jrs. 22 h. 20′ seroit l'heure vraie de la pleine lune de juillet 1786, si les mouvemens de la lune étoient tels que le supposent ces deux tables ; mais, à cause de leur irrégularité, ce calcul a besoin d'une correction que fournit la troisieme table, en opérant comme il suit.

En même tems qu'on ajoutera les heures

& minutes qui conviennent à l'année & au mois , on ajoutera aussi à côté les nombres de la colonne A qui leur correspondent , & après avoir rejetté les milles , s'il y en a , on cherchera dans la troisieme table les jours , heures & minutes correspondantes à la somme des nombres A , & on les ajoutera aux heures & minutes déja trouvées.

473... Si l'on calcule pour un autre méridien que celui de Paris pour lequel les tables ont été dressées , on ajoutera à cette somme la différence des méridiens , ou on la retranchera , selon que le lieu sera plus oriental ou plus occidental que Paris.

EXEMPLE I.

474... *On demande le moment de la pleine lune de juillet 1786 pour Paris.*

La phase dont il s'agit est 3 , & comme le nombre P pour 1786 est 2 , le nombre P qu'on doit prendre pour juillet sera donc 1 , parce que 2 & 1 font 3 ; on aura donc comme ci-dessus :

				A
Pour 1786	6 jrs.	9 h.	32'...	502
Pour juillet	3	12	48...	698
Somme . .	9 jrs.	22 h.	20'...	200
Correction de la 3ᵉ. table	+ 1		45'	
Tems de la plein. lune	10 jrs.	23 h.	5'	

Cela fignifie que la pleine lune arrivera pour Paris le 10 juillet 1786 à 23 h. 5′, tems aftronomique, ou le 11 juillet à 11 h. 5′ du matin, tems civil.

Exemple II.

475... *Etant à l'Ifle de Bourbon, dont la longitude eft 53°. 10′ orientale de Paris, on veut favoir le moment de la nouvelle lune de février 1784.*

La phafe dont il s'agit eft 1, & comme le nombre P pour 1784 eft 3, le nombre P qu'on doit prendre pour février eft 2, parce que 3 & 2 font 5, qui exprime la même phafe que le nombre 1 ; on aura donc

$$
\begin{array}{lrrrr}
 & & & & \text{A} \\
\text{Pour 1784} \quad . \quad . \quad . \quad . & 5 \text{ jrs.} & 12 \text{ h.} & 22′.. & 977 \\
\text{Pour février} \quad . \quad . \quad .. & 13 & 9 & 41.., & 611 \\
\text{A caufe de la biffextile} + 1 & . & . & . & \\
\hline
\text{Somme} \quad . \quad . \quad . & 19 \text{ jrs.} & 22 \text{ h.} & 3′.. & 588
\end{array}
$$

$$
\begin{array}{lr}
\text{Correction de la 3}^{\text{e}}\text{ tab.} + & 10 \text{ h. } 24′... \\
\text{Différence des mérid.} + & 3 \text{ h. } 32′..40'' \\
\hline
\text{Tems de la nouv. lune} & \\
\text{pour l'Ifle de Bourbon} & 20 \text{ jrs. } 11 \text{ h. } 59′..40''
\end{array}
$$

Exemple III.

476... *Etant au Cap François en Amérique, on veut favoir le moment de la pleine lune en mars 1790.*

A

Pour 1790	7 jrs.	3 h. 53'... 551	
Pour mars	22	8 47 ... 952	
Somme . . .	29 jrs.	12 h. 40'... 503	

Correction de la 3ᵉ table +	15	20...
Différence des méridiens —	4	58...

Tems de la pleine lune
au Cap-François . . . 29 jrs. 23 h.   2'...

477 ... On peut par la même méthode déterminer la phaſe la plus prochaine d'une date propoſée. Par exemple, quelle ſera pour Paris la phaſe la plus prochaine du 10 décembre 1786?

Il faut chercher dans la table des mois quel eſt le jour & l'heure de décembre, qui, avec les jours & heures de la table des années, approche le plus de 10 jours; le nombre correſpondant P de la ſeconde table, joint au nombre P qui répond à l'année dans la premiere, fera connoître la phaſe la plus prochaine. Alors on calculera l'heure & la minute de cette phaſe, comme ci-deſſus ; mais ſi le tems differe de 4 jours ou plus, alors on calculera l'heure de la phaſe ſuivante ou précédente, choiſiſſant celle qui approche le plus.

Ainſi en jettant les yeux ſur la table des années, je vois d'abord que 6 jrs. 9 h. 32' répondent à 1786; je vois auſſi dans la table des mois que 5 jrs. 12 h. 43' de décembre eſt le nombre dont la ſomme avec celui de l'année

approche le plus de 10 jours. Ajoutant enſuite
le nombre P de l'année avec le nombre P correſpondant aux jours & heures du mois, leur
ſomme 4 m'indique que la phaſe la plus prochaine du 10 décembre 1786, eſt un dernier
quartier. Pour en déterminer le tems précis,
j'opere donc comme ci-deſſus.

A

Pour 1786	6 jrs.	9 h.	32′..	502
Pourdécembre . . .	5	12	43...	323
Somme . . .	11 jrs.	22 h.	15′...	825
Correction de la 3ᵉ table +		1	33′	
Tems du dernier quart.	11 jrs.	23 h.	48′	

C'eſt-à-dire, que la phaſe la plus prochaine
du 10 décembre 1786 eſt un dernierquartier
qui arrivera à Paris le 11 décembre à 23
heures 48′, tems aſtronomique, ou le 12 à 11
h. 48′ du matin.

Avant de faire uſage de cette méthode,
pour trouver l'heure de la marée qui eſt
l'objet principal qu'on a eu en vue en cherchant
à déterminer le moment des nouvelles & pleines lunes, il eſt à propos de dire un mot du
flux & *reflux* de la mer, & de faire connoître
ſes variations & ſes viciſſitudes, en remontant
aux cauſes qui peuvent les produire.

Du flux & du reflux de la Mer.

478... Tout le monde sait que les bords maritimes des continens sont sujets à une espece d'inondation de la part de la mer, deux fois le jour. Les eaux montent ou s'élevent pendant environ 6 heures : ce mouvement périodique, par lequel la mer vient couvrir nos côtes, se nomme le *flux* ou le *flot*. Les eaux, parvenues à leur plus grande hauteur, restent dans cet état pendant environ un demi-quart d'heure, & on dit alors que la mer est *pleine* ou *étale*. Elles commencent ensuite à descendre, & ce mouvement, qui dure un peu plus de six heures, se nomme le *reflux*, l'*ébe* ou le *jusant*. La mer en se retirant parvient à son plus bas terme, & c'est ce qu'on nomme *basse mer*. Elle recommence presqu'aussi-tôt à remonter, & ainsi de suite. Tous ces différens états de la mer sont compris sous le nom général de *marée*.

479... Chaque mouvement de la mer, le flux ou le reflux, n'est pas précisément de 6 heures, elle met ordinairement un peu plus à monter, & un peu plus à descendre. Ces deux mouvemens contraires sont même très-inégaux dans certains ports, principalement à l'entrée des rivieres, ce qui dépend sur-tout de la position des côtes dans ces parages ; mais les deux ensemble sont toujours plus de douze heures ; ce qui est cause que la marée n'a pas lieu le foir à la même heure que le matin , ce retard eft ordinairement de 48′ à 49′ d'un jour à l'autre , ou dans l'efpace de 24 heures.

480... *Newton* , après la découverte de la loi générale de l'attraction , par laquelle tous les corps s'attirent en raifon directe des maffes & en raifon inverfe du quarré des diftances, s'apperçut aifément de l'effet que le foleil & la lune devoient produire fur les marées. Per-fonne avant lui n'avoit pu expliquer d'une maniere fatisfaifante la caufe de ce phénomene. Cette recherche avoit occupé de tout tems les fçavans & les philofophes , chacun avoit effayé d'en donner une explication à fa maniere ; mais faute d'en connoître le principe ou la loi, les uns & les autres s'étoient écartés plus ou moins de la vérité. Aujourd'hui que cette loi eft reçue généralement , & confirmée , pour ainfi dire , par la voix même de la nature , il fuffit d'ob-ferver attentivement le retour fucceffif des ma-rées & leur retardement journalier , pour fe convaincre qu'elles dépendent vifiblement des mouvemens du foleil & de la lune , pour trois raifons principales que nous allons expofer en peu de mots.

481... 1°. Si les mouvemens de la lune dans fon orbite étoient uniformes, nous avons vu qu'elle s'avanceroit chaque jour vers l'orient de 12°. 11′ 27″ , non par rapport aux étoiles, mais à l'égard du foleil ; en forte que fon retour au méridien retarderoit chaque jour de 48′ à 49′ de tems fur celui du foleil ; & c'eft en effet la quantité moyenne dont les marées retardent chaque jour : donc elles font liées avec les mouvemens de la lune & du foleil.

482... 2°. Tous les 15 jours environ, à l'époque des nouvelles & pleines lunes, on obferve que les marées reviennent non-feulement à la même heure, mais qu'elles font alors plus fortes qu'à l'ordinaire, tandis que les plus petites marées arrivent vers le tems des quadratures, ou lorfque la lune eft à 90°. du foleil ; les marées vont donc en diminuant des fyzigies aux quadratures, & en augmentant des quadratures aux fyzigies. Ces mouvemens alternatifs, toujours conftants, autorifent à conclure que le foleil & la lune répondant tous deux à la ligne des fyzigies, fe trouvent alors dans la pofition la plus favorable pour réunir leur action fur la furface des eaux, & que dans les quadratures leur force attractive agiffant en fens contraire doit fe nuire mutuellement dans fes effets ; qu'ainfi les marées des fyzigies, ou des nouvelles & pleines lunes, font la fomme des effets de l'attraction du foleil & de la lune ; tandis que celles des quadratures en font la différence. Donc ces deux aftres participent réellement l'un & l'autre au phénomene du flux & du reflux, quoique d'une maniere inégale.

483... Le célebre Daniel Bernouilli, dans fon Mémoire fur les marées, qui a partagé le prix de 1740 avec ceux de Euler & de Marc-Laurin, a prouvé, d'après la théorie de Newton, que la force attractive de la lune dans fon perigée étoit triple de celle du foleil, qu'elle étoit double dans son apogée, & que, dans ses moyennes distances, sa force comparée avec celle du soleil étoit dans le rapport de $2\frac{1}{2}$ à 1.

484... 3°. On remarque enfin tous les ans dans les tems des équinoxes, que les marées sont plus grandes vers les syzigies, qu'elles ne le sont communément dans les autres lunaisons; & qu'elles sont d'autant plus grandes, que la lune est alors plus près de l'équateur; en un mot, que les plus grandes marées arrivent lorsque, le soleil répondant à l'équateur & à la ligne des syzigies, la lune se trouve en même tems dans son périgée. Il est donc évident par tout ce que nous venons de dire, qu'il y a un accord parfait entre les marées & les mouvemens du soleil & de la lune dans leurs orbites.

Voilà les résultats de l'observation : si on les compare avec la théorie, on trouvera par-tout la plus parfaite conformité, sur-tout si on a soin d'y faire entrer toutes les circonstances essentielles.

485... Dans le flux & reflux de la mer nous avons reconnu par observation trois phénomenes principaux, le premier revient deux fois le jour, le second deux fois le mois, & le troisieme deux fois l'an.

486... Le premier doit être principalement attribué à l'effet du passage de la lune au demi-méridien supérieur & au demi-méridien inférieur.

1°. Les eaux s'élevent en même tems, non-
feulement vers l'aftre qui les attire, mais encore
du côté oppofé; car fi la lune en vertu de fon
attraction attire les eaux fupérieures plus que
le centre T de la terre, qui eft plus loin de
tout le rayon T r, les eaux doivent s'élever
vers l'aftre plus que le centre même de la
terre : par la même raifon, fi elle attire le centre plus que les eaux inférieures, qui en font
plus éloignées de tout le rayon T r, les eaux
doivent refter en arriere, d'autant que le centre doit s'élever davantage à raifon de ce qu'il
eft plus attiré ; par conféquent les eaux de la
mer s'éleveront autant au-deffus qu'au-deffous.

Pour rendre ceci plus fenfible, fuppofons
que la lune attire les eaux fupérieures en A de
12 pieds, par exemple, & qu'elle attire le
centre de la terre de 10 pieds feulement, à
caufe qu'il eft plus loin de tout le rayon T r,
la différence de ces deux attractions, qui eft
deux pieds, fera l'effet de la marée fur les eaux
fupérieures (1). Pareillement fi la lune attire
le centre de la terre de 10 pieds, comme nous
l'avons fuppofé, elle ne pourra attirer les eaux
inférieures fituées en B que de 8 pieds, parce
qu'elles font plus éloignées que le centre de
la même quantité T r; la différence entre ces

FIG.
81.

---

(1) Dans cet exemple familier on ne tient pas compte
de l'attraction de la terre fur les eaux de la mer, attraction dont l'effet fe trouve feulement un peu diminué ;
car on conçoit que s'il étoit totalement détruit, les eaux
quitteroient la terre pour aller vers la lune.

deux attractions étant encore de deux pieds,
les eaux inférieures resteront donc en arriere
autant que les eaux supérieures iront en
avant. La marée n'est donc que la différence
qu'il y a entre l'attraction de la lune sur les eaux
de la mer & son attraction sur le centre de la
terre; car si le centre de la terre & les eaux
qui environnent sa surface étoient à égale distance de la lune, ils éprouveroient le même
degré d'attraction, ils s'éleveroient par conséquent de la même quantité, & alors il n'y
auroit point de marée.

Donc, lorsque la lune passe au méridien, les
eaux de la mer doivent s'élever de part & d'autre de la même quantité.

FIG.　　487... 2°. Si l'on a bien compris comment
81. les eaux de la mer qui se trouvent en conjonction & en opposition avec la lune doivent
s'élever également de part & d'autre, on n'aura
pas de peine à concevoir que les eaux situées
en quadrature aux points D & D, à 90 degrés
des points A & B, doivent s'abaisser en même
tems, & suivre la pente naturelle qui les porte
vers l'allongement du sphéroïde aqueux, jusqu'à ce qu'elles se soient mises de niveau.

Donc, puisque, durant la révolution de la
terre sur son axe, chaque point de la surface
de la mer qui se trouve une fois en conjonction & une fois en opposition, doit s'élever
deux fois en 24 heures; de même chacun de
ces points se trouvant deux fois en quadrature
s'abaissera deux fois durant cet intervalle de
tems :

tems : donc dans chaque hémisphere l'un supérieur & l'autre inférieur, les eaux de la mer doivent s'élever & s'abaisser deux fois par jour.

488... Le second phénomene revient deux fois le mois, à l'époque des nouvelles & pleines lunes. Il est l'effet de la correspondance du soleil & de la lune dans la ligne des syzigies. Si nous considérons séparément l'un & l'autre, nous dirons de chacun ce que nous avons dit de la lune dans le premier cas. L'allongement du sphéroïde aqueux sera la somme des allongemens produits par l'attraction de ces deux astres, & par conséquent la marée sera plus forte dans ces circonstances que dans les autres.

489... Le troisieme phénomene des marées est celui qui a lieu deux fois l'année, vers le tems des équinoxes. L'augmentation extraordinaire que reçoit alors le flux & reflux de la mer paroît venir de l'action de la pesanteur qui est moindre à l'équateur qu'à toute autre latitude : par conséquent les eaux opposant moins de résistance à la force attractive de la lune combinée avec celle du soleil, doivent céder plus volontiers à l'action de ces deux forces, & s'élever davantage.

490... On a reconnu d'après plusieurs observations, que les marées des solstices ne sont pas généralement aussi grandes vers les syzigies, qu'elles le font dans les autres lunaisons; que les marées du solstice d'hiver sont plus grandes que celles du solstice d'été, & d'autant plus, toutes choses d'ailleurs égales, que la lune eſt perigée ; que les marées qui ſe ſuccédent dans l'eſpace de 24 heures ne ſont pas également fortes, que l'une de ces marées eſt plus forte que l'autre pendant ſix mois, & plus foible pendant les ſix autres.

Dans nos ports, ainſi que dans les regions ſeptentrionales, les marées du matin ſont les plus fortes en hiver ; c'eſt le contraire pendant l'été. Le même changement a lieu à l'égard des marées des nouvelles & pleines lunes, qu'on nomme encore *malines* ou *reverdies* ; elles ſont preſque toujours inégales, & la différence eſt aſſez ſenſible ; mais au bout de ſix mois, les plus fortes deviennent les plus foibles. Cet effet dépend uniquement des différentes latitudes de la lune, c'eſt-à-dire, de ſes diſtances à l'écliptique

491... Les marées qu'on nomme *malines* ou *reverdies*, n'arrivent pas préciſément le jour des nouvelles & pleines lunes, mais un jour $\frac{1}{2}$, ou deux jours après ; il en eſt de même des plus petites marées qu'on nomme auſſi *mortes eaux*, elles ne concourent pas exactement avec les quadratures, elles tombent un jour $\frac{1}{2}$ plus tard. Le flux & reflux de la mer eſt comme tous les autres effets de la nature qui demandent du tems pour recevoir peu à peu leur augmentation par l'action réitérée de la même cauſe ou du même agent qui les produit.

492... Si le retardement des marées étoit conſtamment le même chaque jour, comme elles reviennent aux mêmes heures dans les nouvelles & pleines lunes ; il ſuffiroit, pour être

en état de connoître l'heure de la pleine mer
dans un port, un certain jour, de favoir à
quelle heure elle a lieu dans ce port aux nouvelles ou pleines lunes, & d'ajouter à cette
heure autant de fois 49′, qu'il s'eft écoulé de
jours depuis la fyzigie qui a précédé le
jour dont il s'agit. Mais cette maniere d'opé-
rer pourroit fouvent être en erreur de plus
d'une heure, puifque ce retard n'eft pas toujours le même, tant à caufe des inégalités de
la lune dans fon orbite, que parce qu'il dépend encore du mouvement du foleil. C'eft
pourquoi, après avoir trouvé le vrai tems des
phafes de la lune de la maniere enfeignée dans
l'article précédent, nous y appliquerons la
correction indiquée par la table qui a pour
titre *Retardement des Marées, &c.*, & qu'on
trouve à la fin de cet Ouvrage. Cette table,
dont nous fommes redevables à MM. *Bouguer*
& *de Lacaille*, marque d'une maniere plus
exacte & plus conforme aux obfervations les
retardemens des marées par rapport à l'établiffement d'un port. Nous avons rendu la derniere
colonne de cette table additive de fouftractive
qu'elle étoit, uniquement afin que les corrections à faire foient toujours en plus, & dans le
même fens-

Calcul des Marées.

493... On appelle l'*établiffement* d'un port (1),

____

(1) Dans certains ports on prend pour l'établiffement
la marée du matin, & dans d'autres c'eft celle du foir.

l'heure à laquelle la pleine mer y arrive, lors des nouvelles & pleines lunes. Dans tous les ports on a choisi cette époque pour fixer le moment de la marée, parce qu'on a reconnu que cet instant étoit constamment le même.

Nous supposerons d'abord qu'on connoît l'établissement ; on en trouvera une table assez étendue à la fin de cet Ouvrage.

E x e m p l e.

494... *On demande à quelle heure arrivera la pleine mer le 10 décembre 1786, au Havre-de-Grace dont l'établissement est à 9 heures.*

On calculera d'abord par la méthode donnée (477) le jour, l'heure & la minute de la phase la plus prochaine du jour proposé ; à ce tems on ajoutera la correction indiquée par la table du retardement des marées, & le résultat sera l'heure de la pleine mer pour le jour & le lieu proposés.

Ayant donc trouvé, comme à l'art. (477), que la phase la plus prochaine du 10 décembre 1786 est un dernier quartier qui doit avoir lieu pour Paris le 12 décembre à 11 h. 48′ du matin, on retranchera 8′ 56″, différence des méridiens en tems entre Paris & le Havre, &

Cette variation est cause qu'on est souvent incertain si l'heure que l'on prend pour l'établissement d'un port, appartient au matin ou au soir. Cette incertitude n'auroit plus lieu, dit M. *de Lalande* (Traité du flux & reflux, t. 4 d'attr.), si l'on convenoit généralement de prendre pour l'établissement l'heure de la pleine mer qui suit la syzigie, qui arrive à midi.

le refte 11 h. 39′ 40″ fera le moment de ce dernier quartier pour le Havre, le 12 décembre 1786 ; mais comme le 10 décembre, qui eft le jour propofé, tombe deux jours 20′ 56″ avant le dernier quartier, il faudra, fuivant la table du retardement des marées, ajouter 3 heures 30′ à l'établiffement du port, & la fomme 12 h. 20′, ou fimplement 20′ après midi, fera l'inftant auquel la pleine mer arrivera le 10 décembre 1786 dans le port du Havre-de-Grace.

495... Au refte, le tems déterminé par cette méthode pourra fouvent différer de celui qu'on obfervera, parce que les vents peuvent altérer confidérablement l'heure & la quantité de la marée. Néanmoins la différence n'ira gueres en général à plus d'un quart d'heure, fi ce n'eft dans des cas extraordinaires & fort rares.

496... On peut auffi employer la table du retardement des marées pour trouver l'établiffement d'un port ; en faifant l'inverfe de l'opération précédente, c'eft-à-dire, qu'après avoir obfervé l'heure de la pleine mer un certain jour, & calculé le tems de la phafe plus prochaine, on fouftraira le moment de cette phafe de l'heure de l'obfervation, & cherchant dans la table la quantité de retardement qui répond à cette différence, on la retranchera de l'heure de la pleine mer obfervée, augmentée de 12 heures, s'il eft néceffaire ; le refte donnera l'heure de l'établiffement cherché.

D iij

E X E M P L E.

497... *Je suppose qu'on ait observé la pleine mer à la Rochelle, le 15 août 1786, à 7 h. 51' du soir ; on demande quel est l'établissement de ce port.*

Je calcule comme ci-dessus la phase la plus prochaine de la date de l'observation, de la maniere qui suit.

$$\hspace{10cm} A$$

Pour 1786	6 jrs.	9 h.	32'...	502
Pour le mois d'août .	9	8	23 ...	34
Somme . . .	15 jrs.	17 h.	55'...	536

Correction de la 3ᵉ table   +   13 h. 9'

Moment du dern. quart.
  pour Paris . . . . . 16 jrs. 7 h. 4' du s.

Différence des méridiens —   14

Moment du dern. quart.
  p. la Rochelle . . . . 16 jrs. 6 h. 50' du s.

De ce dernier nombre je
  retranche la date de
  l'observation —   15 jrs. 7 h. 51'

Cette différence . .   22 h. 59' cherchée dans la table du retardement des marées marque que pour faire 22 h. 59' avant l'époque du dernier quartier, il faut ajouter 4 h. 12' ; mais ici on les retranchera de l'heure de l'observation, le reste 3 h. 39' sera l'établissement du port de la Rochelle à quelques minutes près, comme il est aisé de s'en convaincre, en jettant les yeux fur la table de l'établiſſement des ports qui eſt à la fin de cet Ouvrage.

Maniere générale de déterminer la poſition des Aſtres dans le Ciel.

498... Pour déterminer la poſition d'un FIG. point ſur une ſurface, il faut déterminer ſa diſ- 82. tance à deux autres points fixes, ou à deux lignes différemment poſées, mais dont la ſituation ſoit fixe ſur cette ſurface. Or, quoique l'angle formé par ces deux lignes puiſſe être droit, aigu ou obtus, cependant il eſt plus commode qu'il ſoit droit, parce que les diſtances du point donné à ces deux lignes étant perpendiculaires, la conſtruction & le calcul en ſont beaucoup plus faciles.

499... Le mouvement diurne des aſtres nous fournit un moyen ſimple & naturel de les rapporter à l'équateur, & leur mouvement propre ou annuel nous donne celui de les rapporter à l'écliptique. Pour déterminer la poſition d'un aſtre dans le ciel, il faut donc avoir ou ſa diſtance à l'équateur & à un grand cercle perpendiculaire qui paſſe par un point déterminé de l'équateur, ou bien ſa diſtance à l'écliptique & à un grand cercle qui lui ſoit perpendiculaire, & qui paſſe par un de ſes points fixes & déterminés.

500... Cela poſé, ſoit donc EQ l'équateur, CL l'écliptique, ♈ le point équinoxial du belier qui eſt l'interſection de ces deux

FIG.
82.
cercles ; foit A un aftre quelconque dans le ciel.

1°. Si par les poles PP de l'équateur & par le centre de l'aftre on fait paffer l'arc de grand cercle PAP, & fi par le même point A, on mene *g* A *h* parallele à l'équateur ; d'après cette conftruction le point A fera déterminé, par rapport à l'équateur, par la valeur de l'arc AO, qui marque fa diftance à ce même cercle, & qu'on nomme la *déclinaifon de l'aftre*, & par rapport au cercle fixe P ♈ P, par la valeur de l'arc AI du parallele (*gh*), ou de l'arc ♈ O de l'équateur qui a même nombre de degrés, & qu'on emploie de préférence à AI qui eft un arc de petit cercle. L'arc ♈ O de l'équateur s'appelle l'*afcenfion droite de l'aftre*.

501... 2°. Si par le centre A de l'aftre & par les poles BB de l'écliptique on fait paffer l'arc de grand cercle BAB, & qu'on mene enfuite le parallele (*mn*), la pofition du point A fera déterminée par rapport à l'écliptique par la valeur de l'arc AR, qui marque fa diftance à ce même cercle, & qu'on appelle *la latitude de l'aftre* ; & par rapport au cercle fixe B ♈ B par la valeur de l'arc AT, ou mieux par l'arc ♈ R de l'écliptique qui a le même nombre de degrés, & qu'on appelle *la longitude de l'aftre*.

502... Les deux manieres les plus commodes de déterminer la pofition des aftres dans le ciel fe réduifent donc, 1°. à trouver

leur déclinaison & leur ascension droite (1), FIG.
2°. à trouver leur latitude & leur longitude.
Quant à la latitude du soleil, elle est zéro;
puisque cet astre est toujours dans le plan de
l'écliptique.

503... L'ascension droite sert à marquer 82.
l'ordre suivant lequel la révolution diurne des
astres se fait; étant réduite en tems, elle marque les différens intervalles que les astres met-
tent à se succéder les uns aux autres dans leur
passage au méridien.

La déclinaison des astres sert à trouver par
leur hauteur méridienne la hauteur du pole,
& par conséquent la latitude d'un lieu sur la
surface du globe; elle sert aussi à calculer
leur amplitude ortive ou occase, leur arc
semi-diurne, & par conséquent l'heure de leur
lever & de leur coucher.

504... Enfin un des principaux usages de
l'ascension droite & de la déclinaison des astres, c'est de servir à calculer leur longitude,
leur latitude, & à trouver l'heure vraie par
leur hauteur au-dessus de l'horison.

---

(1) « Les observations que font les Astronomes
» (dit M. de Lalande, abr. d'astr. pag. 48) sur la
» position des astres, procedent toujours par ascen-
» sion droite & déclinaison. Ils n'emploient jamais
» d'autre méthode pour déterminer la situation & le
» mouvement des astres, parce que l'équateur & le
» méridien sont les cercles les plus familiers, les
» plus constans & les plus aisés à déterminer & à
» reconnoître, ce qui rend aussi leurs mesures plus
» naturelles, plus faciles & plus exactes ».

FIG. 82. *Maniere de calculer la longitude, l'afcenfion droite & la déclinaifon du foleil.*

I.

505... *Connoiffant par obfervation la déclinaifon & l'afcenfion droite du foleil avec la faifon, trouver la longitude de cet aftre, ou fon lieu dans l'écliptique.*

On fuppofe ici qu'on connoît la faifon, parce qu'au *printems* la longitude du foleil n'excede pas 90°.; en *été* elle eft plus grande que 90°.; en *automne* elle furpaffe 180°.; & en *hiver* elle eft encore plus grande, puifqu'à la fin de cette faifon elle eft de 360°. Il eft donc effentiel de connoître la faifon. Il faut encore obferver que la longitude du foleil fe compte toujours depuis le plus proche équinoxe, c'eft-à-dire, depuis le premier point du belier ou de la balance : ainfi dans les trois premiers & dans les trois derniers fignes qui répondent au printems & à l'hiver, elle fe compte du premier point du belier ; & dans les fix autres fignes qui répondent à l'été & à l'automne, elle fe compte du premier point de la balance.

L'afcenfion droite du foleil fe compte de la même maniere & dans le même ordre.

Exemple I.

506... *Ayant obfervé la déclinaifon du foleil au printems, & l'ayant trouvée de 17°. 44' 2" ; connoiffant d'ailleurs l'obliquité de*

l'écliptique, qui eſt de 23°. 27' 51'', on de-
mande la longitude du ſoleil pour ce jour-là.

Dans le triangle ſphérique rectangle ♈O S, FIG.
dont S déſigne le lieu du ſoleil dans l'éclip- 82.
tique, on connoît donc trois choſes, ſavoir
l'angle droit, le côté O S de 17°. 44' 2'', &
l'angle oblique O♈S de 23°. 27' 51''. Pour
trouver la longitude ♈S, on fera donc cette
proportion.

Sin. 23°. 27' 51'' : ſin 17°. 44' 2'' : : R : ♈S
=49°. 54' 19''.

EXEMPLE II.

507... Ayant déterminé par obſervation,
un jour d'été, l'aſcenſion droite du ſoleil de
149°. 42' 50'', ou de 30°. 17' 10'', en la
comptant comme la longitude du plus proche
équinoxe; on demande quel eſt ſon lieu dans
l'écliptique à cette époque.

Dans le triangle ♈OS connoiſſant le côté
♈ O & les deux angles adjacens, on trouvera
le côté ♈S par cette proportion.

R : coſ. 23°. 27' 51'' : : cot. 30°. 17' 19'' :
cot. ♈S=32°. 29' 12''.

Ce quatrieme terme eſt compté du point
équinoxial de la balance, parce que le ſoleil
en été ayant parcouru le $\frac{1}{4}$ de l'écliptique, ſe
trouve plus proche de ce point que de celui
du belier : ainſi pour avoir le nombre de degrés qu'il a réellement parcourus, il faut retrancher 32ᶜ. 29' 12 de 180°., & on aura
147°. 30' 48''=4 ſ. 27°. 30' 48'' pour la

FIG. longitude vraie à cette époque, c'eſt-à-dire, que le lieu du ſoleil dans l'écliptique eſt au 27ᵉ degré 30′ 48″ du ſigne du Lion.

I I.

508... *Connoiſſant le lieu du ſoleil dans l'écliptique, trouver ſa déclinaiſon & ſon aſcenſion droite.*

Exemple I.

509... *Le ſoleil étant au 8ᵉ. degré des gemaux, on demande ſa déclinaiſon.*

Puiſque chaque ſigne vaut 30°., & que la longitude ſe compte du premier point du belier d'occident en orient, le ſoleil étant au huitieme degré des gemaux, a donc 68°. de longitude. Pour avoir ſa déclinaiſon, ou l'arc SO, du triangle ♈ O S, on fera cette proportion.

R : ſin. 68° :: ſin. 23°. 27′ 51″ : ſin. SO $=21°. 39′ 54″$.

La déclinaiſon du ſoleil eſt boréale, comme dans cet exemple, lorſque le ſoleil eſt dans les ſix premiers ſignes; & elle eſt auſtrale, lorſqu'il eſt dans les ſix derniers

Exemple I I.

510... *Le ſoleil étant au 21ᵉ. degré 48′ 10″ du ſigne du Scorpion, on demande ſon aſcenſion droite pour ce moment-là.*

R : coſ. 23°. 27′ 51″ :: tang. 51°. 48′ 10″ : tang. ♈ O $=49°. 22′ 41″$.

A ce quatrieme terme il faut aiouter 180°.

parce que le soleil a déja parcouru la moitié FIG.
de l'écliptique , ce qui fait 229°. 22′ 41″
d'ascension droite.

I I I.

511... *Connoissant l'ascension droite du so-*
leil, trouver sa déclinaison ; & réciproquement,
connoissant sa déclinaison , trouver son ascension
droite.

E X E M P L E I.

L'ascension droite du soleil étant de 229°. 22′
38″, *trouver sa déclinaison.*

R : sin. 49°. 22′ 41″ : : tang. 23°. 27′ 51″ :
tang. SO=18°. 16′ 28″. La déclinaison exprimée par le quatrieme terme est australe.

E X E M P L E I I.

512... *La délinaison du soleil en hiver étant* 82,
de 18°. 21′, *trouver son ascension droite.*

Tang. 23°. 27′ 51″ : tang. 18°. 21′ : : R :
sin. ♈ O = 49°. 49′ 48″. Ce quatrieme terme
doit être retranché de 360°, & le reste 310°.
12′ 19″ sera l'ascension droite du soleil.

513... C'est en cherchant de cette maniere
la déclinaison & l'ascension droite du soleil
correspondante à chaque degré de l'écliptique,
qu'on est parvenu à en construire des tables
dont on fait un grand usage dans l'astronomie
& dans la navigation ; ces tables se trouvent
calculées pour tous les jours de l'année dans
la *connoissance des tems* ; livre précieux &

indifpenfable pour les navigateurs. L'afcenfion droite n'y eft à la vérité calculée qu'en degrés ; mais il eft fi aifé de la réduire en tems par ce qui a été dit (238), que nous avons cru qu'il feroit inutile & fuperflu d'offrir à nos lecteurs ces tables toutes réduites ; d'ailleurs ce léger travail de réduction eft bien racheté par l'avantage d'avoir dans la connoiffance des tems l'afcenfion droite du foleil pour tous les jours de l'année avec toute la précifion poffible ; avantage qu'on ne peut pas avoir, lorfqu'on fait fervir ces tables pour plufieurs années biffextiles.

Maniere de fe fervir des tables de la déclinaifon du Soleil.

514... Les tables de la déclinaifon du foleil qu'on trouve dans la connoiffance des tems, ont été calculées pour le midi vrai de chaque jour au méridien de Paris, de forte que, lorfqu'on voudra l'avoir pour un autre inftant quelconque, après avoir réduit le tems civil donné en tems aftronomique, on prendra le changement de déclinaifon entre le midi qui précede l'inftant donné & celui qui le fuit, & enfuite on fera cette proportion.

24 heures font à l'heure donnée en tems aftronomique, comme le changement de déclinaifon d'un jour à l'autre eft au changement qui convient à l'heure donnée.

On ajoutera ce quatrieme terme à la déclinaifon du midi précédent, ou on l'en retranchera, felon que la déclinaifon ira en augmentant ou en diminuant, & on aura la déclinaifon du foleil pour l'heure propofée.

515... Mais fi la déclinaifon du midi précédent & celle du midi qui fuit étoient de différente dénomination, l'une boréale & l'autre auftrale, ce qui a lieu pour le jour qui précede & pour le jour qui fuit l'équinoxe, il faudroit alors ajouter leur déclinaifon, pour avoir le changement de déclinaifon en 24 heures, enfuite on chercheroit la partie proportionnelle comme ci-deffus. On peut même fe difpenfer fouvent de faire la proportion, fur-tout lorfqu'on cherche la partie proportionnelle qui convient à 2, 3, 4, 6 h. &c. puifqu'alors il fuffit de prendre $\frac{1}{12}$, $\frac{1}{8}$, $\frac{1}{6}$, $\frac{1}{4}$, &c. du changement de déclinaifon en 24 heures.

EXEMPLE I.

516 .. *Trouver la déclinaifon du foleil pour Paris le 25 novemb. 1786 à 6 heures du matin.*

Opération.

Tems aftronomique à Paris le 24 novembre 1786 à 18 heures.

Décli. du foleil le 24
novembre à midi... 20°. 40′ 58″ auftrale.

Décli. le 25 à midi . . .   20°′ 52   5″ auſtrale.
Changement de décli._______________________
    du 24 au 25 . . .   11′ 47″

Partie proportionnelle
    Pour 18 h.   +   8′ 50″
Déclinai. le 24 nov. à
    midi . . . . .   20°. 40 18″
Décli. pour le 24 nov._________________________
    1786 à 18 h. . .   20°. 49′ 8″ auſtrale.

E X E M P L E   I I.

517... *On demande la déclinaiſon du ſoleil pour Paris le 10 février 1787, à 3 heures du ſoir.*

Opération.

Tems aſtronomique à Paris le 10 février 1787 à 3 heures.

Décli. le 10 fév. à midi 14°. 16′ 10″ auſtrale.
Décli. le 11 fév. à midi 13 56 28″ auſtrale.
Changement de décli. _______________
    du 10 au 11   19′ 42″

Partie   proportionnelle
    pour trois heures ...--- 2′ 27″
Décli. le 10 fév. à midi 14°. 16′ 10″
Décli. pour le 10 fév. _______________
    1787 à 3 h. du ſoir. 14°. 13′ 43″ auſtrale.

Trouver

Trouver la déclinaison du soleil pour un lieu qui eſt à l'eſt ou à l'oueſt du méridien de Paris.

518... Puiſque les tables de la déclinaiſon du ſoleil n'ont été calculées que pour le méridien de Paris, lorſqu'on voudra ſavoir quelle eſt la déclinaiſon du ſoleil pour un autre lieu quelconque ſitué à l'eſt ou à l'oueſt de cette ville, il faudra avoir égard à la différence des méridiens, c'eſt-à-dire, qu'il faudra réduire l'heure comptée ſur le navire, par exemple, à celle qu'on doit compter au même inſtant à Paris, chercher dans les tables la déclinaiſon du ſoleil à cette époque, & ce ſera celle qui convient à l'heure comptée ſur le navire ; un exemple ſuffira pour mieux comprendre ce que nous venons de dire.

EXEMPLE.

519... *Le 15 mai 1787 un navigateur étant en mer par 100 degrés de longitude occidentale de Paris, veut ſavoir à midi quelle eſt la déclinaiſon du ſoleil pour le lieu de la mer où il eſt.*

Les 100 degrés de longitude réduits en tems font 6 h. 40′ qu'il faut ajouter au midi de Paris, parce qu'il doit y être plus tard, puiſque le ſoleil y a déja paſſé : donc au lieu de chercher dans les tables la déclinaiſon du ſoleil pour le 15 mai à midi, on la cheichera pour le 15 mai à 6 h. 40′ de la maniere enſeignée ci-deſſus, & on trouvera 18°. 58′ 38″.

de déclinaifon boréale pour le 15 mai 1787 à
6 h. 40′ du foir.

*Maniere de fe fervir des tables de l'afcenfion
droite du foleil.*

520... Les tables de l'afcenfion droite du
foleil, comme celle de la déclinaifon, ont
été calculées pour le vrai midi de chaque
jour au méridien de Paris; ainfi lorfqu'on
voudra l'avoir pour un autre tems quelconque, on réduira d'abord en tems l'afcenfion
droite du midi qui précede & celle du midi
qui fuit l'inftant donné; enfuite prenant la
différence entre ces deux afcenfions droites,
différence que nous nommerons *mouvement
diurne en afcenfion droite*; on cherchera le
quatrieme terme de cette proportion.

*24 heures font à l'heure donnée en tems af-
tronomique comme le mouvement diurne du foleil en afcenfion droite, eft à un quatrieme terme
qu'il faut toujours ajouter à l'afcenfion droite
du midi précédent.*

E X E M P L E.

521... *On demande l'afcenfion droite du
foleil pour Paris le 20 avril 1787 à 10 heures
du matin.*
Tems aftronomique à Paris le 19 avril 1787
22 heures.

Afcenfion droite du 19 avril
en tems . . . . . . 1 h. 48′ 58″
Afcenfion droite du 20
avril en tems . . . . 1 52 41″
Diffé. ou mouv. diurne en
afcenfion droite . . . 3′ 43″

Partie proportionnelle . . . . + 3′ 24″
Afcen. droite du 19 avril... 1 h. 48 58″
Afcen. droite p. Paris le 20
avril 1787 à 10 h. du m. 1 h. 52′ 22″

522... Si le lieu propofé étoit fitué à l'eft
ou à l'oueft du méridien de Paris, on chercheroit l'heure que l'on compte au même inftant à Paris, & l'afcenfion droite trouvée pour
cet inftant feroit celle qui convient au lieu
propofé.

EXEMPLE.

523... *Un pilote fe trouvant en mer par*
35°. 30′ de longitude orientale de Paris, veut
favoir quelle eft l'afcenfion droite du foleil,
qu'il doit compter à bord le 1 août 1787 à midi.

Puifque le lieu propofé eft à l'orient de
Paris, la différence des méridiens réduite en
tems = 2 h. 20′ 2″ fait connoître qu'on doit
compter moins à Paris de toute cette quantité,
c'eft-à-dire, qu'au lieu d'y compter midi,
on ne doit y compter que le 1 août à 9 h. 39′
58″ du matin, ou le 31 juillet à 21 h. 39′
58″ en tems aftronomique : enfuite on opérera
mme ci-deffus.

Opération.

Tems aſtronomique à Paris
  le 31 juillet 1787 à . . .   21 h. 39′ 58″
Aſcen. droite du 31 juillet
  à midi, réduite en tems,   8 h. 42′ 1″
Aſcen. droite du 1 août à
  midi, réduite en tems,   8   45′ 54″
Diffé. ou mouvement diurn.
  en aſcen. droite . . .   3′ 53″

Partie proportionnelle pour
  21 h. 39′ 58″ . . .   +   3′ 30″
Aſcen. droite du 31 juillet
  à midi . . . . . .   8 h. 42′ 1″
Aſcen. droite du 31 juillet
  1787, réduite en tems . .   8 h. 45′ 31″

A 21 h. 39′ 58″ tems aſtronomique, ou du
1 août 1787 à midi pour un vaiſſeau ſitué en
mer par 35°. 3′ de longitude orientale de Paris.

Du paſſage des Etoiles au Méridien.

524... Le calcul du paſſage des étoiles au
méridien eſt fort important ſur mer, ſoit pour
ſe diſpoſer à obſerver leur hauteur méridienne,
ſoit pour trouver pendant la nuit l’heure vraie
qu’on doit compter à bord.

Il ſert encore à vérifier le tems marqué par
une montre ; car ſi l’on obſerve à quel inſtant
de cette montre un aſtre dont l’aſcenſion

droite eft connue , doit paffer au méridien , on verra par la comparaifon de l'inftant calculé , avec celui qui a été obfervé , fi la montre eft conforme au tems vrai , ou de combien elle en différe.

525.... Pour trouver par le calcul le paffage d'une étoile au méridien , il fuffit de favoir la différence qu'il y a entre l'afcenfion droite du foleil & celle de l'étoile à la même époque ; car puifque les aftres placés fur un même méridien ont même déclinaifon & même afcenfion droite , il eft clair que fi une étoile a la même afcenfion droite que le foleil , elle paffera au méridien avec cet aftre ; mais fi elle a , par exemple , 30°. d'afcenfion droite de moins que le foleil , elle y paffera deux heures avant ; fi au contraire elle en a 30 de plus , elle y paffera deux heures après.

La raifon en eft fenfible ; l'afcenfion droite fe compte dans l'ordre des fignes , de l'oueft à l'eft , à partir du premier point du belier ; tandis que le paffage des aftres au méridien fe faifant par le mouvement diurne , fe compte de l'eft vers l'oueft.

526.... Donc pour avoir l'heure du paffage d'une étoile au méridien , il faut prendre dans le livre de la connoiffance des tems l'afcenfion droite de l'étoile propofée , à laquelle on fera la correction convenable pour l'année & le mois , à raifon de l'augmentation annuelle dont elle doit être affectée. On prendra également l'afcenfion droite du foleil pour la même époque,

ayant égard à la différence des méridiens ; ces
deux afcenfions droites étantréduites en tems,
on retranchera celle du foleil de celle de l'é-
toile, augmentée de 24 heures, fi elle eft
plus petite ; la différence donnera à peu près
l'heure du paffage de l'étoile au méridien en
tems aftronomique. Je dis à peu près, parce
que le calcul fuppofe que dans cet intervalle
le foleil & l'étoile n'ont aucun mouvement en
afcenfion droite. Lors donc qu'on veut avoir
le véritable inftant de ce paffage, il faut recommencer l'opération, calculer l'afcenfion
droite du foleil pour l'inftant même qu'on vient
de trouver, la retrancher de celle de l'étoile,
& leur différence donnera l'heure vraie du
paffage de l'étoile au méridien.

E x e m p l e.

527... *Soit propofé de trouver à quelle
heure l'étoile appellée* Regulus *paffera au me-
ridien de Paris le 12 avril 1786.*

En ouvrant les tables de la connoiffance des
tems 1786, on voit que l'afcenfion droite
du foleil pour Paris, le 12 avril à midi, eft
de 20°. 59′ 36″ = 1 h. 23′ 59″ ; & que celle
de Regulus pour le commencement de 1784
eft de 9 h. 56′ avec une augmentation annuelle
de 48″,6 : donc pour deux ans, trois mois qu'il
y a depuis 1784 jufqu'au mois d'avril 1786,
elle augmentera de 1′ 49″ de tems, ce qui
fera en tout 9 h. 57′ 49″ pour l'afcenfion

droite de Regulus à l'époque propofée ; de laquelle retranchant celle du foleil, le refte 8 h. 33′ 50″ fera à peu près le tems du paffage de Regulus au méridien de Paris. Ce feroit l'heure vraie, fi les étoiles n'anticipoient pas chaque jour fur le foleil.

Cette exactitude eft fuffifante, lorfqu'on ne veut favoir le moment du paffage d'une étoile au méridien, que pour fe difpofer à obferver fa hauteur méridienne ; mais lorfqu'on voudra l'employer à déterminer l'heure vraie qu'on doit compter à bord, le calcul exigera une plus grande précifion. Dans ce cas, l'afcenfion droite du foleil, qui dans cet exemple n'avoit été calculée que pour le 12 avril à midi, doit être calculée pour le 12 avril à 8 h. 33′ 50″, parce qu'il eft évident que durant ce tems-là l'étoile a eu fur le mouvement du foleil une accélération proportionnée au tems écoulé depuis le 12 avril ; cette nouvelle afcenfion droite fera donc 1 h. 25′ 18″, laquelle étant retranchée de 9 h. 57′ 49″, donnera 8 h. 32′ 31″ pour l'heure précife à laquelle Regulus doit paffer au méridien de Paris le 12 avril 1786.

Pour abréger, on peut fe contenter de fouftraire de 8 h. 33′ 50″ la quantité proportionnelle 1 h. 9″ qui réfulte du mouvement du foleil en afcenfion droite durant ce tems-là, & qui exprime l'accélération de l'étoile fur le foleil.

Opération.

Afcenfion droite de Regu-
lus pour 1784 . . . . .   9 h. 56' 0"

'Augmentation p. 2 ans $\frac{1}{4}$ à
raifon de 48", 6 par an.   +   1   49"

Afcenfion droite de Regu-
lus le 12 avril 1786 . . .   9 h. 57' 49"

Afcenfion droite du foleil
le 12 avril 1786 à midi —1 h. 22' 59"

Tems à peu près du paffage
de Regulus au méridien
de Paris le 12 avril 1786.   8 h. 33' 50"

Mouvement du foleil en
afcenfion droite p. 8 h.
33' 50" à raifon de 30'
40" dans l'efpace de 24
heures . . . .   1' 19"

Tems vrai du paffage de
Régulus au méridien de
Paris le 12 avril 1786...   8 h. 32' 31"

Ou en tems civil à 8 h. 32'
31" du foir . . . . .

528... Lorfqu'on veut avoir le paffage d'une
étoile au méridien d'un lieu fitué à l'eft ou à
l'oueft de Paris, il faut calculer d'abord fon
paffage au méridien de Paris, puis y ajouter
le mouvement du foleil en afcenfion droite qui
convient à la différence des méridiens, fi le
lieu eft à l'eft de Paris ; ou l'en retrancher, fi
le lieu eft à l'oueft.

Exemple.

529... *On demande le tems vrai du passage de la Lyre au méridien d'un lieu situé en mer par 39°. degrés de longitude occidentale de Paris, le 1 septembre 1786.*

1°. Je cherche, comme dans l'exemple précédent, quelle est l'ascension droite de la Lyre le 1 septembre 1786, ayant égard à l'augmentation qu'elle éprouve tous les ans, & je la trouve de 18 h. 30′ 20″.

2°. L'ascension droite du soleil pour Paris le 1 septembre 1786 à midi, étant de 10 h. 42′ 51″, je la retranche de l'ascension droite de l'étoile, le reste 7 h. 47′ 29″ est le tems à peu près du passage de la Lyre au méridien de Paris. Or le mouvement du soleil en ascension droite du 1 au 2 septembre à midi étant de 3′ 37″ de tems., la partie proportionnelle qui convient à 7 h. 47′ 29″ sera de 1′ 9″ qu'il faut ôter de ce même nombre; le reste 7 h. 46′ 20″ exprimera l'heure précise du passage de l'étoile au méridien de Paris.

3°. Enfin puisque le lieu pour lequel on calcule le passage de la Lyre au méridien, est plus occidental que Paris de 39°., qui valent en tems 2 h. 36′, on prendra 23″ pour la partie proportionnelle de l'ascension droite du soleil qui convient à 2 h. 36′, & la retranchant de 7 h. 46′ 20″, on aura l'heure vraie du passage de la Lyre au méridien du lieu proposé.

Opération.

Afcenfion droite de la Lyre le 1 feptembre 1786....   18 h. 30′ 20″

Afcenfion droite du foleil le 1 feptembre à midi   10 h. 42 51...

Tems à peu près du paffage de la Lyre au méridien de Paris . . .   7 h. 47′ 29″

Mouvement du foleil en afcenfion droite pour 7 heures 47′ 29″, à raifon de 3′ 27″ pour 24 h...   —...   1′ 9″

Tems vrai du paffage de la Lyre au méridien de Paris . . . . . .   7 h. 46′ 20″

Mouvement du foleil en afcenfion droite pour 2 h. 36′, qui eft la différence des méridiens, à raifon de 3′ 37″ pour 24 h.   —   23″

Tems vrai du paffage de la Lyre au méridien d'un lieu fitué à 39°. de longitude occidentale de Paris, le 1 feptembre 1786 à . . . . . .   7 h. 45′ 57″

530... On voit par·l' que connoiffant l'heure précife à laquelle une étoile medie ou paffe au méridien un jour donné, on peut trouver réciproquement l'ascension droite de cette même étoile au moment de ce passage. Pour cela il faut ajouter l'ascension droite du soleil réduite en tems à l'heure du passage de l'étoile, la somme, moins 24 heures, si elle surpasse ce nombre, sera l'ascension droite du milieu du ciel, ou du point de l'équateur qui est dans le méridien en ce moment ; de sorte qu'en cherchant ce nombre dans la table des ascensions droites des principales étoiles, on verra celle qui est dans le méridien au tems donné.

EXEMPLE.

On propose de trouver l'ascension droite d'une étoile qui doit passer au méridien de Paris le 10 décembre 1786, à 13 h. 21′ 21″ tems astronomique, ou le 11 décembre à 1 h. 21′ 21″ après minuit, tems civil.

Opération.

Tems du passage de l'étoile au mérid. de Paris	13 h. 21′ 21″
Ascension droite du soleil le 10 décembre à 13 h. 21′ 21″	17 h. 13′ 12″
Ascension droite du milieu du ciel	30 h. 33′ 33″
De laquelle retranchant 24 heures . . . . .—.	24 h.
Le reste	6 h. 33′ 33″

Etant cherché dans la table de l'afcenfion droite des principales étoiles, répond à très-peu près à celle de *Sirius*.

CINQUIEME SECTION.
ASTRONOMIE NAUTIQUE.

Instumens les plus propres à obferver les Aftres fur mer.

De tous les inftrumens qu'on a inventé jufqu'ici pour faciliter fur mer l'obfervation des aftres, l'*Octant*, ou *quartier de reflexion*, le *Sextant* & le *Cercle entier* ont été portés à un tel degré de perfection, qu'ils font à jufte raifon eftimés les meilleurs & les feuls aujourd'hui dont les marins inftruits faffent ufage: les autres, tels que l'*arbaleftrille* & le *quartier anglois* ont été prefque entierement abandonnés, à caufe de leur mauvaife conftruction & du peu de précifion qu'on pouvoit attendre des obfervations auxquelles on les employoit; c'eft pourquoi nous n'en parlerons pas.

Comme c'eft par l'Octant que ce genre d'inftrument a commencé, & que d'ailleurs le principe de leur conftruction eft abfolument le même, nous nous bornerons donc à la def-

cription de celui-ci ; nous entrerons dans le FIG.
détail de toutes ses propriétés , & sur-tout de
celles qu'il tient de la reflexion des miroirs
plans qui entrent dans sa composition ; nous
réservant toutefois de faire connoître ce
que le Sextant & le Cercle entier ont de particulier.

Description de l'Octant & de ses propriétés.

531... L'*Octant* ou *quartier de reflexion* est 83.
un secteur de cercle de 45°. , de 18 à 20 pou- 84.
ces de rayon , construit ordinairement d'un
bois très-dur & peu sujet à se dejetter. Au centre C de cet instrument est attachée une alidacle
mobile qui porte un miroir fixé perpendiculairement au centre de son mouvement. Ce miroir reçoit la premiere image de l'astre qu'on
veut observer ; de-là cette image est refléchie
sur un autre miroir de glace plus petit , placé
en E perpendiculairement sur le rayon CB
de l'instrument ; celui-ci n'a qu'une partie de
sa surface étamée , savoir, celle qui touche le
côté CB , l'autre partie est transparente , &
sert à voir directement l'horison auquel on
vise , à l'aide d'une lunette ou pinnule que l'on
place sur le côté A C. Quelquefois ie petit miroir est entierement étamé à la réserve d'un
petit espace vers le milieu qui forme une espece de fente transparente , à travers laquelle
on voit directement l'horison de la mer.

532... La position des deux miroirs doit

FIG. étre telle, que lorfque l'alidacle CD répond au point zéro de l'arc AB, le plan du miroir fixé en C foit parallele au plan du petit miroir fitué en E ; afin que l'obfervateur qui regarde le terme de l'horifon au travers de la partie tranfparente du petit miroir, voie en meme tems fur la partie étamée l'image de cet horifon réfléchie par le grand miroir, & que ces deux horifons fe réuniffent fur une même ligne.

C'eft fur-tout du parallelifme des mircirs que dépend la perfection de l'Octant, & par conféquent l'exactitude des obfervations auxquelles on l'emploie.

83.   533... Quoique l'arc AB ne foit que de
84.   45°., il a été divifé en 90 parties égales ou demi-degrés, parce qu'il eft équivalent à un quart de cercle à caufe de la propriété commune aux miroirs qu'on fait entrer dans fa conftruction ; cette propriété eft telle, que par la réflexion des rayons de lumiere, les demi-degrés valent des degrés entiers. Voici le principe fur lequel eft fondée cette propriété.

85.   534... Tout le monde fait, & c'eft une vérité conftatée par l'expérience, que fi un rayon de lumiere SC tombe fur la furface MI d'un miroir de glace ou de métal, bien uni, il fe réfléchit de l'autre côté, & fait avec la furface du miroir, en s'éloignant, un angle égal à celui qu'il faifoit en tombant fur ce miroir, de maniere que l'angle de réflexion ECI eft égal à l'angle d'incidence SCM : donc

la direction CE que suit le rayon de lumiere FIG.
en se réfléchissant est située à l'égard du miroir
exactement de la même maniere que le rayon
SC en tombant sur sa surface.

535... Suppofons maintenant qu'on fasse
tourner le miroir autour du point C de la
quantité angulaire d'un degré, par exemple,
en forte que le miroir MI vienne dans la position (*dh*), le rayon SC restant toujours à la
même place ; il est clair que par le changement du miroir l'angle d'incidence SCM de-
viendra SC*d*, plus petit d'un degré qu'auparavant ; par la même raifon l'angle de réflexion ECI, qui doit lui être égal, diminuera 85.
auffi de la même quantité. Donc l'angle total
SCE, compris entre l'incident & le réfléchi,
recevant de part & d'autre un accroiffement
égal à la diminution de ceux-ci, fe trouvera
plus grand de deux degrés, c'est-à-dire, du
double du mouvement angulaire du miroir.

536... En effet l'angle SCE est égal à 180°.
moins la fomme de l'angle d'incidence & de
l'angle de réflexion, ou moins le double de
celui d'incidence, puifque ces deux angles font
égaux. Donc fi par le mouvement du miroir
l'angle d'incidence diminue ou augmente d'une
certaine quantité, l'angle compris entre l'incident & le réfléchi augmentera au contraire
ou diminuera du double de cette quantité ;
c'est-à-dire, que fi le miroir en tournant pen-
che à droite ou à gauche d'un ou deux degrés
feulement, l'augmentation ou la diminution

FIG. furvenue à l'angle SCE fera de deux ou de quatre degrés.

83.   537... Pour rendre ceci plus fenfible, appliquons-le à l'Octant ; fuppofons que l'alidade CD étant fur le point zéro de la divifion du limbe, un obfervateur vife au terme de l'horifon de la mer à travers la partie tranfparente du petit miroir E, il verra fur ce miroir deux horifons à côté l'un de l'autre & fur une meme ligne droite, l'un directement felon OH par la partie tranfparente du petit miroir, & l'image de l'autre réfléchie par le grand miroir fur la partie étamée du petit. Les rayons de lumiere ayant fait le chemin FCEH pour parvenir à fon œil, ce double détour de la lumiere ne nuit en rien à la direction de fes rayons, l'œil eft frappé exactement de la même maniere que s'ils venoient directement du point E, excepté que leur éciat eft ·un peu affoibli. Alors la ligne FC eft horifontale & parallele à HO, parce que les faces des deux miroirs font paralleles.

84.   538... Mais fi l'on veut obferver un aftre dans le ciel, élevé d'une certaine quantité au-deffus de l'horifon, on fera avancer l'alidade vers B, jufqu'à ce que le miroir MI, venant à rencontrer le vertical de l'aftre, en réfléchiffe l'image fur le miroir E ; alors la ligne HO & le petit miroir reftant toujours dans la même fituation, la ligne FC s'élevera au-deffus de l'horifon du double du mouvement angulaire du miroir MI, ou de l'alidade CD

au

au centre de laquelle il eſt fixé ; ou , ce qui FIG.
revient au même , l'angle FCE compris entre 83.
l'incident FCM & le réfléchi ECI , ſera double
du mouvement angulaire du grand miroir , &
par conſéquent double du mouvement de l'a-
lidade ; de ſorte que ſi l'aſtre obſervé a par
exemple 40°. de hauteur, il fera impreſſion
ſur l'œil par la ligne FCEH , & ſera vu ſur
le petit miroir E , préciſément à côté de l'horiſon de la mer. L'élévation de l'aſtre , marquée par l'angle FCE , ſera de 40°. , & cependant on n'aura fait avancer l'alidade que
de 20°. Donc pour avoir la hauteur de l'aſtre , il faut compter les demi-degrés du limbe
de l'inſtrument pour des degrés entiers ; c'eſt
la raiſon pour laquelle ce ſecteur de 45°. a été
diviſé en 90 parties égales.

Avant de ſe ſervir de l'Octant pour l'obſervation des aſtres, on doit avoir ſoin de le
vérifier ; cette vérification doit avoir deux
objets principaux.

I.

539... Premierement il faut s'aſſurer ſi le
petit miroir eſt bien perpendiculaire au plan
de l'inſtrument. Pour y réuſſir, tenez l'inſtrument dans une ſituation verticale , & regardez
l'horiſon à travers la partie tranſparente du
petit miroir ; faites avancer l'alidade juſqu'à
ce que vous voyiez ſur la partie étamée l'i-
mage de l'horiſon réfléchie par le grand miroir. Si ces deux horiſons ne ſont pas dans

Tome II. E

FIG. un même alignement, c'est-à-dire, si l'image réfléchie ne suit pas la même ligne que l'image directe, ou une ligne qui lui soit parallele, c'est une marque que le petit miroir n'est pas perpendiculaire au plan de l'instrument ; il faut alors le ramener à sa vraie position par le moyen d'une vis de rappel placée pour cet effet sur le pied de sa monture.

540.... Une autre maniere de reconnoître ce défaut, est de se servir le soir, pendant le crépuscule, de quelque astre brillant à la place de l'horison de la mer. Une belle étoile est même plus propre que la lune à cette vérification. Dans ce cas, tenez l'Octant verticalement, & regardez l'étoile que vous avez choisie, à travers la partie transparente du petit miroir ; alors si vous faites un peu mouvoir l'alidade de part & d'autre du point zéro de la division, & que durant ce mouvement l'image réfléchie de l'étoile suive la ligne droite qui sépare la partie étamée de celle qui ne l'est pas, ou du moins une parallele à cette ligne, c'est une marque certaine que ce petit miroir est perpendiculaire au plan de l'instrument ; s'il ne l'étoit pas, l'image de l'astre décriroit dans son mouvement une ligne inclinée à cette ligne de séparation.

I I.

541... Secondement il faut s'assurer du parallelisme des miroirs ; c'est-là l'objet le plus essentiel de cette vérification, & que les marins pour cette raison appellent *la rectification* **FIG.** *de l'Octant.*

On emploie le plus souvent à cette opération l'horison de la mer, sur-tout pendant le jour; cependant on convient généralement qu'il est plus sûr de se servir du soleil, de la lune, ou d'une étoile brillante; ce dernier sentiment est celui de M. de Lacaille (Ephém. vol. 5.).

Pour procéder à cette vérification, tenez l'instrument dans une position verticale, arrêtez l'alidade sur le point zéro de la division, pointez ensuite la lunette à un astre quelconque (1). Alors si les deux miroirs sont bien disposés, c'est-à-dire, si leurs faces sont paralleles, l'image de l'astre, réfléchie par le grand miroir, doit coïncider exactement avec le corps de cet astre, vu directement par la partie transparente du petit miroir. Pour mieux s'assurer que ces deux images coïncident, ou répondent à un même point ou sur une même ligne perpendiculaire au plan de l'instrument, on donnera un petit mouvement à l'alidade, soit au-delà, soit en deça du point zéro de la division. Durant ce mouvement, l'image réfléchie de l'astre décrira une ligne droite, qui doit paroître répondre verticalement sur l'image

83.

---

(1) Pour observer le soleil, on met un verre coloré, ou mieux un verre enfumé entre l'œil & l'oculaire de la lunette ou la pinnule O, afin d'affoiblir l'intensité de sa lumiere.

FIG.
83.

directe ; fi au contraire on s'apperçoit qu'elle s'en écarte en s'inclinant à droite ou à gauche ; c'eft une marque que les deux miroirs ne font pas parallèles ; alors il faut ferrer ou defferrer tant foit peu la vis du petit miroir , laquelle eft deftinée à donner l'inclinaifon convenable, jufqu'à ce que , par le mouvement de l'alidade , l'image réfléchie coïncinde parfaitement avec l'image directe.

542... Si lorfqu'on eft parvenu à ce point de précifion, l'index de l'alidade marque 3 ou 4′ , au lieu de marquer zéro , on peut laiffer les miroirs dans cet état , & fe fouvenir que , puifque l'inftrument donne trop , il faut retrancher 3 ou 4′ de toutes les obfervations auxquelles on l'emploiera ; fi au contraire l'index marque 3 ou 4′ au-deffous de zéro , c'eft-à-dire , en fens contraire du premier cas , alors l'inftrument donnera trop peu , il faudra donc ajouter 3 ou 4′ à toutes les obfervations qu'on fera avec un inftrument affecté de cette erreur.

Le moyen le plus exact de trouver le point du limbe où les miroirs font parallèles, c'eft de fe fervir du foleil : pour cela , on fait coïncinder les bords des deux images de cet aftre , d'abord d'un côté , enfuite de l'autre , ayant foin d'écrire chaque fois les degrés & minutes marqués par l'index. Le milieu entre ces deux réfultats fera le vrai point du parallelifme des miroirs.

543... La vérification dont nous venons de parler eft la plus importante de toutes ; il

eſt donc à propos de la faire précéder toute FIG.
eſpece d'obſervation : cependant il peut arriver
qu'on ne puiſſe la faire immédiatement avant
l'obſervation ; alors les obſervateurs les plus
exacts ſe contentent de chercher le point du
limbe où doit répondre l'index de l'alidade,
lorſque les miroirs ſont paralleles, & de tenir
compte de l'erreur de l'inſtrument dans le calcul de leurs obſervations.

544... Une partie eſſentielle de cet inſtrument, ſur-tout lorſqu'on veut l'appliquer à
d'autres obſervations qu'à celles du ſoleil, c'eſt
la lunette placée en O dont on doit ſe ſervir
au lieu de pinnule. Pour tirer le meilleur parti
de cette lunette, dit M. de Lacaille (Traité
de navig. par Bouguer, pag. 188), il faut
lui donner un objectif de 10 pouces de foyer
& de 25 ou 30 lignes de diametre ; ſon oculaire doit être un verre concave de 3 pouces
$\frac{1}{2}$ ou 4 pouces de foyer, & de 3 ou 4 lignes
d'ouverture. Il doit être placé dans un tuyau
mobile, afin que l'obſervateur puiſſe l'allonger
au point qui convient à ſa vue. La lunette doit
être arrêtée ſur le côté CA, de maniere que 83.
ſon axe ſoit parallele au plan de l'inſtrument,
& réponde au milieu de la ligne qui, ſur le
petit miroir, ſépare la partie étamée de celle
qui ne l'eſt pas.

FIG. *Ufage de l'Octant pour mefurer la hauteur
méridienne & non méridienne des Aftres.*

545... Après avoir rectifié l'Octant, ainfi
que nous l'avons dit, on l'emploiera à l'obfervation des aftres de la maniere fuivante.

Tenez d'une main l'inftrument le plus verticalement que vous pourrez, ayant foin que
le grand miroir foit tourné vers l'aftre que
vous voúlez obferver, en forte que dans cette
pofition le limbe le partage en deux parties
égales ; appliquez l'œil à la lunette ou à la pinnule O, & regardant le terme de l'horifon à
travers la partie tranfparente du petit miroir,
faites glifler de l'autre main l'alidade fur le
limbe de l'inftrument, jufqu'à ce que vous
voyiez l'image réfléchie de l'aftre coïncider
avec l'horifon ; arrêtez alors l'alidade, le nombre de degrés compris entre l'index & le point
zéro de la divifion exprimera la hauteur de
l'aftre ; l'autre partie de l'arc, qui eft le complément de la hauteur, exprimera fa diftance
au zénit. Si c'eft le foleil ou la lune dont
on veut avoir la hauteur, on fera concourir
un des bords de ces aftres avec l'horifon de
la mer, au lieu du centre que rien ne détermine à la vue fimple. L'obfervation fe fait
d'autant plus aifément, qu'il fuffit de faire
concourir l'image de l'aftre avec l'horifon,
fans qu'il importe effentiellement de voir ces
deux objets dans un point précis marqué fur

l'inftrument, ce que le mouvement du vaiffeau rend très-difficile : mais ce qui importe le plus, c'eft de bien déterminer le contact de l'aftre avec l'horifon : pour mieux s'en affurer, on fait balancer légérement l'Octant à droite & à gauche, alors fi le contact eft exact, il doit paroître au moindre mouvement fe détacher de l'horifon en s'élevant.

546... On obferve de même pendant la nuit la hauteur des étoiles & des planetes, quoique avec un peu plus de difficulté, furtout dans la nuit clofe. Pour acquérir l'habitude d'y réuffir, voici ce que les jeunes marins doivent faire, d'après les préceptes du célebre *Bouguer*.

Auffi-tôt qu'après le foleil couché on appercevra dans le ciel une belle étoile, on y pointera la lunette, & ayant mis l'alidade fur le point zéro de la divifion, on verra alors les deux images de l'aftre, l'un directement par la partie tranfparente du petit miroir, & l'autre par la réflexion du grand miroir fur le petit; on fera couler infenfiblement l'alidade, & l'on fuivra des yeux fur le petit miroir l'image réfléchie, qui paroîtra defcendre à mefure, & qui par ce moyen parviendra à l'horifon, auquel on l'affujettira en balançant légérement l'inftrument. Lorfqu'on aura réuffi pendant le crépufcule à amener l'image d'une étoile fur l'horifon de la mer, il faudra recommencer cette opération jufques plus avant dans la nuit, & après quelques tentatives de la forte,

FIG. on acquerra infenfiblement l'habitude de faire l'obfervation dans la nuit clofe.

547... Dans ce dernier cas, il ne fera pas fuperflu de recommander que durant l'obfervation on doit avoir foin de ne pas perdre l'étoile de vue, tant à caufe de l'obfcurité, que pour n'être pas expofé à prendre une étoile pour l'autre. On fera encore mieux de profiter du crépufcule ou du clair de lune, autant que cela fe pourra, afin de voir diftinctement le terme de l'horifon, & de rendre par-là fes obfervations plus précifes.

Ufage de l'Octant pour prendre hauteur par derriere.

548... Nous n'avons parlé jufqu'ici que de la maniere de fe fervir de l'Octant pour obferver les aftres pardevant ; mais il peut arriver, & cela n'eft que trop ordinaire en mer, que l'horifon au deffous de l'aftre foit embrumé ou couvert de nuages ; alors fi le point oppofé de l'horifon eft vifible & bien net, on eft réduit à prendre hauteur par derriere en tournant le dos à l'aftre qu'on veut obferver.

549... Pour rendre l'Octant propre à cette forte d'obfervations, on a placé fur la partie
84. faillante du côté CB une pinnule V, & à peu de diftance de cette pinnule un petit miroir K, dont la glace, en partie étamée & en partie tranfparente, eft deftinée aux mêmes ufages que ci-deffus ; mais fa pofition doit être telle

que lorfque l'alidade répond à zéro de la di- **FIG.**
vifion, fon plan foit perpendiculaire au plan
du grand miroir fixé au centre C du mouvement. Pour procéder à l'obfervation, on vife
à l'horifon fuivant la ligne VH par la partie
tranfparente du petit-miroir, & on tire à foi
l'adidade jufqu'à ce que l'image de l'aftre arrive fur fa partie étamée, & réponde au point
T à côté de l'horifon. La hauteur de l'aftre
obfervé fe compte comme à l'ordinaire, depuis
zéro jufqu'au point du limbe où l'adidade eft
arrêtée, l'autre partie de l'arc eft le complément de la hauteur. Le rayon FC de l'aftre
fait impreffion fur l'œil felon la ligne horifontale VH, après deux reflexions fucceffives
en C & en K; mais l'image eft vue renverfée,
parce que, pour peu de hauteur qu'ait l'aftre
au-deffus de l'horifon, les plans des deux
miroirs dans cette pofition font entr'eux un
angle obtus.

550... La vérification de l'Octant employé **84.**
à obferver par derriere, fe fait comme dans
les autres obfervations, fi ce n'eft qu'elle eft
un peu plus difficile. Lorfqu'on vife à l'horifon par la ligne VH, l'alidade étant fur
zéro de la divifion, on doit voir les deux
points oppofés de l'horifon réunis au point
T du petit miroir. L'image de l'horifon, réfléchie par le grand miroir, eft vue renverfée, c'eft-à-dire que la mer paroît en
haut & le ciel en bas; c'eft la même chofe
lorfqu'on obferve un aftre, le bord fupérieur

FIG.
84.

paroît être le bord inférieur. Ce renverſement des objets eſt produit, comme nous l'avons dit, par la ſituation reſpective des deux mi-roirs.

551... Dans ce cas, pour procéder à la vérification de l'Octant, on remarquera que ſi les deux points oppoſés de l'horiſon qu'on dé-couvre, étoient ſur une même ligne droite & horiſontale, paſſant par l'œil de l'obſervateur, il faudroit, pour que l'inſtrument fût rectifié, que lorſqu'on les voit réunis au point T, l'a-lidade marquât exactement zéro ſur la diviſion du limbe ; mais les deux lignes qu'on imagine aller de l'obſervateur à chacun des deux points oppoſés de l'horiſon, ne forment pas enſemble une ſeule ligne droite ; elles ſont deux tan-gentes à la ſurface du lobe, inclinées l'une & l'autre à l'horiſon réel d'une quantité pro-portionnée à l'élévation de l'œil au-deſſus du niveau de la mer. Donc lorſqu'on voit les deux horiſons réunis au point T, il ne faut pas, pour que l'Octant ſoit bien diſpoſé, que l'alidade marque zéro, mais qu'elle ſe trouve reculée au-delà du point A, ou au-deſſous de zéro du double de l'inclination de l'horiſon, déterminée par la hauteur de l'œil de l'obſer-vateur.

Si, par exemple, l'œil de l'obſervateur eſt élevé de 16 pieds au-deſſus de la ſurface de la mer, l'inclinaiſon de l'horiſon ſera de 4′ 6″, comme on peut le voir par la table des incli-naiſons de l'horiſon qu'on trouve à la fin de

Cet Ouvrage. Ainsi pour que les miroirs soient FIG.
bien disposés, il faudra, dans cette supposition, que l'alidade marque 8′ 12″, ou 8′ ⅕
au-dessous de zéro ; si elle n'en marquoit que
5 , ce seroit une preuve que l'instrument donne
trop ou augmente les hauteurs des astres de
3′ 12″ : si au contraire l'alidade marquoit 10′ 84.
au-dessous de zéro , l'instrument donneroit
trop peu ou diminueroit les hauteurs de 2′
12″ : il faudroit donc dans le premier cas ajouter 3′ 12″ aux hauteurs observées , & dans le
second en retrancher 2′ 12″.

552... Il suit de tout ce détail qu'il est très-
difficile , & par conséquent peu sûr de prendre
hauteur par derriere avec l'Octant, principalement à cause de la difficulté qu'il y a de
vérifier la position du petit miroir. Cette difficulté a été levée depuis quelques années par
le fameux Dollon, qui a ajouté une alidade
au petit miroir , par le moyen de laquelle on
peut en obtenir la vérification avec presqu'autant de facilité & d'exactitude que celle du
petit miroir de la figure 83 : enfin pour avoir
dans ces fortes d'observations le même avantage
que dans celles qui se font pardevant ; au lieu
de pinnule pour diriger la vue , on peut encore se servir d'une lunette placée sur le côté
CB de la même maniere qu'elle l'est dans la
figure 83 sur le côté CA.

553... L'octant sert à prendre des hauteurs
méridiennes & non méridiennes des astres ,
pour en conclure la latitude du vaisseau ; à

déterminer l'heure vraie par des hauteurs du soleil ou des étoiles prises hors du méridien, & à établir la longitude du navire par des distances de la lune au soleil ou aux étoiles.

554... Le *Sextant*, dont l'usage est pour le moins aussi fréquent que celui de l'Octant, ne differe de celui-ci que par l'étendue de son arc porté jusqu'à 120 parties ; au lieu que les divisions de l'Octant ne s'étendent, comme nous l'avons vu, que jusqu'à 90 ; c'est d'ailleurs le même instrument.

555... Avec un Octant ou un Sextant bien fait, de 20 pouces de rayon, on peut avoir la hauteur du soleil & sa distance à la lune à une minute près, ce qui suffit pour trouver en mer la latitude d'un vaisseau à un $\frac{1}{3}$ de lieue près, & sa longitude à 10 lieues près.

556... A la place de l'Octant ou du Sextant, on emploie depuis quelque tems un Cercle entier, qu'on nomme *Cercle de réflexion* ; cet instrument, inventé par M. le Chevalier de Borda en 1772, & exécuté en 1773, a été tellement perfectionné par ce savant Officier en 1774,, qu'il est infiniment supérieur aux deux autres instrumens du même genre. La bande circulaire qui compose son limbe, est partagée en 720 parties égales, double de 360, & chacune de ces parties équivaut à un degré dans la pratique, par la même raison que dans l'Octant & le Sextant. Le diametre de ce Cercle n'étant que de 6 pouces, chaque 720e. partie ou $\frac{1}{2}$ degré n'est que d'environ

$\frac{1}{2}$ ligne : or, chacun de ces $\frac{1}{2}$ degrés eſt partagé en trois parties égales dont chacune équivaut dans la pratique à 20′ de degré. Cet eſpace de 20′ n'eſt donc ici que d'un ſixieme de ligne environ , & chaque minute d'environ $\frac{1}{120}$ de ligne , quantité inapréciable en apparence : cependant, grace au génie de ſon Auteur, l'inſtrument peut meſurer les angles à la préciſion d'un petit nombre de ſecondes. L'avantage qu'il y a à ſe ſervir dece nouvel inſtrument, c'eſt que les vérifications y ſont plus faciles ; que les erreurs de la diviſion du limbe & du paralle-liſme des miroirs s'y corrigent plus exacte-ment.

557... Les inſtrumens dont nous venons de faire mention , & ceux qu'on pourroit inventer dans la ſuite , plus parfaits que ceux-là , ne don-neront jamais que la hauteur apparente des aſ-tres. Pour connoître leur hauteur vraie, il faudra faire aux obſervations ſur mer quatre différentes corrections fondées ſur les conſidérations ſui-vantes.

PREMIERE CORRECTION.

558... *De l'effet que doit produire ſur la hauteur apparente des aſtres , l'élévation de l'œil de l'obſervateur au-deſſus du niveau de la mer.*

Lorſqu'on obſerve les aſtres ſur mer , pour déterminer leur hauteur apparente, on n'a pas , comme à terre , la facilité de les comparer à l'horiſon par le moyen d'un fil à plomb ; ce

FIG. moyen est absolument impraticable à la mer à cause de l'agitation continuelle du vaisseau. On est donc obligé de viser au terme de l'horison sensible ; mais comme l'œil de l'observateur est toujours élevé d'une certaine quantité, il arrive que la ligne par laquelle il vise à l'horison n'étant pas horisontale, il estime la hauteur des astres plus grande ou plus petite qu'elle n'est réellement, selon qu'il est obligé de les observer par devant ou par derriere.

86. 559... En effet, soit A un astre dans le ciel, si par le point E de la surface de la terre on imagine la ligne horisontale HO, cette ligne représentera l'horison sensible du point E, & l'arc AH la hauteur de l'astre au-dessus de l'horison ; mais si l'œil de l'observateur qui mesure la hauteur de l'astre est élevé au-dessus de la surface de la terre de la quantité EI, l'horison s'inclinera par rapport à l'observateur, de maniere qu'il prendra la tangente BG pour l'horisontale HO. Donc la hauteur de l'astre au-dessus de l'horison ne sera plus pour lui AH, mais AB. C'est-là l'erreur que produit l'élévation de l'œil au-dessus du niveau de la mer, ou l'inclinaison de l'horison visuel, toutes les fois qu'on observe un astre par devant.

Dans ce cas, il faut donc retrancher de la hauteur observée l'inclinaison de l'horison visuel, ou l'ajouter à la distance au zénit.

86. 560... Si au contraire on observe un astre L par derriere, ou en lui tournant le dos, l'instrument ne donnera alors que GL pour

hauteur apparente, au lieu de OL, qui est la **FIG.** hauteur au-dessus de l'horison. Dans ce cas, **86.** on ajoutera donc l'inclinaison de l'horison à la hauteur donnée par l'instrument.

Pour faire cette correction, on trouvera à la fin de cet Ouvrage une table de l'inclinaison de l'horison de la mer pour différens degrés d'élévation au-dessus de son niveau.

561... Lorsqu'on ne veut avoir qu'à·peu près l'inclinaison de la ligne DI par rapport à l'horison H O , on se contente de calculer le triangle rectangle CDI , dans lequel connoissant l'angle droit, le rayon CD de la terre & l'hypothénuse CI formée du rayon CE , plus de la quantité EI qui marque l'élévation au-dessus de la surface de la mer; il est facile de trouver l'angle DIC par cette proportion :

$$CI : R :: CE : \text{sin. } DIC...$$

L'angle DIC étant déterminé, on en prend le complément, & on a la quantité dont la ligne ID est inclinée, ou dont il s'en faut qu'elle ne soit perpendiculaire à CI.

562... Mais si l'on fait attention aux différens degrés de refraction que souffrent les rayons de lumiere en traversant l'athmosphere, on conviendra que le rayon visuel ID , pour peu qu'il s'étende, ne peut être regardé à la rigueur comme une ligne droite. Nous ne voyons presque jamais les objets un peu éloignés par des lignes exactement droites; notre vue souffre un détour très - sensible, lorsque

FIG. nous regardons un objet dans l'eau, ou à travers un milieu tranfparent : il doit donc arriver quelque chofe de femblable dans l'air à caufe de fa denfité. C'eft d'après ces confidérations, que feu M. Bouguer, qui avoit à cœur de perfectionner toutes les parties de l'hydrographie, imagina une nouvelle méthode pour calculer la table des inclinaifons de l'horiton vifuel. Cette table & les principes de fa conftruction fe trouvent dans un de fes Mémoires fur la maniere d'obferver les aftres fur mer, couronné par l'Académie en 1729. Dans la vue de donner à cette table, qui n'étoit qu'en racourci, l'étendue & l'exactitude defirable pour la pratique, M. *Jaurat* de l'Académie des Sciences l'a calculée de nouveau, d'après la formule de M. *Bouguer*, & en fuppofant, comme lui, le logarithme du rayon de la terre égal à 7,35187. Cette table fe trouve dans la connoiffance des tems de 1778, & nous l'avons mife à la fin de cet Ouvrage pour la commodité des lecteurs.

SECONDE CORRECTION

Des diametres du Soleil & de la Lune.

87.   563... Les Aftronomes ayant obfervé attentivement la grandeur du foleil & de la lune pendant la durée de leur révolution, ont remarqué que le diametre de leur globe paroiffoit tantôt plus petit, tantôt plus grand, felon que

que ces aftres, dans le cours de leur révolu- FIG.
tion, étoient plus ou moins éloignés de la
terre. Or, fuivant les regles de l'Optique, nous
ne pouvons juger de la grandeur des objets
que par l'ouverture de l'angle fous lequel nous
les voyons : donc par le diametre apparent des
aftres eñ général, on ne doit pas entendre la
grandeur abfolue de leur globe, mais le finus
de l'angle fous lequel ce diametre eft apperçu.

564... En effet foit A B le diametre réel 87.
d'un aftre vu du point C, que je fuppofe être
le centre de la terre; fi l'aftre s'approche du
point C de la quantité A e moitié de A C, fon
diametre fera vu alors fous l'angle $a C b$, double de A C B, fous lequel il étoit apperçu
auparavant ; de forte que pour ces deux triangles ABC, $a b$ C on

aura ces deux $\left\{\begin{array}{l} \text{Sin. ACB} : \text{R} :: \text{AB} : \text{AC} \\ \text{Sin. } aCb : \text{R} :: ab = \text{AB} : a\text{C} \end{array}\right\}$ dans lef-
proportions quelles

les deux termes moyens étant égaux, chacun
à chacun; les extrêmes de l'une feront réciproquement proportionnels aux extrêmes de
l'autre ; ce qui donnera cette nouvelle proportion fin. ACB : fin. aCb :: aC : AC, par
où l'on voit que les diametres apparents des
aftres, ou les finus des angles fous lefquels
on les voit, font en raifon inverfe de leur diftance à la terre.

565... Les diametres apparents des aftres
fervent à trouver leurs véritables diametres ou
la grandeur abfolue de leur globe, lorfqu'on

Tome II.   G

FIG.
87.
connoît leur diſtance à la terre ; car dans le triangle rectangle ABC on a cette proportion R : ſin. ACB :: AC : AB, dans laquelle connoiſſant les trois premiers termes, il eſt facile d'avoir le quatrieme AB, qui eſt le diametre réel.

566... Ce diametre ainſi trouvé n'eſt que le diametre horiſontal, ou vu lorſque l'aſtre eſt à l'horiſon en H ; mais ſi l'aſtre obſervé eſt aſſez près de la terre, pour qu'il y ait une différence ſenſible entre ſon diametre horiſontal & ſon diametre au-deſſus de l'horiſon, il faut faire alors une correction à ce dernier calcul ; car ſi HOZ, par exemple, repréſente une portion de l'orbite de la lune, & S le point de la ſurface de la terre où elle eſt obſervée, il eſt évident que cet aſtre en s'élevant ſur l'horiſon ne peut paroître à une égale diſtance que pour un obſervateur qui ſeroit ſitué au centre C de la terre, autour duquel ſe fait ſa révolution.

567... Mais ſi l'obſervateur eſt ſitué au point S de la ſurface du globe, il eſt évident auſſi qu'au moment où l'aſtre paroîtra à l'horiſon, il ſera à la plus grande diſtance de l'obſervateur, & qu'à meſure qu'il s'élevera au-deſſus, il s'approchera de plus en plus du point S, juſqu'à ce qu'il ſoit arrivé au zénit Z ; là il ſera à la plus petite diſtance de l'obſervateur, puiſqu'alors ZS eſt plus petit que ZC ou HC de tout le rayon CS de la terre.

568... D'après ces conſidérations on voit

donc que pour avoir le véritable diametre de la lune, il faut faire une augmentation à son diametre horifontal à raifon de fon élévation au-deffus de l'horifon, & qu'on n'en doit faire aucune à celui du foleil, du moins à raifon de fon élévation, parce que les changemens de ce diametre à différens degrés de hauteur font abfolument infenfibles.

569... On trouve dans la connoiffance des tems le diametre du foleil calculé en minutes, fecondes & dixiemes de fecondes pour les 1, 7, 13, 19 & 25 jours de chaque mois à midi, & par une fimple proportion on peut l'avoir pour tous les jours & heures intermédiaires. Les changemens de ce diametre font même fi petits, que l'on laiffe ordinairement au premier coup d'œil la partie proportionnelle dont il convient de l'augmenter ou de le diminuer dans tous les cas.

570... Dans la connoiffance des tems on trouve auffi le diametre horifontal de la lune pour tous les jours à midi, & on en conclut comme ci-deffus la partie proportionnelle qui convient au moment de l'obfervation, bien entendu que lorfqu'on fait ufage de ces tables qui ont été calculées pour Paris, il faut avoir égard à la différence des méridiens entre Paris & le lieu de l'obfervation.

571... La table qu'on trouve à la fin de cet Ouvrage, & qui a pour titre *Table de l'augmentation du ½ diametre horifontal de la lune*, contient le nombre de fecondes qu'il faut ajouter au demi-diametre horifontal de la lune à raifon de fa hauteur fur l'horifon & de fa diftance à la terre. Cette quantité peut aller jufqu'à 18″ lorfque la lune eft périgée, & que fa hauteur eft proche du zénit.

572... Dans toutes les obfervations fur mer, lorfqu'on emploie le foleil ou la lune, foit pour déterminer la latitude ou la longitude du vaiffeau, foit pour favoir l'heure vraie qu'on doit compter à bord, on n'obferve pas le centre de ces aftres que rien ne détermine à la vue fimple, mais feulement un de leurs bords, & on en conclut enfuite l'obfervation du centre, en ajoutant au bord obfervé le demi diametre de leur globe, ou en le retranchant, felon le fens dans lequel l'obfervation a été faite; c'eft pour cette raifon qu'il eft fi effentiel de connoître exactement la grandeur de leur diametre.

TROISIEME CORRECTION

De la réfraction aftronomique.

573... La troifieme caufe, qui altere la vraie hauteur des aftres, eft la réfraction. L'air groffier qui environne la terre, & qu'on nomme *atmofphere*, a la propriété de rompre les rayons de lumiere qui nous viennent des aftres, c'eft-à-dire, de les détourner de leur droit chemin pour les rapprocher de la ligne verticale. Ce phénomene fingulier de la nature eft défigné fous le nom général de *réfraction aftronomique*.

574... Soit A un aftre quelconque dans le FIG. ciel, d'où part un rayon de lumiere. Ce rayon 88. fuivra une ligne droite jufqu'à ce qu'il rencontre l'atmofphere terreftre en B ; là il commencera à fubir un changement de direction, & pénétrant fucceffivement dans des couches d'air de plus en plus denfes en approchant de la terre, il viendra frapper l'œil de l'obfervateur en S, après avoir décrit dans l'air une ligne courbe ABS. Or, comme l'obfervateur ne peut juger de la fituation de l'aftre dans le ciel que par l'impreffion qu'il en a reçue, au lieu de le rapporter en A, il le rapportera en O fur la ligne droite SO, fuivant laquelle il a fait fon impreffion dans l'œil : donc il verra l'aftre plus élevé qu'il n'eft réellement.

575... Tous les différens détours fucceffifs qu'éprouve un rayon de lumiere qui pénetre dans l'atmofphere fe font toujours dans un plan vertical, c'eft-à-dire, qu'un rayon de lumiere n'ayant de tendance que pour fe rapprocher de la ligne verticale, en vertu de l'attraction qui en eft la principale caufe, ne fe détourne jamais ni à droite, ni à gauche de cette direction. La refraction ne change donc rien aux azimats ni aux amplitudes des aftres ; elle les fait paroître feulement plus élevés qu'ils ne font réellement. Elle diminue bien leurs diftances refpectives, mais cet effet eft une conféquence immédiate de leur élévation ; car les verticaux étant des cercles qui fe rapprochent continuellement pour aller fe

réunir au zénit , deux aſtres doivent nous paroître d'autant plus près, que les points des
verticaux où nous les obſervons ſont plus élevés en apparence au deſſus de l'horiſon. Ainſi
toutes les fois qu'on obſerve à la mer la diſtance angulaire de la lune au ſoleil ou à une
étoile zodiaque , pour en conclure la longitude du vaiſſeau , il eſt néceſſaire de faire une
correction à cette diſtance ; nous aurons occaſion de revenir là deſſus en parlant des longitudes.

576... MM. *Caſſini* & *Picard* furent les premiers qui meſurerent avec quelque préciſion
le changement & l'inégalité des refractions. Le
ſecond ſur-tout reconnut, vers le milieu du
ſiecle dernier , par des hauteurs correſpon-
dantes du ſoleil , que les refractions étoient
plus grandes en hiver qu'en été ; il les trouva
auſſi plus grandes la nuit que le jour. On a
obſervé depuis que celles de la Zone torride
étoient moins fortes que celles de nos climats ;
enfin M. de *Lacaille* a trouvé que celles du
Cap de Bonne-Eſpérance étoient plus petites
de $\frac{1}{40}$ que celles de Paris : d'où il eſt naturel
de conclure que les refractions en général dé-
pendant de l'état de l'atmoſphere , doivent être
plus ou moins conſidérables à meſure que l'air
devient plus ou moins denſe , & que toutes
ces variations doivent ſuivre celles du barometre & du thermometre.

577... Les différences des refractions occa-
ſionnées par la différence de la température de

l'air, peuvent être négligées pour l'ufage de la navigation : mais ces irrégularités dans le voifinage de l'horifon, où les vapeurs, l'humidité de l'air & les vents font plus variables que dans les régions plus élevées, doivent faire éviter, autant qu'il eft poffible, d'obferver les aftres, lorfqu'ils font trop près de leur lever ou de leur coucher.

578... On s'eft convaincu, d'après une infinité d'obfervations faites dans les zones tempérées, qu'un aftre qui paroît à l'horifon eft encore environ $32'\frac{1}{2}$ au-deffous. Ceci ne doit s'entendre à la rigueur que des aftres qui n'ont pas de parallaxe fenfible ; car l'effet de la parallaxe, comme nous le verrons dans peu, eft tout-à-fait contraire à celui de la refraction. La refraction la plus variable & en même tems la plus grande de toutes, eft celle qui a lieu à l'horifon ; elle diminue enfuite à mefure que la hauteur de l'aftre augmente & devient nulle au zénit.

579... Puifque la refraction éleve un aftre en apparence, il faut donc la retrancher de fa hauteur, ou l'ajouter à fa diftance au zénit qui en eft le complément ; ce qui s'exécute aifément à l'aide de la table qu'on a inférée à la fin de cet Ouvrage, & qui indique la correction qu'il faut faire à chaque degré de hauteur ou de diftance au zénit.

580... On peut déterminer la quantité de refraction par deux méthodes différentes, par des hauteurs correfpondantes du foleil ou d'une étoile, ou bien par deux feules obfervations faites à deux différens degrés de hauteur. La premiere méthode paroît la plus naturelle ; on s'en fert pour déterminer la refraction des aftres qui font peu élevés au-deffus de l'hori-fon ; mais on eft obligé d'avoir recours à la feconde dans de plus grandes hauteurs, & lorfque la différence d'un degré à l'autre n'eft pas affez fenfible pour être apperçue par des obfervations immédiates.

Premiere méthode.

581... Si un obfervateur, muni d'une pen-dule, obferve à terre avec un bon quart de cercle la hauteur du foleil, à 6 heures de dif-tance du méridien le matin & le foir, & qu'il la trouve de 9°. ; fi en calculant enfuite cette hauteur par les regles de la trigonométrie, il ne la trouve que de 8°. 54′, la différence 6′ entre l'obfervation & le calcul fera la quan-tité de refraction à 9°. de hauteur apparente, c'eft-à-dire, qu'à cette hauteur le foleil pa-roîtra plus élevé de 6′.

Seçonde méthode.

582... Quoique les efforts des plus célébres Géometres, pour réfoudre par l'analyfe le pro-bléme des refractions, aient été, pour ainfi dire, inutiles, puifque leurs réfultats ne fe font jamais trouvés d'accord avec l'obfervation ; ç'eft néanmoins du concours de tant de connoiſſances que naquît la lumiere qui devoit éclairer ſur un objet auſſi important. M. *Bradley*, plus habile aſtronome què géometre, en refléchiſſant ſur la queſtion qui occupoit tous les ſavans, & guidé par les recherches de *Simpſon*, arriva au but qu'on ſe propoſoit; il falloit une méthode ſimple, éloignée de toute hypotheſe qui pût donner la quantité de refraction à des hauteurs où l'obſervation étoit en défaut, & il la trouva. On s'étoit bien apperçu, & on ſavoit déja que depuis le zénit juſqu'au-delà de 80°. de diſtance, les refractions ſuivoient le rapport des tangentes des diſtances au zénit; mais *Bradley* eut la gloire de faire voir le premier qu'en diminuant chaque diſtance au zénit de trois fois ſa refraction, la tangente du reſte étoit exactement comme la refraction qui convient à cette hauteur. D'après ces principes, il conſtruiſit une table de refractions qui ne différent pas de beaucoup de celles de M. de *Lacaille*.

583... Pour bien entendre cette méthode, ſuppoſons que la refraction ſoit de 32′ 30″ à l'horiſon, & qu'on veuille ſavoir celle qui a lieu à 45°. de hauteur; dès qu'on ſaura que cette derniere refraction doit être d'environ une minute, quantité trop petite pour être déterminée par l'obſervation, on retranchera d'abord trois fois 32′ 30″ de 90o. diſtance au zénit dans le premier cas, & on aura 88°. 22′ 32″; on retranchera enſuite 3′ de 45°., diſtance au zénit dans le second cas, & il viendra 44°. 57′, après quoi on fera cette proportion :

$$\text{Tang. } 88°. 22′ 30″ : \text{tang. } 44°. 57′ :: 32′ 30″ : 57″$$

dont le quatrieme terme est exactement la refraction à 45°. de distance au zénit.

584... En approchant de l'horison, la distance au zénit ne suffit plus, parce que la refraction étant triplée, produit dans les tangentes une différence énorme ; il faut alors employer deux analogies au lieu d'une. Par la premiere on n'a qu'à peu près la refraction que l'on cherche, & avec cette refraction approchée on calcule le quatrieme terme d'une seconde analogie qui donne avec exactitude la quantité de refraction cherchée.

585... C'est de la méthode de *Bradley* dont se servent aujourd'hui les astronomes pour calculer les tables des refractions ; ces tables sont construites sur l'état moyen de l'atmosphere, lorsque le barometre est à 28 pouces 1 lig. $\frac{2}{3}$, & que le thermometre de Réaumur est à 10 degrès $\frac{1}{5}$.

On trouvera à la fin de cet Ouvrage la table des refractions suivant les observations de M. *Bradley*, nous n'en avons pas employé d'autres dans tous nos calculs.

QUATRIEME CORRECTION

De la parallaxe.

586... Comme le mouvement diurne & ap-

parent des aftres fe fait autour de l'axe & du **FIG.**
centre de la terre, & non pas autour de l'œil
de l'obfervateur qui eft à fa furface, il fuit
qu'à mcins qu'un aftre ne foit à une diftance
immenfe pour que le globe terreftre puiffe être
regardé comme un point dans l'efpace, un
obfervateur ne voit pas cet aftre dans fa fituation réelle.

587... Pour bien fentir l'effet de cette illu- **89.**
fion, foit HZO une très-grande circonférence
qui repréfente celle des cieux ; foit C le centre
de la terre, HO l'horifon fenfible du point S de fa
furface ; il eft clair que, fi un obfervateur placé
en S regarde un aftre quelconque en L, il le
rapportera au point B de la furface du ciel ;
tandis que s'il l'eût regardé du centre C de
la terre, il l'auroit rapporté au point D : or,
c'eft cette différence d'afpect BD, entre le lieu
apparent d'un aftre, vu de la furface de la terre
& fon lieu vrai vu du centre, qu'on nomme
parallaxe. Elle a pour mefure le grandeur de
l'angle CLS formé au centre de l'aftre par deux
rayons LC, LS, dont l'un va aboutir au centre de la terre, & l'autre au point de fa furface
où eft l'obfervateur.

588... Si pour mefurer la hauteur de l'aftre
L on le compare à l'horifon, on voit que fon
lieu apparent étant en B, il ne paroîtra élevé
que de la quantité OB, tandis que, vu du
centre C, fa hauteur vraie feroit OD : donc
la parallaxe fait toujours paroître les aftres
moins élevés qu'ils ne font réellement, &

FIG. quoiqu'elle altere leur hauteur, elle ne les écarte nullement du vertical où ils se trouvent : ainsi elle ne change rien à leur azimut ni à leur amplitude.

89.   589... Si un aftre, au lieu d'être en L peu élevé fur l'horifon, avoit une hauteur plus grande comme en G, étant toujours à égale diftance du centre de la terre, alors le point M feroit fon lieu apparent, & le point I fon lieu vrai. Or il eft clair que l'angle CGS eft plus petit que CLS, ou ce qui revient au même, l'arc MI eft plus petit que l'arc BD : donc la parallaxe d'un aftre diminue à mefure que l'aftre s'éleve fur l'horifon, en forte qu'elle eft la plus grande à l'horifon, & qu'elle devient nulle au zénit ; puifqu'alors les deux lignes CG, SG fe confondent.

590... Mais fi un aftre, au lieu d'être à la diftance CD de la terre, en étoit plus éloigné, & que cette diftance fût CA, par exemple, il eft. vifible que le lieu vrai de l'aftre répondroit au même point D du ciel auquel il répondoit étant en L, puifqu'on le fuppofe à la même hauteur angulaire au-deffus de l'horifon, mais fon lieu apparent feroit alors en F au lieu d'être en B : donc plus un aftre eft éloigné de la terre, moins il y a de différence entre fon lieu vrai & fon lieu apparent, ou ce qui eft la même chofe, plus fa parallaxe eft petite. Il fuit encore de-là, que fi fa diftance à la terre varie durant fa révolution, fa parallaxe fera variable ; & fi fa diftance à la terre

eſt immenſe, ſa parallaxe étant infiniment pe- **FIG.**
tite, ſera abſolument inſenſible. C'eſt par cette
raiſon que les étoiles fixes n'ont aucune parallaxe, du moins ſenſible (1).

591... Le ſoleil, quoiqu'éloigné de la terre 90.
de plus de trois millions de lieues, en eſt encore incomparablement plus près que les étoiles
fixes; auſſi ſa parallaxe horiſontale eſt-elle de
8″ 8 (2); quantité fort petite à la vérité, mais
néanmoins aſſez ſenſible pour avoir pu être
déterminée par les dernieres obſervations du
paſſage de Vénus ſur le diſque du ſoleil, en
1769.

L'extrême petiteſſe de la parallaxe du ſoleil
fait qu'on peut la négliger dans un grand nombre
d'occaſions, & ſuppoſer que les rayons, qui
vont du ſoleil à tous les points de la ſurface
de la terre, ſont paralleles entr'eux, comme ſi
cet aſtre étoit à une diſtance infinie de nous.

---

(1) M. *Herſchel* a réduit Sirius, la plus belle étoile
du ciel, à n'avoir qu'un tiers de ſeconde de diametre
dans ſon grand téleſcope qui groſſit 6000 fois. On
peut juger par-là à quelle diſtance prodigieuſe les
étoiles fixes doivent être de la terre.

(2) M. *Duſéjour* eſt le dernier qui a repris tous
les calculs des obſervations du paſſage de Vénus ſur
le diſque du ſoleil, & d'après un milieu conclu entre
toutes les obſervations les plus autentiques, il a trouvé
que la parallaxe du ſoleil étoit de 8″ 8, conformément
à ce qui avoit été trouvé par M. *Pingré*.

M. *de Lalande* ne l'avoit portée qu'à 8″ 6, parce
qu'il avoit rejetté quelques obſervations qui ne lui
paroiſſoient pas bien concluantes.

FIG.   592... La lune eſt de toutes les planetes celle qui eſt la plus voiſine de notre globe , & celle qui a par conſéquent la plus grande de toutes les parallaxes. Selon les tables de *Mayer*, la plus grande parallaxe de la lune , lorſqu'elle eſt dans ſon périgée & en oppoſition , eſt de 61′ 23″ , & la plus petite qui a lieu dans l'apogée en conjonction eſt de 53′ 53″ ſous la latitude de Paris.

Donc pour avoir exactement ſa parallaxe de hauteur , il faut avoir égard à la diſtance où elle eſt de la terre & à ſon élévation au-deſſus de l'horiſon.

593... Connoiſſant la parallaxe horiſontale de la lune , on trouve ſa parallaxe de hauteur par cette proportion :

Le rayon
eſt au ſinus de la parallaxe horiſontale ,
comme le ſinus de la diſtance au zénit
eſt au ſinus de la parallaxe de hauteur.

89.   594... Par le moyen d'un triangle rectangle tel que CSP , on peut déterminer graphiquement & à peu près la diſtance moyenne de la lune à la terre ; car ſi on fait l'angle P de 60′ qui eſt à peu près la parallaxe horiſontale de la lune , on trouvera que l'hipothenuſe CP , qui marque ſa diſtance à la terre , eſt 60 fois auſſi grande que le côté CS qui en eſt le rayon ; d'où on conclura que la diſtance de la lune à la terre eſt de 60 demi-diametres terreſtres=

60 × 1432 lieues, c'eft-à-dire, de 86 mille lieues à très-peu près.

595... Puifque l'effet de la parallaxe eft de faire paroître les aftres plus bas qu'ils ne font réellement, il faut donc l'ajouter à la hauteur obfervée, ou la fouftraire de la diftance au zénit.

On trouvera à la fin de cet Ouvrage, une table pour réduire la hauteur apparente de la lune à la hauteur vraie ; ce qui eft infiniment commode pour fimplifier & abréger le calcul ; car au moyen de cette table on évite la peine de calculer la parallaxe de hauteur, & d'en retrancher la refraction ; on trouvera en tête la maniere de s'en fervir.

596.. La doctrine & le calcul des parallaxes eft la partie de l'aftronomie la plus effentielle & la plus utile à ceux qui fe livrent à l'étude de cette fcience. Par le calcul des parallaxes on détermine la diftance & la grandeur de tous les corps céleftes de notre monde planetaire, en prenant le demi-diametre de la terre pour unité.

Différens moyens de déterminer la latitude fur mer par l'obfervation des aftres.

597... La difpofition des trois grands Cercles de la fphere, l'*horifon*, l'*équateur* & le *méridien*, va faire déformais la bafe de toutes nos obfervations ; nous y rapporterons les aftres pour en déterminer le lieu & le mou-

FIG. vement , & en déduire par comparaison la place que nous devons occuper sur la surface de la mer. Il est donc important de se rappeller ici leur situation respective.

90. 598... Soit donc HZOQ un grand cercle de la sphere céleste qui représente le méridien , $eNQS$ le méridien terrestre qui lui correspond ; P le pole du monde élevé sur l'horison , N le pole terrestre correspondant, EQ l'équateur céleste, eq l'équateur terrestre , HO l'horison. Si l'on suppose un observateur en A sur la surface de la terre , la latitude A e sera égale au nombre de degrés de l'arc EZ qui lui correspond dans le ciel , ou bien à la quantité PO dont le pole est élevé au-dessus de l'horison ; car les arcs EP & ZO étant chacun de 90°., si on en retranche la partie commune ZP, les arcs restant EZ, PO seront encore égaux , c'est-à-dire , que la distance de l'équateur au zénit sera égale à la hauteur du pole sur l'horison.

599... Il suit donc de-là qu'il y a deux moyens infaillibles de déterminer par l'observation la latitude d'un lieu, soit par la distance qu'il y a du zénit à l'équateur, soit par la quantité dont le pole céleste est élevé au-dessus de l'horison. On ne réussira pas à la vérité à trouver ces quantités immédiatement, puisque l'équateur ni le pole ne sont pas visibles dans le ciel ; mais on y parviendra par l'observation de quelque astre dont on sait déja la distance à l'équateur ou au pole : car c'est avoir mesuré

la

la hauteur d'un point dans le ciel , que d'avoir déterminé celle d'un astre qu'on fait devoir être alors plus haut ou plus bas que ce point d'un certain nombre de degrés.

600... Les différentes méthodes proposées par les Astronomes pour trouver la latitude ont toutes en elles-mêmes un égal degré d'exactitude ; mais on sent qu'il faut exclure toutes celles qui exigent des observations trop précises, ou une connoissance rigoureuse du tems, ou des calculs trop compliqués ; car il n'est pas seulement ici question d'avoir de bonnes méthodes , il faut encore des méthodes que l'on puisse employer dans un vaisseau toujours agité , & qui change continuellement de lieu ; il faut que ces méthodes puissent être calculées en peu de tems & par tous les marins.

601... Celle qui est le plus en usage & qui mérite à tous égards la préférence , consiste à prendre à midi , avec l'Octant ou le Sextant , la plus grande hauteur (1) du bord inférieur du soleil sur l'horison , à la réduire à la hauteur vraie du centre , & à combiner cette dernière avec la déclinaison pour en conclure la distance du zénit au pole , laquelle est égale au complément de la latitude du lieu. On ne doit avoir recours aux autres méthodes , dont

______

(1) On connoît qu'un astre a atteint sa hauteur méridienne ou sa plus grande hauteur au-dessus de l'horison , lorsqu'il ne montre plus', & qu'il est comme stationnaire , ou encore lorsqu'il répond à la ligne nord & sud de la boussole corrigée de la variation.

FIG. nous ferons mention ci-après , que lorfque le tems ne permet pas de faire ufage de celle-ci.

602... Comme les marins ont coutume d'employer dans le calcul la diftance au zénit, au lieu de la hauteur même dont elle eft le complément , il faut obferver que les corrections à faire à la hauteur en vertu de ce qui a été dit (557 & fuiv.) doivent être appliquées en fens contraire , lorfqu'on fe fert de la diftance au zénit ; voyez fur cela les numéros 559 , 572 , 579 , 595.

603... Connoiffant donc par obfervation la diftance méridienne d'un aftre au zénit, & à quel point nord & fud de l'horifon répond l'ombre de l'obfervateur, fachant de plus quelle eft la déclinaifon de l'aftre obfervé pour en conclure la latitude du vaiffeau , il faudra fuivre la regle générale fuivante (605).

90. 604... Mais il eft bon d'obferver auparavant que fi l'on fuppofe le pole nord élevé fur l'horifon, depuis H jufqu'à Z , la diftance au zénit fera fud , parce que l'ombre de l'obfervateur, fitué en A , qui regarde l'aftre en face, eft tournée du côté du nord; & depuis O jufqu'à Z la diftance au zénit fera nord , parce que l'ombre de l'obfervateur fe dirige au fud. En général , dans quel hémifphere que ce foit , la diftance au zénit fera toujours du côté oppofé à l'ombre de l'obfervateur.

FIG.

Regle générale.

605... 1°. Si la distance du zénit à l'astre n'est pas de même dénomination que sa déclinaison, c'est-à-dire, si l'une est nord & l'autre sud, la somme de ces deux quantités exprimera la latitude du vaisseau, laquelle sera du même côté que la déclinaison.

606... 2°. Si la distance du zénit à l'astre est de même dénomination que sa déclinaison, retranchez ces deux quantités l'une de l'autre ; leur différence exprimera la latitude du vaisseau, laquelle sera du même côté que la déclinaison, si celle-ci est plus forte que la distance au zénit ; autrement elle sera du côté opposé. On suppose dans ce cas que l'astre en passant au méridien ne soit pas au-dessous du pole élevé.

607... 3°. Si l'astre en passant au méridien est au-dessous du pole élevé, sa distance au zénit & sa déclinaison étant du même côté, ajoutez sa hauteur au complément de sa déclinaison, la somme sera la hauteur du pole, qui est toujours égale à la latitude du vaisseau.

608... Pour se convaincre que cette régle est parfaitement sûre, il suffit de jetter les yeux sur la figure 90, & de supposer tous les cas possibles.

90.

Un astre en passant au méridien peut donc se trouver en *a* entre l'horison & l'équateur, en *b* entre l'équateur & le zénit, en *c* entre

H ij

FIG.

le zénit & le pole, en *d* entre le pole & l'horifon, ou bien à l'équateur, ou enfin au zénit même.

609... 1°. Si un aftre obfervé fe trouve en *a* au-deffous de l'équateur, fa déclinaifon *a* E fera fud, ainfi que fa diftance au zénit *a* Z ; alors retranchant la plus petite quantité de la plus grande (606), le refte EZ fera la latitude cherchée.

610... 2°. Si l'aftre en paffant au méridien fe trouve en *b* , fa déclinaifon *b* E étant nord, & fa diftance au zénit *b* Z étant fud, ajoutez-les enfemble (605) ; leur fomme EZ fera la latitude du lieu, laquelle fera du même côté que la déclinaifon.

90.

611. 3°. Si l'aftre fe trouve en *c* entre le zénit & le pole, fa déclinaifon *c* E étant nord, ainfi que fa diftance au zénit *c* Z , on retranchera ces deux quantités l'une de l'autre, & leur différence EZ fera la latitude cherchée.

612... 4°. Il peut arriver que l'aftre obfervé fe trouve en *d* au-deffous du pole élevé fur l'horifon de l'obfervateur ; alors fa diftance au zénit étant de même dénomination que fa déclinaifon, ajoutez fa hauteur O*d* avec le complément *d*P de fa déclinaifon (607), & leur fomme OP, qui eft la hauteur du pole, fera égale à la latitude cherchée EZ.

613. 5°. Enfin fi l'aftre répond à l'équateur, la latitude du vaiffeau fera égale à fa diftance au zénit ; & s'il répond au zénit, la latitude fera égale à fa déclinaifon.

Nous allons éclaircir tout cela par des exemples : dans les cinq premiers nous supposerons qu'on a eu égard à la correction de l'instrument dont on s'est servi.

Méthode des hauteurs méridiennes.

EXEMPLE I.

614... *Je suppose que le 4 juin 1786 un pilote étant en mer par 28°. 50' de longitude occidentale de Paris, & ayant l'œil élevé audessus du niveau de la mer de 15 pieds, ait observé le bord inférieur du soleil à midi, & trouvé que sa distance au sud du zénit étoit de 36°. 48'.. On demande quelle est la latitude du vaisseau au moment de l'observation.*

Il faut d'abord corriger la distance au zénit de l'inclinaison de l'horison & du demi diametre, ce qui donnera la distance apparente du centre du soleil, laquelle étant ensuite corrigée de la réfraction & de la parallaxe, donnera la distance vraie du centre de cet astre.

615... Nous négligerons ici la parallaxe du soleil ; c'est une quantité trop petite pour y avoir égard, d'autant que dans la recherche des latitudes par la hauteur méridienne des astres, on ne peut aspirer à une plus grande précision qu'à une minute près ; & supposé qu'on peut se tromper de quelques minutes sur la hauteur méridienne, l'erreur ne seroit que de la même quantité sur la latitude

du vaiſſeau , ce qui ne peut pas être d'une
conſéquence dangéreuſe ; puiſqu'une minute
de degré ſur le méridien ne répond qu'à un
tiers de lieue marine.

Correction.

Diſtance du bord inférieur.
du ſoleil au zénit . . . 36°. 48′ .. 0″

90. Incli. de l'horiſ. + 3′ 58″ }
½ diam. le 4 juin —15′ 48″ } — 11′ 50″

Diſtance apparente du cen-
tre du ſoleil au zénit . . . 36°. 36′ 10″
Refraction pour 36°. 36′
de diſtance au zénit . . . + 42″
Parallaxe du ſoleil . . . . — . . . .
Diſtance vraie du centre du
ſoleil au zénit . . . . 36°. 36′ 52″

616... Pour trouver la déclinaiſon du ſoleil ,
je raiſonne ainſi : Puiſque les tables dont je
me ſers ont été calculées pour *Paris*, & que
le lieu de l'obſervation eſt par 28°. 50′ de
longitude occidentale , qui valent 1 h. 55″, le
ſoleil a déja paſſé par le méridien de cette
Ville ; au lieu d'y compter midi, on doit y
compter 1 heure 55′ de plus. Je cherche donc
dans les tables la déclinaiſon du ſoleil pour
Paris le 4 juin 1789, & l'ayant trouvée de 22°.
29′ 42″ nord, j'y ajoute 30″ pour la partie

proportionnelle qui convient à 1 h. 55'; parce que la déclinaison va en augmentant jusqu'au solstice, & j'ai en tout 22°. 30' 12" pour la déclinaison du 4 juin 1786 à 1 h. 55' du soir.

617... Maintenant pour faire l'application de la régle générale énoncée ci-deſſus (605), je vois que dans cet exemple la diſtance au zénit étant ſud & la déclinaiſon nord, il faut les ajouter enſemble, & leur ſomme ſera la latitude du vaiſſeau, au moment de l'obſervation, laquelle ſera de même côté que la déclinaiſon.

bZ, diſtance vraie du
   ſoleil au zénit . . . .   ſud... 36°. 36' 52".
bE, déclinaiſon . . .   nord... 22   30   12
$$\overline{}$$
E Z, latitude du vaiſſeau nord... 59°. 7' 4".

E X E M P L E   I I.

618... *Le 20 décembre 1786, un pilote étant en mer, par 45°. 20' de longitude occidentale de Paris, a obſervé le bord inférieur du ſoleil à midi, ſon œil étant élévé de 15 pieds au-deſſus du niveau de la mer, & il a trouvé cet aſtre éloigné de 12°. 36' au ſud du zénit. On demande la latitude du vaiſſeau à cette époque.*

H iv

FIG.   *Correction.*

Diſtance du bord inférieur du ſoleil au ſud du zénit	12°. 36′...0″
90. Incli. de l'hor. + 3′ 58″ Demi-diametre le 20 dé- cembre — 16′ 18″	— .. 12′ 20″
Diſtance apparente du cen- tre du ſoleil au zénit ..	12°. 23′ 40″
Refraction pour 12°. 23′ de diſtance au zénit ..... + ... 13″	
Parallaxe du ſoleil ..... —	
Diſtance vraie du ſoleil au zénit	12°. 23′ 53″

Maintenant je fais attention que, puiſque le lieu de l'obſervation eſt 45°. 20′ = 3 h. 1′ 20″ plus occidental que Paris, on doit compter dans cette Ville 3 h. 1′ 20″ de plus que ſur le vaiſſeau. Je cherche donc dans les tables la déclinaiſon du ſoleil pour Paris le 20 décembre 1786 ; elle eſt de 23°. 27′ 42″ auſtrale, à laquelle ajoutant 3″ pour la partie proportionnelle qui convient à 3 h. 1′ 20″, parce que la declinaiſon va en augmentant, la ſomme 23°. 27′ 45″ eſt exactement la déclinaiſon pour Paris le 20 décembre 1786 à 3 heures 1′ 20″ du ſoir, ou en tems aſtronomique.

La diſtance du ſoleil au ſud du zénit & ſa

déclinaifon dans le même fens indiquent clai- FIG.
rement que cet exemple tombe dans le fecond
cas de la régle générale, c'eft-à-dire, que
pour avoir la latitude cherchée, il faut fouftraire ces deux quantités l'une de l'autre, de
la maniere fuivante :

aZ, diftance vraie du fo-
    feil au zénit . . . . . fud... 12°.23′ 53″
aE, déclinaifon du foleil... fud... 23 27 45

EZ, latitude du vaiffeau... fud... 11°. 3′ 52″

Exemple III.

619... *Le 12 août 1787, un pilote étant en
mer par 110°. de longitude occidentale de Paris, a obfervé le bord inférieur du foleil à midi,
fon œil étant élevé de 14 pieds au-deffus du
niveau de la mer, & a trouvé que fa diftance
méridienne étoit de 15°. 24′ au nord du zénit ;
on demande la latitude du vaiffeau.*

Correction.

Diftance du bord inférieur
    du foleil au nord du zénit   15°. 24′... 0″

Inclinaifon de l'horifon...
. . . . . . + 3′ 50″   — .... 12′... 0″
½ Diametre du fol.
    le 12 août — 15 50   90.

Diftance apparente du cen-
    tre du foleil au zénit . .   15°. 36′...

Refraction pour 15°. 36′ de
  distance au zénit . . . . + ...   16″

Parallaxe du soleil . . . . — . . . .
Distance vraie du centre du ________________
  soleil au nord du zénit...   15°. 12 16‴

Les 110°. de longitude occidentale, réduits
en tems, font 7 h. 2′ qu'on doit compter de
plus à Paris que sur le vaisseau, au moment de
l'observation. On aura donc

cZ, distance vraie du
  soleil au zénit . . . . nord... 15°. 12′ 16
cE, déclinaison le 12 août
  à 7 h. 2′ . . . . . nord... 14 51 51

EZ, latitude du vaisseau sud... 0°. 34′ 5″

La latitude est sud & non pas nord, parce
que la déclinaison est moindre que la distance
du soleil au zénit.

620. Il est aisé de voir par cet exemple,
que si la distance de l'astre au zénit étoit égale
à sa déclinaison & du même côté, la latitude
du vaisseau seroit zéro, c'est-à-dire, qu'il répondroit alors exactement sous l'équateur ; &
si l'astre avoit été observé au zénit, la latitude
du vaisseau seroit égale à la déclinaison de
l'astre & du même côté.

621... Le 3e. cas de la régle générale ne re- FIG.
garde que les aftres qui ne fe couchent pas,
par rapport à l'horifon de l'obfervateur. Ce
cas peut avoir lieu pour le foleil même, lorfque l'obliquité de la fphere eft telle que cet
aftre refte au-deffus de l'horifon pendant les
24 heures de fa révolution. C'eft ce qui arrive dans tous les pays, où le complément
de la déclinaifon du foleil eft plus petit que la
hauteur du pole de même nom.

Si un navigateur fe trouve dans ces climats
& obferve la hauteur méridienne du foleil en
d, lorfqu'il eft au-deffous du pole élevé, il
aura la latitude du vaiffeau, en ajoutant la
hauteur de l'aftre au complément de fa déclinaifon ; ou bien en ajoutant fa diftance au
zénit dZ à fa déclinaifon dQ, & prenant le 90
fupplément de cette fomme à 180°., égal à
EZ.

622... Mais il peut arriver, & cela n'eft
que trop ordinaire, que les nuages ou le
mauvais tems empêchent d'obferver le foleil
à midi ; alors on peut y fuppléer en prenant
pendant la nuit la hauteur de quelque étoile
dont la déclinaifon foit connue ; pourvu que
dans ce moment l'horifon foit éclairé par la
lumiere crépufculaire ou par celle de la lune ;
on peut même réuffir à faire ces fortes d'obfervations dans la nuit clofe, quand on y eft
un peu exercé.

623... En fe fervant des étoiles au lieu du

foleil , il y a de moins la correction du demi-
diametre ; parce que ces aftres n'en ont pas
de fenfible. On peut même fe difpenfer de
connoître avec précifion la date de l'obfervation & la longitude du vaiffeau , parce que la
déclinaifon des étoiles , qui change très-peu
dans l'année , ne varie dans quelques jours que
d'une quantité prefque infenfible.

624... Enfin , quoiqu'il foit à tous égards
plus facile d'employer les étoiles à la détermination des latitudes , nous ne devons pas
diffimuler que ces obfervations ne font pas
tout-à-fait fufceptibles de la même précifion
que celles du foleil , tant à caufe qu'elles fe
font pendant la nuit , où l'horifon eft moins
net & moins vifible que le jour , que parce
que l'image réfléchie des étoiles eft affez foible ,
& n'eft jamais auffi bien terminée que celle
du foleil. Malgré cela , tous les marins conviennent que la grande habitude diminue confidérablement les petits inconvéniens attachés
à ces fortes d'obfervations.

E x e m p l e I.

*625... Suppofons qu'à la fin de mars 1784,
un pilote , fitué dans l'hémifphere feptentrional
& élevé de 15 pieds au-deffus du niveau de la
mer , ait obfervé la diftance méridienne de la
Chevre au zénit de 78°. 12', lorfque cette étoile
étoit au-deffous du pole ou dans fon grand*

abaiffement ; on demande la latitude du na- **FIG.**
vire.

Il faut d'abord corriger cette diftance au **90.**
zénit de l'inclinaifon de l'horifon & de la refraction, comme on le voit ci-deffous ; enfuite
ayant cherché dans les tables la déclinaifon
de la *Chevre Alhaiot* pour le commencement
de 1784, on fe conduira pour le calcul comme
dans les exemples précédens.

Opération.

Diftance obfervée de la
   Chevre au zénit . . .   78°. 12′
Inclinaifon de l'horifon..   +...... 3 58″
Refraction . . . . .   +...... 4 28″
*d*Z , diftance vraie de
   l'étoile au zénit . . . nord... 78°. 20′ 26″

*d*Q , déclinaifon de l'é-
   toile pour la fin de
   mars 1784 . . . . . nord...45°. 45′. 21″

    Somme . . .   124°. 5′ 47″
Retranchée de . . .   108°. 0′ 0″
Il refte EZ , latitude du
   navire . . . . . nord... 55°. 54′ 13″

AUTRE EXEMPLE.

626... *Au commencement de feptembre 1788,*
un pilote ayant obfervé la belle étoile du grand

Chien Sirius dans fon paffage au méridien, &
l'ayant trouvée au fud du zénit de 60°. 50',
on demande la latitude du navire, en fuppofant
l'œil de l'obfervateur élevé de 15 pieds au-deffus
du niveau de la mer.

Opération.

Diftance obfervée de *Si-rius* au fud du zénit...	60°. 50'--0''
Inclin. de l'horifon	+ . . . . . . 3 58''
Refraction	+ . . . . . 1 42''
*a*Z, diftance vraie de *Si-rius* au zénit . . .	fud..... 60°. 55' 40''
*a*E, Déclin. de *Sirius* au comm. de feptembre...	fud..... 16 25 48''
EZ, latitude du navire...	nord... 44°. 29' 52''

On voit affez par ces exemples de quelle
maniere on doit fe conduire dans tous les cas
femblables.

Avant de terminer cet article, nous ajouterons qu'on peut auffi connoître la latitude
du vaiffeau par le moyen des étoiles, fans
avoir befoin de leur déclinaifon; il fuffit pour
cela d'obferver la hauteur méridienne fupé-
rieure & inférieure d'une étoile qui ne fe couche pas; la demi-fomme de ces deux hauteurs
étant égale à la hauteur du pole, fera toujours
connoître la latitude du lieu où l'on eft. Ce

moyen d'obtenir la latitude du vaisseau n'est gueres d'usage dans la pratique de la navigation, à cause de l'intervalle des deux observations qui est de 12 heures, pendant lesquelles le vaisseau peut changer assez considérablement de latitude.

Méthode des hauteurs non méridiennes.

627... La méthode de déterminer la latitude sur mer, soit le jour, soit la nuit, par la hauteur méridienne des astres, est sans contredit la plus exacte, par la raison qu'elle est la plus directe, & qu'elle ne suppose point la mesure du tems ; elle est aussi la plus facile de toutes, parce qu'elle exige très-peu de calcul.

628... Mais il peut arriver que, n'ayant pu observer à midi la hauteur du soleil, il soit de la plus grande importance pour un pilote de connoître avant la nuit la latitude où il est, soit pour éviter un écueil ou un danger, soit dans la crainte des atterrages ; alors, si le tems le permet, il doit faire usage des hauteurs du soleil prises hors du méridien.

629... Cette méthode, qui se trouve dans le *Nautical Almanach* publié à *Londres* en 1773, consiste à prendre avant ou après midi deux hauteurs quelconques du soleil, à une heure & demie au moins de distance l'une de l'autre ; à faire relever chaque fois le soleil au compas ; à compter sur une montre à secondes le tems qui s'est écoulé dans l'intervalle des

FIG. deux obfervations , & à eftimer le chemin parcouru dans ce même efpace de tems ; alors connoiffant la déclinaifon du foleil, on pourra trouver la latitude du vaiffeau de la maniere fuivante , laquelle eft également applicable aux étoiles.

91. 630... Pour bien faifir l'efprit de cette mé-thode, fuppofons que HO foit l'horifon de l'obfervateur, HZO le méridien, Z le zénit, P le pole, ZV, ZR deux verticaux fur lefquels A & B marquent le lieu du foleil lors de la premiere & la feconde ftation, PA, PB deux cercles de déclinaifon.

Après avoir corrigé les hauteurs obfervées AV, BR de l'inclinaifon de l'horifon, du demi-diametre & de la refraction, & avoir réduit la premiere ftation au point de la fe-conde, comme nous l'enfeignerons plus bas (635 & fuiv.), on connoîtra les arcs ZA, ZB, complémens des deux hauteurs ; on con-noîtra auffi par les tables les arcs PA, PB, complémens de la déclinaifon ; enfin fachant le tems qui s'eft écoulé entre les deux ob-fervations, on le réduira en degrés à raifon de 15°. par heure, fi c'eft le foleil qu'on a obfervé, ou de 15°.2' 28'', fi c'eft une étoile, & on aura l'angle au pole APB.

631... Cela pofé, dans le premier triangle obliquangle APB, connoiffant les deux côtés PA, PB & l'angle compris, on trouvera le troifieme côté AB & l'angle ABP par le quatrieme & le cinquieme cas de la trigono-metre

metrie fphérique (tom. I , pag. 121 & 122), FIG.
cet angle ABP fera plus petit que 90°. , fi la
latitude & la déclinaifon font du même côté;
il fera au contraire plus grand que 90°. , fi
ces deux quantités font de différente dénomination.

632... Alors dans le deuxieme triangle fphérique AZB , dont les trois côtés font connus,
il fera facile de calculer l'angle ABZ par le
fixieme cas de la trigonométrie fphérique (t. I ,
pag. 122 & 123); enfuite retranchant l'angle ABZ de l'angle ABP , il reftera l'angle
parallactique ZBP. Or, dans ce troifieme
triangle ZBP , les deux côtés BZ , BP &
l'angle compris étant connus , on trouvera
facilement le côté PZ , qui eft le complément
de la hauteur du pole , & par conféquent de
la latitude cherchée.

633. Si l'on prend ces deux hauteurs du
foleil , l'une avant & l'autre après midi , &
à égales diftances du méridien , le calcul de
la latitude en fera plus court & plus facile.

Pour mettre ces préceptes dans le plus
grand jour, nous allons paffer aux exemples.

EXEMPLE.

634. *Le 12 avril 1787 un pilote étant au fud* 91.
de la ligne par 140°. de longitude occidentale
de Paris, n'a pu obferver la hauteur méridienne
du foleil à caufe des brouillards ou des nuages ;
cependant , forcé par les circonftances de con-

noître la latitude du vaiſſeau avant que la nuit·
lui permette d'y employer les étoiles, il a réuſſi
à prendre deux hauteurs du ſoleil aprés midi
avec un inſtrument très-exaît. Par la premiere
obſervation il a trouvé cet aſtre élevé de 38°. 25′,
répondant au N. O. du compas, & la montre
marquant une heure aprés midi. Par la ſeconde
obſervation qui a été faite deux heures aprés,
ſa hauteur étoit de 27°. 36′; le navire ayant
fait route durant ce tems-là au N. O., à raiſon
de ſix milles par heure, on demande la latitude
du vaiſſeau, en ſuppoſant l'œil de l'obſervateur
élevé de 14 pieds au-deſſus du niveau de la mer.

On corrigera comme à l'ordinaire les deux
hauteurs obſervées de l'inclinaiſon de l'horiſon, du demi-diametre & de la refraſtion;
enſuite pour avoir égard au changement de
ſituation du navire, on raiſonnera ainſi.

635... Puiſque le navire a fait route directement au nord - oueſt, vers le même point
de l'horiſon où l'on a relevé le ſoleil, à
la premiere obſervation, il eſt clair que le
chemin parcouru entre ces deux points de
ſtation doit être ajouté à la premiere hauteur,
afin de la réduire à celle qui auroit été trouvée, ſi elle avoit été priſe au même lieu où
l'on a pris la ſeconde : mais l'intervalle de
tems entre ces deux obſervations a été de deux
heures, & le navire faiſoit ſix mi'le par heure :
le chemin parcouru eſt donc douze mille, qui
valent 12′ de degré. Il faut donc ajouter 12′
à ſa premiere hauteur 38°, 25′ pour la rap-

porter au point de station de la seconde. Ainsi FIG. les deux hauteurs du soleil qu'il faut employer pour trouver la latitude, sont, après les corrections & les reductions indiquées, 38°. 57′ 56″, & 27°. 46′ 21″, comme on le verra ci-après.

636... Si au contraire le navire avoit fait 91. route au S. E., direction toute oppofée au point de l'horifon où l'on a relevé le foleil, alors, au lieu d'ajouter, on retrancheroit les 12′ de la premiere hauteur.

637... Mais fi la route du navire fait un angle droit avec le point de l'horifon où le foleil a été relevé, on ne fera aucune correction à la hauteur obfervée, parce que toutes les lignes qu'on peut imaginer aller de chaque point de la route au foleil, font alors fenfiblement paralleles, & répondent par conféquent au même point de l'horifon.

Voilà les cas les plus fimples de ces fortes de problêmes.

638... Enfin fi la route du navire fait un angle aigu ou obtus avec la direction de la bouffole à laquelle répond le foleil, on ajoutera à la premiere hauteur, ou l'on en retranchera une quantité proportionnelle au chemin que le navire a fait, en s'approchant ou en s'éloignant du point de l'horifon où le foleil a été relevé.

639... Pour trouver cette partie proportionnelle, on cherchera le quatrieme terme de cette proportion :

FIG.   *Le rayon est au cos. de l'angle de la route, compté depuis le point de l'horison où l'on a relevé l'astre, comme les milles parcourus entre les deux observations, sont au nombre des minutes dont le navire s'est approché ou éloigné du point de l'horison où l'astre a été relevé.*

640... Si, par exemple, on a relevé le soleil à l'O. N. O., tandis que le navire faisoit route au N. O., ces deux directions faisant entr'elles un angle aigu de 22°. 30′, on ajoutera à la premiere hauteur le quatrieme terme de cette proportion. R ; cos. 22°. 30′ :: 12′ : 11′. En supposant que le chemin parcouru & que tout le reste est absolument le même que dans l'exemple précédent.

641... Mais si le soleil a été relevé au S. $\frac{1}{4}$ S. O. 3°. ouest, l'angle formé au centre de la rose par le N. O. & cette derniere direction étant de 120°. 45′, & par conséquent obtus, on retranchera de la premiere hauteur du soleil le quatrieme terme de cette proportion R : cos. 59°. 15′ :: 12′ : 6′... afin de la réduire à ce qu'elle auroit été réellement, si elle avoit été observée au même point de station où l'on a pris la seconde.

91.   D'après tous ces détails, il sera facile de résoudre la question proposée ci-dessus (634), pour peu qu'on se rappelle des principes de la trigonométrie sphérique.

Correction des deux hauteurs observées.

	Premiere Observat.	Deuxieme Observation.
-Hauteurs observées du bord inférieur du Soleil. . .	38° 35′ 0″	. 27° 36′ 0″
Incli. de l'hor. —3′50″ } ½ diam. du Sol. +15′59″ } + . . 12′ 9″		+ . . 12′ 9″
Hauteurs apparentes du centre du Soleil. . . .	38° 47′ 9″	. 27° 48′ 9″
Réfraction pour les deux hauteurs. . . . . . . — . . 1′ 13′		— . . 1′ 48″
Parallaxe du Soleil . . + ...		+ . . . . .
Hauteurs vraies du centre du Soleil.	38° 45′ 56″	. 27° 46′ 21′
Réduction de la premiere station au point de la deuxiéme . . . . . + . . . 12′. . .		
Hauteur vraie du centre du Soleil, réduite à la 2ᵉ. station	38° 57′ 56″	

642... Après avoir trouvé la déclinaison du 91.
soleil qui convient au lieu & à la date de chaque observation, on se servira de son complément & de l'angle au pole pour calculer
le troisieme côté AB du triangle APB ; mais
si l'observateur se trouve dans un hémisphere opposé à la déclinaison du soleil, comme
dans cet exemple, où le pole P représente
le pole sud, on aura par les données du pro-

FIG. blême un triangle tel que A′PB′, dans lequel les deux côtés A′P, B′P étant compofés de la déclinaifon du foleil qui convient à chaque obfervation, plus 90°. ; pour calculer le troifieme côté A′B′ du triangle A′PB′, on fe fervira du triangle A′NB′ de la maniere fuivante. On divifera ce triangle obliquangle en deux triangles rectangles par un arc perpendiculaire abaiffé de l'angle B′ fur le côté oppofé, & on aura ces deux proportions :

R : cof. A′NB′ = 30°. : : tang. B′N = 81°. 12′ 6″ : tang. 79°. 52′ 1″.

Ce quatrieme terme, qui eft le premier fegment, ôté de 81°. 14′ 5″, valeur du côté A′N, donnera pour fecond fegment 1°. 22′ 4″, qui fera le 2ᵉ. terme de la proportion fuivante :

Cof. 79°. 52′ 1″ : cof. 1°. 22′ 4″ : : cof. 81°. 12′ 6″ : cof. 29°. 38′ 24″,

dont le quatrieme terme eft la valeur du côté A′B′.

91.   643... Connoiffant les trois côtés du triangle A′NB′, on trouvera que l'angle A′B′N eft de 87°. 43′ 8″, & que fon fupplément A′B′P eft de 92°. 16′ 52″. Ayant déterminé pareillement l'angle A′B′Z du triangle A′ZB′, & l'ayant retranché de A′B′P qu'on vient de trouver, la différence 33°. 3′ 6″ fera la valeur de l'angle parallactique ZB′P.

644... Dans ce troifieme triangle ZB'P con- FIG.
noiffant l'angle B' & les deux côtés qui le com- 91.
prennent, on aura facilement le troifieme côté
PZ, complément de la latitude, par les deux
analogies fuivantes :

R : cof. ZB'P = 33°. 3' 6'' :: tang. 62°. 13'
39'' : tang. 57°. 51' 32''.

Ce quatrieme terme, retranché de 98°. 47'
54'', valeur du côté BP, donnera pour fecond
fegment 40°. 56' 22''. On aura donc :

Cof. 57°. 51' 32'' : cof. 40°. 56' 22'' :: cof.
62°. 13' 39'' : cof. 48°. 34' 34''.

Ce quatrieme terme eft la valeur du côté
PZ, dont le complément 41°. 25' 26'' eft la
latitude cherchée.

645... Quand on a déterminé ainfi la latitude, on connoît les trois côtés du triangle
ZBP; il eft donc facile de favoir l'heure qu'on
doit compter à bord au moment de chaque
obfervation. Il fuffit pour cela de calculer les
angles ZPA, ZPB qui expriment la diftance
du foleil au méridien pour chaque obfervation.
Nous avons préféré de renvoyer cet article
un peu plus loin, tant pour ne pas compliquer
le calcul des latitudes, qu'afin de lui donner un
peu plus d'étendue, à caufe de l'importance
dont il eft : d'ailleurs, pour avoir l'heure avec
précifion, il ne faut pas fe borner à une feule
obfervation de hauteur.

I iv

FIG.

A U T R E   E X E M P L E.

On fuppofe ici deux hauteurs correfpondantes.

92.   *646... Le 1 juillet 1786 un pilote étant dans
l'hémifphere feptentrional par 95°. 10' de longitude occidentale de Paris, a pris avant &
après midi, & dans l'intervalle de 2 h. 12',
deux hauteurs égales du foleil, qu'il a trouvées
de 45°. 10', toute correction faite de l'inftrument. A la premiere obfervation, cet aftre répondoit au S. S. E. du compas, & à la feconde
il répondoit au S. S. O., le navire faifant route
directement au nord à raifon de 9 milles par
heure, & l'œil de l'obfervateur étant élevé de
15 pieds au-deffus du niveau de la mer. On
demande la latitude du vaiffeau au point de la
feconde ftation.*

647... Nous fuppoferons ici pour plus de
facilité, que la déclinaifon ne varie pas fenfiblement dans l'intervalle des deux obfervations ; & puifque la route du vaiffeau eft à
égale diftance des points de l'horifon auxquels
le foleil a été relevé, il n'y aura auffi rien à
changer aux deux hauteurs correfpondantes.
Enfuite fi l'on imagine que le méridien PZD
divife en deux parties égales l'intervalle des
deux obfervations, & par conféquent l'angle
au pole, pour trouver la latitude du vaiffeau,
on n'aura qu'à calculer le triangle fphérique
PZS, dans lequel connoiffant les deux côtés

ZS, PS, complémens de la hauteur & de la FIG. déclinaifon avec ZPS, moitié de l'angle au 92. pole, on trouvera le troifieme côté PZ, complément de la latitude cherchée, en abaiffant de l'angle S oppofé au côté PZ, un arc perpendiculaire fur le prolongement de ce même côté.

Correction.

Hauteur obfervée du bord infér. du foleil...	45°. 10' ''
Incli. de l'hor. — 3' 58'' ½ Dia. du fol. + 15' 46''	+ ... 11' 48''
Hauteur apparente du centre du foleil	45°. 21' 48''
Refraction pour 45°. 10'	— . . . 57''
Parallaxe du foleil	— . . . . .
Hauteur vraie du centre du foleil	45°. 20' 51''
Dift. au zénit, ou complément de haut. vraie	44°. 39' 9''

648... Le lieu de la mer où ces obfervations ont été faites étant 95°. 10' plus occidental que Paris, on doit compter dans cette Ville 6 h. 20' 40'' de plus que fur le vaiffeau ; par conféquent, au lieu du premier juillet, on doit

FIG.
92.
compter à Paris le premier juillet à 6 h. 20′ 40″ du foir. La déclinaifon du foleil fera donc à cette époque de 23°. 5′ 40″, & fon complément de 66°. 54′ 20″ nord.

649... Pour trouver la latitude, on fera donc les deux proportions fuivantes :

R : cof. ZPS = 18°. 45′ : : tang. SP = 66°. 54′ 20″ : tang. 65°. 44′ 27″, valeur du premier fegment, qui eft de même efpece que le côté adjacent à l'angle donné.

Cof. SP = 66°. 54′ 20″ : cof. ZS = 44°. 39′ 9″ : : cof. 65°. 45′ 27″ : cof. 41°. 52′ 11″, valeur du fecond fegment qui eft de même efpece que le côté oppofé à l'angle donné ; & parce que la perpendiculaire tombe en dehors du triangle, la différence 23°. 53′ 16″ entre ces deux fegmens exprimera le côté PZ, dont le complément 66°. 6′ 44″ eft la latitude boréale du vaiffeau.

650... La méthode des hauteurs non méridiennes, appliquée aux étoiles, a un avantage fur la précédente, en ce qu'elle eft abfolument indépendante du mouvement du vaiffeau : on peut même la rendre indépendante de la mefure du tems, fi deux obfervateurs fe réuniffent pour prendre de concert & à la fois la hauteur de deux étoiles, afin d'en conclure la latitude du vaiffeau. Nous allons fuppofer ces deux cas, & donner des exemples de l'un & de l'autre.

651... Soit donc A & *a* deux étoiles, AP, **FIG.**
*a*P les complémens de leur déclinaison, AP*a* **93.**
l'angle au pole mesuré par la différence de leur
ascension droite, AZ, *a* Z les complémens de
leur hauteur : il est certain que connoissant la
distance de ces deux étoiles tant au pole qu'au
zénit, & l'angle formé par leurs cercles de
déclinaison, il sera facile de calculer la distance
du zénit au pole, en suivant le même procédé
que dans les exemples précédens.

EXEMPLE I.

652. *Vers la fin de mai 1787 deux naviga-*
teurs étant dans l'hémisphere boréal, ont observé
de concert & en même tems chacun la hauteur
d'une étoile.

Le premier a observé l'étoile appellée Alpha
de la tête d'Andromede, *élevée de 45°. 10′*
15″, sa déclinaison étant alors de 27°. 54′ 47″
boréale, & son ascension droite de 359°. 20′
51″ = *23 h. 57′ 24″.*

Le second a observé en même tems la Lyre
élevée de 53°. 14′ au-dessus de l'horison, sa
déclinaison étant lors de 38°. 35′ 52″ boréale,
& son ascension droite de 277°. 25′ 17″ = *18 h.*
29′ 41″.

On demande la latitude du vaisseau à cette
époque, en supposant que l'œil de chaque ob-
servateur soit élevé de 15 pieds au-dessus du
niveau de la mer ; que l'instrument du premier
donne les hauteurs trop fortes de 15″, & que

FIG. *celui du second les donne trop foibles d'une minute de degré.*

Correction.

	Premiere Etoile.	Deuxiéme. Etoile.
Hauteurs obſervées. . .	45° 10′ 15″	53° 14′ ″
Correction inſtrumenra-le.	— . . . 15″	+ . . . 1′ . .
Inclinaiſon de l'horiſ.	— . . 3′ 58″	— . . . 3′ 58″
Réfraction	— . . . 57″	— . . . 43″
Hauteurs vraies des deux aſtres.	45° 5′ 5″	53° 10′ 19″
Complement des hauteurs vraies	44° 54′ 55″	36° 49′ 41″
Complemens des déclinai-ſons	62° 5′ 13″	51° 24′ 8″

Différence d'aſ-cenſion droite ou valeur de l'ang. au pole. } APa = 81° 55′ 34″ . . . .

93. Dans le calcul de cet exemple & du ſuivant on ne tiendra compte que des dixaines de ſeconde les plus approchantes.

653… Pour trouver le côté ZP de la figure (93), afin d'en conclure la latitude du vaiſſeau, on fera les proportions ſuivantes :

R : Coſ. APa = 81°. 55′ 40″ :: tang. AP = 51°. 24′ 10″ : tang. 7°. 57′ 10″, valeur du premier ſegment, qui étant retranché du côté aP donne 54°. 8′ 3″ pour ſecond ſegment.

Cof. 7°. 57′ 10″ : cof. 54°. 8′ 3″ :: cof. AP : FIG.
cof. A a = 68°. 20′ 40″.

654... Dans le triangle APa connoiſſant les trois côtés., on trouvera l'angle A a P de· la maniere ſuivante :

AP = 51° 24′ 10″
A a = 68° 20′ 40″ compl. arith. 0,0317884
a P = 62° 5′ 10″ compl. arith. 0,0537186

93.

Somme ... 181° 50′ ″
½ Somme ... 90° 55′ ʺ

22° 34′ 20″ . . Sinus. . 9,5841589
28° 49′ 50″ . . Sinus. . 9,6832461

19,3529120

Logarith. ſinus de . . . 28° 20′ 30″ . . 9,6764560

2

Valeur de l'angle A a P = 56° 41′ 0″

655... Dans le triangle AZa connoiſſant auſſi les trois côtés, on trouvera de la même maniere l'angle A a Z.

AZ = 36° 49′ 40″
A a = 68° 20′ 40″ Compl. arith. 0,0317884
aZ = 44° 54′ 50″ Compl. arith. 0,1511687

Somme... 150° 5′ 10″
½ Somme... 75° 2′ 35″

6° 41′ 50″ . . Sinus . . 9,0667827
30° 7′ 40″ . . Sinus . . 9,7006433

18,9503831

Logarith. ſinus de . . . 17° 22′ 40″ . . 9,4751915

2

Valeur de l'Angle A a Z = 34° 45′ 20″
Cette val. étant retranc. de 56° 41′ 0″ valeur de l'ang.
A a P. donne . . . . 21° 55′ 40″ pour l'ang. Z a P.

FIG. 93. 656... Dans ce troisieme triangle Z*a*P connoissant les deux côtés *a*Z, *a*P, on trouvera le côté ZP par les deux analogies suivantes :

R : cos. Z*a*P : : tang. 44°. 54′ 50″ : tang. 42°. 45′ 58″.

Cos. 42°. 45′ 50″ : cos. 19°. 19′ 20″ : : cos. 44°. 54′ 50″ : cos. 24°. 27′ 30″, valeur du côté ZP dont le complément 65°. 32′ 30″ est la latitude boréale cherchée.

EXEMPLE II.

657... Vers la fin de l'année 1786, un pilote étant en mer au sud de la ligne, a observé l'étoile appellée aldebaran, *& l'a trouvée du côté de l'orient élevée de 18°. 9′ 30″, sa déclinaison étant de 16°. 5′ 10″ boréale, & son ascension droite de 65o. 53′ 29″.*

Un quart d'heure après il a observé du côté de l'orient l'étoile du grand chien, Sirius, *& l'a trouvée élevée de 31°. 47′ 30″, sa déclinaison étant de 16°. 26′ 57″ australe, & son ascension droite de 98°. 55′.*

On suppose que l'œil de l'observateur étoit élevé de 15 pieds, & que l'instrument dont il se servoit diminuoit les hauteurs de 30″. On demande quelle est la latitude du vaisseau.

658... Cet exemple ne différe du précédent qu'en ce que la hauteur des deux étoiles n'a pas été observée dans le même instant ; ainsi un seul observateur peut suffire ; il faut seulement tenir compte du tems écoulé entre les deux observations, ce tems réduit en degrés à raison de

15°. 2′ 28″ par heure, de la maniere que nous **FIG.**
l'avons déja dit plus haut, doit être ajouté à
la différence d'afcenfion droite des deux étoiles,
lorfque la derniere obfervée a moins d'afcenfion droite que la premiere, ou qu'elle eft plus
occidentale : on le retranche au contraire,
quand la plus occidentale des deux étoiles a
été obfervée la premiere, & on a l'angle au
pole compris entre les complémens de leur
déclinaifon ; le refte du calcul eft abfolument
le même que dans l'exemple précédent.

659.. Pour fentir la raifon de cette augmen- **94.**
tation ou diminution, il faut fe rappeller que
l'afcenfion droite fe compte toujours de l'oueft
à l'eft, à partir du point équinoxial du belier.

Soit donc ♈A⚹C la circonférence de l'é-
quateur, & ♈ le point de l'équinoxial du′ belier d'où l'on commence à compter les afcenfions droites. Si ♈A repréfente l'afcenfion
droite d'une étoile, & ♈a celle d'une autre
étoile, l'arc Aa compris entre deux fera donc
la différence de leur afcenfion droite. Cet
arc eft la mefure de l'angle au pole, lorfque
les deux étoiles ont été obfervées au même
inftant, comme dans l'exemple précédent (662);
mais lorfqu'il s'eft écoulé quelque tems entre
les deux obfervations, il faut ajouter ce tems
réduit en degrés, comme nous l'avons dit,
à la différence de l'afcenfion droite des deux
étoiles, fi la derniere obfervée eft plus occidentale que la premiere ; parce que dans ce
tems - là la premiere, qui peut être repré-

FIG.
94.

fentée par *a*, s'eft éloignée d'une quantité *a e* proportionnelle au teins écoulé entre les deux obfervations : or, la grandeur de l'arc A*a*, qui exprimoit la différence d'afcenfion droite, a aufli augmenté de la même quantité : il eft donc naturel dans ce cas a'y ajouter cette quantité proportionnelle pour avoir exactement la différence de leur afcenfion droite, & par conféquent la valeur de l'angle au pole.

660... Si au contraire la premiere étoile obfervée eft la plus occidentale ; comme dans cet exemple, il faudra fouftraire cette même quantité de la différence d'afcenfion droite ; parce que durant le tems qui s'eft écoulé entre les deux obfervations, la premiere étoile, qui eft ici repréfentée par A, s'eft approchée de la feconde d'une quantité A*y* proportionnelle au tems écoulé. La valeur de l'arc A*a* a donc diminué d'autant ; donc il faut fouftraire cette même quantité de la différence d'afcenfion droite, pour avoir exactement la valeur de l'angle au pole.

Correction.

	Aldebaran.	Sirius.
Hauteurs obfervées.	18° 9′ 30′	31° 47′ 30″
Correction inftrumentale. + . . .	30′	+ . . . 30″
Inclinaifon de l'horifon. — . .	3′ 58′	— . 3′ 58″
Réfraction, ... — . .	2′ 52″	— . 1′ 33′
Hauteurs vraies des deux Etoiles.	18°3′ 10″	31° 42′ 29″
Complemens des hauteurs vraies	71° 56′ 50″	58° 17′ 31″

661...

661... A la déclinaison de l'*aldebaran* il faut FIG. ajouter 90o., parce que l'obfervateur eft dans l'hémifphere auftral, & que la déclinaifon de l'étoile eft boréale, ce qui donne 106o. 5′ 10″ pour le côté A′P du triangle A′P*a* ; le complément de la déclinaifon de *Sirius* eft 73o. 33′ 3″ pour le côté *a*P.

662... Pour avoir l'angle au pole, on retranchera 30o. 45′ 37″, intervalle des deux obfervations, de 33o. 1′ 31″, différence d'afcenfion droite des deux étoiles, & on aura 29o. 15′ 54″ pour la valeur de l'angle au pole. On a ici retranché, parce que la plus occidentale des 2 étoiles a été obfervée la 1re.

Solution.

663... R : cof. A′P*a*=29o. 15′ 50″ :: tang. A′P : tang. 71o. 42′ 20″, valeur du premier fegment, lequel étant retranché de A′P donne 34o. 22′ 50″ pour fecond fegment :

Cof. 71o. 42′ 20″ : cof. 34o. 22′ 50″ :: cof. *a*P =73o. 33′ : cof. A′*a*=41o. 53.

A′P=	106o	5′	10″		
A′*a*=	41	53		. . Compl. Arith. . .	0,1754733
a P =	73	33		. . Compl. Arith. . .	0,0181510

93.

221	31	10		
110	45	10		
68	52	35	. . Sinus	9,9597858
37	12	35	. . Sinus	9,7815507
				19,9449618
Logarith. finus de . . 69o	49′	10″	. .	9,9724809

2

Valeur de l'angle A′*a*P 139 38 20

FIG.
93.

664... Pour déterminer l'angle A′aZ, on se conduira de la même maniere.

A′Z= 71° 56′ 50″
A′a= 41 53 . . Compl. Arith. . 0,1754733
aZ= 58 17 30 . . Compl. Arith. . 0,0702059

172 7 20
86 3 40

44 10 40 . . Sinus. 9,8431624
28 46 10 . . Sinus. 9,6824035

19,7712451
Logarith. finus de . . 50° 12′ 50″ . . 9,8856225

2

Val. de l'ang. A′aZ = 100 25 40   Cet angle étant retranché de 139° 38′ 20″ donne l'angle parallactique ZaP=39° 12′ 40″.

665... Dans ce nouveau triangle ZaP, connoissant les deux côtés aZ, aP & l'angle compris, on déterminera le troisieme côté ZP par les deux proportions suivantes :

R : cof. 39°. 12′ 40″ :: tang. 58°. 17′ 30″ : tang. 51°. 25′ 50″.

Cof. 51°. 25′ 50°‴ : cof. 22°. 12′ :: cof. 58°. 17′ 30″ : cof. 38°. 41′ 30″.

valeur du coté ZP dont le complément 51°. 18′ 30″ est la latitude australe cherchée.

666... Les deux méthodes de déterminer la latitude fur mer dont nous venons de nous occuper, méritent la préférence fur toutes les autres qu'on peut propofer.

Moyens de déterminer fur mer l'heure qu'on doit compter à bord du vaiffeau.

667... Les moyens qu'on emploie fur mer pour déterminer l'heure qu'on doit compter à bord, font les obfervations du lever & du coucher des aftres, ou mieux encore celles de leur hauteur au-deffus de l'horifon. On compare l'heure que marque la montre, lors de cette obfervation, à celle que l'on déduit du calcul fondé fur cette même obfervation ; la différence fait connoître de combien la montre avance ou retarde.

Comme l'un & l'autre de ces moyens fuppofent la connoiffance de la hauteur du pole, fi le vaiffeau a changé de place depuis la derniere obfervation de latitude, il faudra favoir auparavant par quelle latitude on fe trouve le matin ou le foir ; ce qu'on déterminera aifément par la connoiffance de la route qu'on a fuivie, & par le chemin qu'on peut avoir fait au nord ou au fud.

668... Lorfqu'on emploie le lever ou le coucher du foleil, comme il eft très-difficile de déterminer à la vue fimple le moment où fon centre eft à l'horifon, il vaut mieux obferver le moment où un de fes bords quitte l'horifon de la mer.

E X E M P L E.

669.. *Le 1 mai 1786, un pilote étant en*

FIG. *mer par 30°. 32' de longitude occidentale de Paris, & par 42°. 30' de latitude nord, déterminée par la hauteur du soleil à midi, a observé à 7 h. 5' du soir, marquées à la montre, le coucher du bord inférieur du soleil, l'œil de l'observateur étant élevé de 15 pieds au-dessus du niveau de la mer, & le navire ayant fait par estime, depuis midi jusqu'à ce moment, 15 lieues à l'O. $\frac{1}{4}$ S. O. ; on demande l'heure vraie qu'on doit compter à bord.*

670... Je cherche d'abord par les regles de la réduction des routes (320 & suiv.) la différence en latitude & en longitude qu'ont dû produire les 15 lieues faites à l'O. $\frac{1}{4}$ S. O., ce qui s'éxécute aisément sur le quartier de réduction ou par les principes de la trigonométrie. En faisant usage de ces mêmes principes je trouve 8', 77 $=$ 8' 46" pour la latitude, & 57' 36" de degré pour la longitude. Par conséquent la latitude du vaisseau au moment de l'observation du coucher du soleil étoit de 42°. 30' moins 8' 46" $=$ 42°. 21' 14", parce qu'en singlant au sud on a diminué en latitude nord, & la longitude étoit de 30°. $+$ 57' 36", qui valent 2 h. 3' 50".

671... Ensuite cherchant dans la connoissance des tems la déclinaison du soleil pour le jour & l'heure de l'observation, ayant égard à la différence des méridiens, on trouve qu'elle est de 15°. 19' 45" boréale.

95.   Cela posé dans le triangle PZS dont on onnoît les trois côtés, savoir :

PZ, complément de la latitude $= 47°. 38' 46''$ FIG.
PS, complément de la déclin. $= 74\ 40\ 15$
ZS, diftance du bord inférieur
     du foleil au zénit, corrigée
     du demi-diametre, de l'in-
     clinaifon de l'horifon & de
     la refraction aftronomique $= 90°. 21'\ 4''$

672... On calculera l'angle horaire ZPS qui
réduit en tems, donnera la diftance du foleil
au méridien de la maniere fuivante :

ZS$=$	90°	21'	4''		
PS$=$	74	40	15	. . . Compl. Arith. .	0,0157325
PZ$=$	47	38	46	. . . Compl. Arith. .	0,1313569
	212	40	5		
	106	20	2		
	31	39	47	. . Sinus	9,7200955
	58	41	16	. . Sinus	9,9316347
					19,7988196

Logarithme finus de . $52°\ 29'\ 25''$ . . 9,8994098
Cette valeur étant multipliée par . 8

Donne . . . . . 6 h. $59'\ 55''\ 20'''$ pour la valeur
de l'angle horaire ZPS, & c'eft l'inftant précis du
coucher du centre du Soleil.

673... En comparant l'heure calculée avec
l'heure marquée à la montre lors de l'obfervation, on voit qu'il y a une différence de $5'$
$5''$; mais il faut faire attention que cette différence n'eft pas l'erreur abfolue de la montre ;
car en fuppofant qu'elle ait été bien reglée à
midi, fi elle marque 7 h. $5'$ au moment du

coucher du soleil , au lieu de marquer 6 h. 59′ 55″, il ne s'enfuit pas qu'elle ait avancé de 5′ 5″ ; puilqu'un vaisseau qui lingle vers l'ouest doit nécessairement compter moins sous les différens méridiens où il le trouve à raifon d'une heure par 15° : or , la différence des méridiens des deux obfervations faites à midi & le foir , étant de 50′ 16″ de degré, qui valent 3′ 21′ de tenis, indique clairement que fi la montre étoit bien reglée , allant toujours uniformément , elle auroit dû marquer 7 h. 3′ 16″ au coucher du foleil : elle n'a donc réellement avancé que de 1′ 4⅓″, fi toutefois la longitude a été bien déterminée.

Au refte , nous n'infifterons pas beaucoup fur cette méthode , parce qu'elle n'eft pas fufceptible d'une extrême précifion. L'humidité de l'air , les vapeurs & les vents, accumulés & plus variables à l'horifon que dans les autres régions de l'atmofphere , y rendent les refractions trop incertaines , & donnent prefque toujours lieu à quelque différence entre le calcul & l'obfervation ; de forte que par le lever & le coucher du foleil , on ne peut gueres compter que fur une demi-minute près pour la détermination de l'heure , parce qu'il faut ajouter à l'inconftance des refractions quelque incertitude dans la latitude eftimée du lieu & dans la déclinaifon du foleil , dont le calcul fe regle , comme nous l'avons vu , fur la longitude eftimée.

674... Pour avoir avec plus d'exactitude

l'heure vraie qu'on doit compter à bord, il vaut mieux employer les hauteurs des aftres : une fimple hauteur du foleil ou d'une étoile, prife hors du méridien , fuffit pour donner l'heure avec une précifion fuffifante ; fi l'aftre a un mouvement rapide, on peut être affuré de n'avoir pas plus de 20" d'erreur fur l'heure ainfi déterminée. On peut même afpirer à une plus grande précifion , en prenant 4 ou 5 hauteurs du même aftre , & n'employant dans le calcul de l'angle horaire que le réfultat moyen de toutes ces obfervations.

E X E M P L E.

675... *Suppofons que le 15 février 1786, un pilote étant en mer par 24°. 48' de longitude occidentale , & par 38°. 45' de latitude auftrale déterminée le même jour par la hauteur méridienne du foleil, ait pris le foir avec un inftrument dont l'erreur étoit de 1' 32" par excès, cinq hauteurs confécutives du foleil marquées exactement à la montre , & que par un milieu conclu entre ces obfervations il ait trouvé la hauteur de cet aftre de 28°. 9' 26", l'heure moyenne de la montre étant alors 4 heures 13' ; on demande l'heure vraie qu'on doit compter à bord , en fuppofant que dans cet exemple l'œil de l'obfervateur eft élevé de 15 pieds, & que le navire a fait 18 milles au S. E., depuis midi jufqu'au moment de cette derniere obfervation.*

Je cherche d'abord , comme dans l'exemple précédent, le changement en latitude & en

FIG.

92.

longitude, que je trouve de 12′, 7 au fud, & de 17′ à l'eſt. J'ajoute les 12′, 7 à la latitude 38°. 45′, parce qu'ayant couru au S. E, on a augmenté en latitude. Je retranche au contraire 17′ de la longitude occidentale 24°. 48′, parce qu'ayant finglé en même tems vers l'eſt, on s'eſt approché du méridien de Paris. Le reſte du calcul n'a aucune difficulté, en ſe conduiſant comme dans l'exemple précédent : cependant, afin de mettre ſous les yeux du lecteur un tableau du problème, ſuppoſons que S, fig. 92, ſoit le lieu du ſoleil dans le ciel, & SH ſa hauteur moyenne au-deſſus de l'horiſon ; dans l'angle ZPS

Connoiſſant

ZS, compl. de la haut. corrigée 61°. 39′ 31″

PS, Compl. de la déclin. du ſoleil qui convient au lieu, & la
date de l'obſervation . . . . . 71°. 35′ 13″

PZ, compl. de la latit. corrigée 57°. 2′ 18″

On trouvera comme ci-après la valeur de l'angle horaire ZPS.

```
ZS =  61°  39′ 31″
PS =  77   35  13  . . Compl.  Arith. .  0,0102730
PZ =  51    2  18  . . Compl.  Arith. .  0,1092623
     ─────────────
Som.  190   17   2
½ fom.  95   8  31
     ─────────────
1ʳ reſt. 17  33 ·18 . . Sinus . . . . . .  9,4794618
2ᵉ reſt. 44   6  13 . . Sinus . . . . . .  9,8425830
                                        ─────────────
                                         19,4415801
Logarithme finus de . . . . . 51° 43′ 10″ .9,7207900
                                    8   ─────────────
```

Val. de l'ang. hor. ZPS = 4 h. 13′ 45″ 10‴

Cette valeur, fouftraite de 24 heures, fi l'obfervation s'eft faite le matin, exprime toujours la diftance du foleil au méridien; mais fi l'obfervation s'eft faite le foir, comme dans cet exemple, l'heure obtenue par le calcul fera l'heure vraie qu'on doit compter à bord.

676... En comparant la valeur de l'angle horaire avec l'heure marquée à la montre lors de l'obfervation, il paroît d'abord que la montre retarde de 45″; mais un peu d'attention fuffit pour reconnoître qu'elle eft au contraire en avance. Depuis le point de midi jufqu'à l'obfervation du foir, le navire a finglé 17 milles à l'eft : il doit donc compter davantage fous ce dernier méridien, qu'il ne compteroit au même inftant fous celui où il étoit à midi, à raifon de 4′ de tems pour chaque vingtaine de lieues faites dans ce fens-là : donc pour 17 milles ou 17′ de degré, il comptera 1′ 8″ de tems de plus : mais comme la montre a été reglée à midi, & qu'elle eft fuppofée aller toujours uniformément, elle doit marquer 1′ 8″ de moins fous un méridien plus oriental de 17′ de degré. Si, d'après des confidérations, on ajoute à l'heure de la montre la différence des méridiens 1′ 8″, la fomme 4 h. 14′ 8″, comparée avec 4 h. 13′ 45″ obtenues par le calcul, furpaffera ce nombre-ci de 23″; donc la montre a véritablement avancé de 23″ fur le foleil.

677... C'eſt par des opérations ſemblables qu'on détermine pendant la nuit l'heure vraie qu'on doit compter à bord, en y employant la hauteur d'une étoile dont la déclinaiſon eſt connue ; mais il faut avoir attention que l'étoile dont on veut ſe ſervir ait un mouvement rapide , c'eſt-à-dire, qu'elle s'éleve ou s'abaiſſe au moins de 3 ou 4′ de degré par chaque minute de tems. Une étoile qui a cette vîteſſe eſt plus propre que toute autre à donner l'heure avec préciſion. Le problême eſt d'ailleurs le même que les précédens ; c'eſt toujours ſur la connoiſſance de la hauteur , de la déclinaiſon de l'aſtre obſervé & de la latitude du lieu qu'eſt fondé le calcul de l'angle horaire : il y a néanmoins cette différence , lorſqu'on emploie les étoiles , que cet angle ne peut pas être réduit en tems à raiſon de 15°. par heure , ſans y faire auparavant une petite correction.

678... Cette correction eſt fondée ſur ce que le ſoleil par ſon mouvement propre avance tous les jours vers l'orient d'environ 59′ 8″ de degré par rapport aux étoiles fixes : or, comme le mouvement général & apparent des aſtres ſe fait dans un ſens oppoſé, d'orient en occident , il arrive que c'eſt le ſoleil qui paroît s'éloigner tous les jours des mêmes étoiles de la même quantité ; de ſorte que s'il ſe trouve un jour au méridien en même tems qu'une étoile, le lendemain il en ſera éloigné d'environ 59′ 8″, c'eſt à-dire, qu'il paſſera au méridien 3′ 56″ de tems plus tard que l'étoile, ou, ce qui revient au même, l'étoile y paſſera 3′ 56″ plutôt que le ſoleil : mais comme c'eſt le ſoleil ſeul qui fixe le tems & qui détermine la durée de nos 24 h. par ſon retour au méridien, nous dirons donc que les étoiles reviennent au méridien en 23 h. 56′ 4″, tandis que le ſoleil n'y revient qu'au bout de 24 h.

679... Donc, puiſque la vîteſſe des étoiles fixes eſt plus grande que celle du ſoleil, il eſt évident qu'on ne peut pas réduire les degrés de leur révolution dans le même rapport que ceux du ſoleil, c'eſt-à-dire, à raiſon de 15°. par heure ; il faut avoir égard à l'accélération de leur mouvement ſur celui du ſoleil. Cette accélération varie ſuivant la vîteſſe variable du ſoleil dans ſon orbite ; mais comme cette vîteſſe ſe fait toujours dans le même ſens, il eſt évident encore qu'une étoile mettra toujours moins de tems que le ſoleil à parcourir le même nombre de degrés : donc il faudra diminuer la valeur de l'angle horaire d'une quantité relative à la différence du mouvement de ces deux aſtres.

680... La quantité dont le ſoleil retarde chaque jour à paſſer ſous un même méridien eſt meſurée par la différence qu'il y a chaque jour dans l'arc de l'équateur, qu'on nomme *aſcenſion droite*. Cette aſcenſion droite ſe trouve calculée pour tous les jours à midi dans la connoiſſance des tems ; ainſi, ſi l'on prend l'afcenfion dro'te du foleil pour le midi qui précéde & qui fuit l'obfervation, & que l'on réduife en tems la différence de ces deux afcenfions droites, on aura en tems la quantité dont le foleil retarde alors fur l'étoile dans l'efpace de 24 heures, ou, ce qui eft la méme chofe, on aura en tems la vîteffe de l'accélération de l'étoile fur le foleil dans l'efpace de 24 heures; & comme durant cet intervalle de tems cette vîteffe peut étre fuppofée fenfiblement uniforme, fi l'on en prend la partie proportionnelle qui convient au tems donné par l'angle horaire, on aura la quantité qu'on doit fouftraire de cet anglé, pour qu'il exprime le tems vrai ou folaire dont l'étoile eft éloignée du méridien.

681... Enfin ayant calculé le tems vrai du paffage de l'étoile au méridien du lieu de l'obfervation (524 & fuiv.), on en retranchera fa vraie diftance au méridien, fi l'étoile a été obfervée du côté de l'orient, ou on l'y ajoutera au contraire, fi elle a été obfervée à l'occident, & la différence ou la fomme de ces deux quantités donnera toujours l'heure vraie de l'obfervation.

E X E M P L E.

682... Le 2 feptembre 1786, un pilote étant en mer par 20°. 48' de latitude boréale & par 39°. de longitude occidentale, a pris pendant la nuit cinq hauteurs confécutives de la Lyre,

pendant que cette étoile baiſſoit, & par un **FIG.**
milieu conclu entre ces obſervations, il a trouvé
ſa hauteur moyenne de 24°. 7′ 59″ *à* 12. h.
15″, *tems aſtronomique marqué à la montre.*
On demande l'heure vraie de l'obſervation &
l'état de la montre, en ſuppoſant l'œil de
l'obſervateur élevé de 20 *pieds au - deſſus du*
niveau de la mer, & l'erreur de l'inſtrument de
2′ *par défaut.*

En ſe conduiſant comme dans les exem- 92.
ples précédens, les trois côtés du triangle
ZPS, dans lequel S repréſente le lieu de la
Lyre dans le ciel, ſont parfaitement connus;
on aura donc

ZS, compl. de la haut. corrigée   65°. 56′ 42″
PZ, compl. de latit. boréale   79°. 12′   ″
PS, compl. de la décli. boréale
　　de la Lyre pour la fin de 1786   51   24′ 12″

683... Si la déclinaiſon de l'aſtre obſervé
étoit de différente dénomination que la latitude
du lieu, le côté PS ſeroit égal à 90°. plus la
déclin. de l'aſtre. Mais il vaut mieux, autant
qu'il eſt poſſible, employer un aſtre dont la
déclinaiſon ſoit de même dénomination que
la latitude du lieu, parce qu'il y a plus de
préciſion à obtenir dans le calcul de l'heure.

684... Avec ces données on trouvera donc
que l'angle horaire eſt de 4 h. 30′ 59″ en
tems ſolaire; mais puiſque l'étoile a une viteſſe accélérée ſur le ſoleil, elle ne mettra pas

tout ce tems-là à parvenir au méridien. Pour diminuer l'angle horaire de la quantité néceffaire, on en retranchera 48″, partie proportionnelle du mouvement du foleil en afcenfion droite, qui convient à 4 h. 30′ 59″, laquelle exprime l'accélération de l'étoile fur le foleil; le refte 4 h. 30′ 19″ eft la vraie diftance de la *Lyre* au méridien.

685... Il refte encore à favoir l'heure à laquelle l'obfervation a été faite; mais on peut facilement parvenir à la connoître, en calculant l'heure à laquelle cette étoile doit paffer au méridien du navire, de la maniere que nous l'avons enfeignée (529).

686... Ayant donc trouvé 7 h. 45′ 57″ pour le tems folaire vrai du paffage de la *Lyre* au méridien du navire, on l'ajoutera à 4 h. 30′ 19″, parce que dans cet exemple l'étoile a été obfervée à l'occident, la fomme 12 h. 16′ 16″ fera le tems vrai de l'obfervation de la hauteur de la *Lyre*, le 1 feptembre 1786; mais puifque la montre marque 12 h. 15′ du foir, elle retarde donc de 1′ 16″.

Opération.

Angle horaire, ou diftance
   de la *Lyre* au méridien..   4 h. 30′ 59″
Partie proportionnelle du
   mouvement du foleil en
   afcenfion droite qui convient à 4 h. 30′ 59″ ... — ...   40

Diftance vraie de la *Lyre* au méridien	4 h. 30' 19"
Paffage de la *Lyre* au mé-ridien, le 1 feptemb. à	7 45' 57"
Tems vrai de l'obfervation	12 h. 16' 16"
Tems marqué à la montre	12 h. 15' "
Donc la montre retarde de	o h. 1' 16"

Remarque.

687... En cherchant par l'analyfe les diffé-rentes circonftances auxquelles la hauteur non méridienne des aftres eft la plus propre à dé-terminer l'heure qu'on doit compter à bord, on a trouvé que les momens les plus favcra-bles à ces fortes d'obfervations fe réduifent à deux, favoir :

1°. Lorfque l'aftre paffe au premier vertical, ayant une déclinaifon moindre que la latitude du lieu & de même dénomination.

2°. Lorfqu'ayant une déclinaifon plus grande que la latitude & de même dénomination, il arrive au point où fon vertical & fon parallele fe touchent.

688... Mais la théorie, aidée de l'obferva-tion & de l'expérience, a fait connoître qu'il faut toujours éviter d'obferver les aftres trop près de l'horifon, à caufe de l'incertitude des refractions, comme nous l'avons fait remar-quer (577); que fi un navigateur fe trouve hors des tropiques , il faut que l'aftre qu'il obferve foit au moins éloigné de deux heures du méridien , & que fa déclinaifon foit au-deffous de 60°. ou du moins n'excede pas ce nombre ; car alors quoique le parallele de cet aftre touche fon vertical , ou en foit très-près , avec une telle déclinaifon fon mouvement en hauteur n'eft jamais auffi rapide qu'il eft à defirer , & qu'il eft même nécef-faire. Si un navigateur fe trouve entre les deux tropiques , il peut obferver l'aftre un peu plus près du méridien , fur-tout s'il a peu de dé-clinaifon ; mais alors fa grande hauteur en rend l'obfervation fort difficile , à moins que ce ne foit le foleil. En général , plus un aftre eft éloigné du méridien & voifin du premier ver-tical , plus l'obfervation de fa hauteur eft pro-pre à donner avec précifion l'heure qu'on doit compter à bord.

Différentes méthodes de déterminer fur mer la variation du compas par l'obfervat. des aftres.

689... On appelle *variation du compas*, l'an-gle que fait l'aiguille aimantée avec la ligne méridienne (261) , ou la quantité dont cette aiguille s'écarte de fa direction naturelle au nord , en déclinant vers l'eft ou vers l'oueft.

690... Rien n'eft plus aifé que de déterminer à terre le nombre des degrès de cette variation ; fi l'on a une bonne méridienne tracée fur un plan horifontal , il fuffit d'y appliquer la boîte

de

de la bouſſole , de diriger ſucceſſivement le long de cette ligne méridienne les deux faces de la boîte qui ſont paralleles à la ligne nord & ſud , & de voir de combien l'aiguille aimantée s'en écarte à droite ou à gauche.

On comprend aiſément que ces moyens ſont impraticables ſur mer , à cauſe de l'agitation continuelle du vaiſſeau , & qu'il faut y ſuppléer par l'obſervation des aſtres.

691... Comme il eſt de la plus grande importance pour la ſûreté de la navigation de déterminer le plus ſouvent qu'il eſt poſſible la variation du compas , on ſent qu'il eſt non-ſeulement néceſſaire d'avoir des méthodes ſûres & expéditives , mais encore d'en avoir pluſieurs , afin qu'au défaut des unes, on puiſſe ſe ſervir des autres.

Parmi celles qui ſont en uſage , il y en a trois principales qui méritent la préférence.

Premiere méthode.

692... La premiere conſiſte à obſerver avec le compas de variation le lever ou le coucher d'un des bords du ſoleil , pour ſavoir à quelle diſtance le centre de cet aſtre ſe trouve alors du vrai point d'eſt ou d'oueſt. Cette diſtance, qui a pour meſure un arc de l'horiſon, s'appelle *amplitude ortive* , lorſqu'il s'agit du lever du ſoleil , ou *amplitude occaſe* , s'il eſt queſtion de ſon coucher : on compare l'amplitude obſervée avec l'amplitude calculée d'avance , & la différence , s'il y en a , eſt la variation de la bouſſole.

FIG.   693... L'amplitude eft toujours du même côté que la déclinaifon. Dans le tems des équinoxes, le foleil n'a point d'amplitude, parce qu'il fe leve & fe couche aux vrais points d'eft & d'oueft ; paffé ce tems , l'amplitude augmente jufqu'aux folftices. Dans la fphere droite les amplitudes des aftres font égales à leur déclinaifon ; dans la fphere parallele il n'y a point d'amplitude, & dans la fphere oblique l'amplitude change comme la latitude : d'où il fuit que pour calculer l'amplitude du foleil , il faut connoître la latitude du lieu & la déclinaifon de l'aftre ; avec ces données on trouve l'amplitude par cette feule analogie.

95.

Le cofinus de la latitude eft au rayon comme le finus de la déclinaifon eft au finus de l'amplitude ortive ou occafe.

694.... En effet foit HO l'horifon d'un obfervateur, EQ l'équateur. Le point A où fe coupent ces deux cercles, repréfentera les vrais points d'eft & d'oueft ; en fuppofant que RL foit le parallele d'un aftre , le point S fera le lieu de fon lever ou de fon coucher, & l'arc de l'horifon AS fon amplitude ortive ou occafe ; dans le triangle fphérique ADS, rectangle en D, connoiffant la déclinaifon SD & l'angle A, égal au complément de la latitude du lieu, on trouvera l'hypothenufe AS par le calcul de cette analogie , la même que la précédente.

$$\text{Cof. A} : \text{R} : : \text{fin. SD} : \text{fin. AS.}$$

695... *Suppofons, par exemple, que le 15* FIG.
août 1786 un pilote étant en mer par 21°. 45'
de latitude nord, & par 120°. de longitude
occidentale de Paris, ait relevé au compas le
bord inférieur du foleil, lors de fon lever, &
qu'il l'ait trouvé répondre à l'E. N. E. 5°. Eft
de la bouffole, la montre marquant 5 h. 30' du
matin. On demande la variation de la bouffole.

Ayant trouvé que la déclinaifon du foleil,
le 15 août 1786 à 1 h. 30 (à caufe de la différence des méridiens), eft de 13°. 56' 39''
nord pour le méridien des tables ; on aura
l'amplitude ortive du foleil par le quatrieme
terme de cette proportion :

$$\text{Cof. } 21°\ 45' : R :: \text{fin. } 13°\ 56'\ 39'' : \text{fin. } 15°\ 2'\ 14''$$

C'eft l'amplitude ortive du foleil ou la dif- 95.
tance de fon lever en S au point A qui eft le
vrai point d'eft, laquelle répond à l'E. N. E.
7°. 27' E, en négligeant les fecondes ; donc
la variation de la bouffole eft de 2°. 27' du
côté du N. E.

696... C'eft fur ce principe qu'on a calculé
la table des amplitudes du foleil qu'on trouve
dans la connoiffance des tems pour tous les
degrés de déclinaifon de cet aftre & jufqu'au
60e. degré de latitude : mais il faut bien remarquer que les amplitudes marquées dans la
table ne font pas tout-à-fait les mêmes que
celles qu'on obtient par le calcul de la proportion ci-deffus, parce que dans celles-là on a
fait entrer l'effet de la réfraction qui, en éle-

L ij

FIG. vant le soleil de 33′ à l'horifon , change tout à la fois & le moment de fon lever ou de fon coucher , & fon amplitude au même inftant.

697... L'amplitude qu'on trouve dans la table ne convient donc qu'à l'inftant auquel le centre du foleil eft véritablement à l'horifon , & c'eft précifément alors que le centre de cet aftre doit nous paroître plus élevé d'environ 37′ , tant par l'effet de la refraction que par celui de l'inclinaifon de l'horifon vifuel. Ainfi le moment le plus propre à l'obfervation eft celui où le bord inférieur du foleil paroît au-deffus de l'horifon d'une quantité un peu plus grande que fon demi-diametre ; c'eft alors qu'il faut le relever au compas, afin de voir fi l'amplitude obfervée convient avec la vraie amplitude calculée , ou de combien elle en différe.

95. 698... Mais comme il eft affez difficile de déterminer à la vue fimple fi le foleil eft à la hauteur apparente requife , pour que fon centre foit réellement à l'horifon ; il fera plus commode & plus sûr d'obferver le moment où un de fes bords touche l'horifon de la mer , & alors la queftion fera réduite à calculer l'angle azimutal PZS , pour en conclure l'angle d'amplitude AZS , puifque ces deux angles font complémens l'un de l'autre.

699... En reprenant l'exemple précédent, on trouvera , conformément à ce qui a été déja dit , que la valeur de l'angle azimutal Z du triangle fphérique PZS , dont on connoît les trois côtés :

Savoir :

PS , compl. de la décl. boréale   76°. 3′ 21″

PZ , compl. de la latit. du lieu
boréale . . . . . . 68°. 15′ . ″

ZS , distance du centre du soleil au zénit , corrigée du $\frac{1}{2}$
diam. de l'inclin. de l'horis.
& de la réfraction . . . . . 90°. 21′ 6″

On trouvera, dis-je , que l'angle azimutal cherché est de 74°. 49′, & son complément AZS de 15° 11′, qui est l'amplitude ortive du soleil ; cette amplitude répond à l'E. N. E. 7°. 21′ Est ; par conséquent la variation de la boussole est de 2°. 21′ N. E. , quantité plus exacte que la premiere (695).

700... Ceux qui voudront s'éviter la peine de faire directement le calcul , pourront se servir de la table des amplitudes qu'on trouve dans la connoissance des tems de 1788. Cette table a été calculée par M. *de Gaulle*, ingé- nieur de la Marine , pour chaque 15 minutes de déclinaison , ce qui est suffisant pour qu'on puisse y prendre facilement les amplitudes qui conviennent aux degrés & minutes de la la- titude & de la déclinaison. Mais comme l'Au- teur n'a point eu égard à la réfraction, & que pour faire usage de sa table il faudroit relever le soleil au moment où son bord inférieur paroît élevé au-dessus de l'horison d'environ les $\frac{2}{3}$ de son diametre ; ce qui est assez difficile, puisque rien ne détermine ce moment à la vue fimple. On fe contentera d'obferver le mo- ment .où un de fes bords touchera l'horifon de la mer, & on corrigera l'amplitude, au moyen de la table qui fuit, dans la connoif- fance des tems de 1788, celle des amplitudes, & qui a pour titre : « *Table de la quantité dont* » *l'azimuth des aftres change près de l'horifon* » *pour un degré de changement dans leur hau-* » *teur* ».

E X E M P L E.

701... *Suppofons qu'étant par 14°. 30' de latitude fud, le foleil ayant 21°. 56' de décli- naifon auftrale, & l'œil de l'obfervateur étant élevé de 15 pieds au-deffus du niveau de la mer, on ait relevé le foleil au S. E. ¼ S. au moment où fon bord inférieur quittoit l'horifon de la mer ; on demande l'amplitude, & par conféquent la variation de la bouffole.*

Par la table indiquée ci-deffus, on trouve d'abord que l'amplitude correfpondante à 14°. de latitude & à 21°. 45 de déclinaifon, eft de 22°. 26', & que pour une augmentation de 30' dans la latitude & de 11' dans la décli- naifon, l'amplitude augmentant proportion- nellement fera de 22°. 40'.

Mais le bord inférieur du foleil ayant été relevé à l'horifon apparent, doit être environ 37' plus bas que l'horifon vrai, favoir, 4' pour l'élévation de l'œil au-deffus du niveau de la mer, & 33' pour la réfraction : donc fon cen- tre eft 21' au-deffous de l'horifon réel. On confultera la petite table qui accompagne celle des amplitudes, & on verra que de 14 à 15 degrés de latitude, & que de 20 à 30° d'amplitude, le changement de l'azimut qui répond à un degré de mouvement en hauteur, eſt de 17′ à très-peu près : donc à proportion pour 21′ ce changement ſera de 6′, dont le ſoleil ſera plus avancé vers le ſud : ainſi l'amplitude vraie, qui convient à 14°. 30′ de latitude ſud & à 21° 56′ de déclinaiſon auſtrale, ſera de 22° 46′, laquelle répond au S. S. E. 16′ Eſt, mais le ſoleil avoit été relevé au S. E. ¼ S. du compas : donc la variation de la bouſſole eſt de 10°. 59′ N. O.

Seconde méthode.

702... Cette méthode qui conſiſte à relever au compas un aſtre, lorſqu'il paſſe au premier vertical, c'eſt-à-dire, dans l'inſtant auquel il répond préciſément au vrai point d'eſt ou d'oueſt, donne la variation ſans calcul ; car ſi l'aſtre obſervé répond alors à l'eſt ou à l'oueſt du compas, il n'y a point de variation ; s'il s'en écarte à droite ou à gauche, la quantité de cet écart exprimera la variation de la bouſſole.

703... Cette maniere d'obſerver la variation eſt fort exacte, lorſque l'aſtre ne paſſe pas à une grande hauteur au-deſſus du vrai point d'eſt ou d'oueſt ; elle eſt applicable aux étoiles & aux planetes dont on connoît la déclinaiſon, & praticable même dans le crépuſcule ; mais elle n'eſt poſſible que lorſque l'aſtre obſervé

FIG. a une déclinaifon de même dénomination que
la latitude du lieu ; car il n'y a que ces fortes
d'aftres qui puiffent fe lever & fe coucher au-
delà des vrais points d'eft & d'oueft , & qui
paffent directement au - deffus de ces points
peu de tems après leur lever ou avant leur
coucher.

704... Pour s'affurer du moment où un aftre
eft dans le premier vertical , il y a deux moyens
affez fimples ; c'eft de calculer d'avance à
quelle diftance il doit être alors du méridien ,
ou mieux encore quelle doit être à cet inftant
fa hauteur au deffus de l'horifon. Ce calcul eft
très-facile ; car , connoiffant la déclinaifon de
l'aftre & la latitude du lieu, on a trois chofes
de connues dans le triangle fphérique rectangle
PZI qu'il s'agit de réfoudre , favoir PI com-
95. plément de la déclinaifon de l'aftre , PZ complément de la latitude du lieu , & l'angle droit
PZI compris entre ces deux côtés : on pourra
donc déterminer facilement l'angle horaire
ZPI , qui donnera la diftance au méridien ,
ou encore mieux l'arc ZI , complément de fa
hauteur , au moment de fon paffage au premier
vertical en I.

705... Pour avoir l'angle horaire ZPI on
cherchera le 4e. terme de cette proportion :
Cot. PZ : cot. PI : : R : cof. ZPI , c'eft-à dire,
*la cotangente de la latitude eft à la cotangente
de la déclinaifon , comme le rayon eft au cofinus
de la diftance au méridien.*

Le quatrieme terme réduit en tems à raifon

de 15°. par heure, si c'est le soleil, donnera FIG.
la distance de cet astre au méridien ; mais
pour une étoile il faudra, conformément à
ce qui a été dit (681), ajouter cette distance
à l'heure de son passage par le méridien, ou
l'en retrancher, selon que l'étoile aura été observée à l'occident ou à l'orient. De sorte que
si l'on releve l'astre au compas à l'heure précise trouvée par le calcul, on connoîtra la variation de la boussole.

706... Mais comme il peut arriver qu'on ne 95.
puisse pas assez compter sur l'exactitude de
la montre, sachant sur-tout qu'une minute
d'erreur sur le tems répond à 15′ de degrés,
on fera mieux d'employer la hauteur de l'astre, que l'on calculera par l'analogie suivante,
construite sur le même triangle ZPI (fig. 95).

Cos. PZ : cos. PI : : R : cos. ZI, c'est-à-dire,
*cosinus de la hauteur du pole est au cosinus de
la déclinaison, comme le rayon est au cosinus
de la hauteur.*

707... La hauteur trouvée par ce calcul est
la hauteur vraie de l'astre : pour avoir la hauteur apparente ou celle que donne l'instru
ment, il faudra y ajouter l'inclinaison de l'horison visuel & la refraction, & en soustraire
le demi-diametre, si c'est le soleil qu'on se
propose d'observer ; & l'on aura la hauteur
observée du bord inférieur de cet astre, lorsqu'il passera au premier vertical, telle qu'elle
doit paroître à la vue. Lors donc qu'on verra
qu'il approche de cette hauteur, on l'obser-

FIG. vera avec l'Octant, dont on aura mis l'alidade sur le point précis de la hauteur calculée & corrigée, comme il vient d'être dit ; d'un autre côté, un second observateur se tiendra prêt à le relever au compas au moment que le premier annoncera que l'astre est à la hauteur requise.

E X E M P L E.

708... *Le 15 septembre 1784 étant par 18°. 36' de latitude sud, & par 75°. 30' de longitude occidentale de Paris, on demande à quelle heure ou à quelle hauteur faut il relever le soleil pour connoître la variation de la boussole.*

La déclinaison du soleil pour Paris le 15 octobre 1784 à 5 h. 6', tems astronomique, étant de 8°. 56' 16''. Pour avoir l'heure à laquelle le soleil répondra au premier vertical, ou sa distance au méridien à cette époque, on calculera le quatrieme terme de cette proportion :

$$\text{Cot. } PZ = 71°. \ 24' : \text{cot. } PI = 81°. \ 3' \ 44'' :: R : \text{cos. } ZPI = 62°. \ 7' \ 54''.$$

95.   Ce quatrieme terme réduit en tems donne 4 h. 8' 31'' pour la distance au méridien ; c'est-à-dire, que pour le lieu & le jour indiqués, le soleil sera au premier vertical, ou répondra verticalement au vrai point d'ouest à 4 h. 8' 31'' du soir.

Pour avoir sa hauteur à la même époque, on calculera le quatrieme terme de cette autre proportion :

Cof. 71°. 24' : cof. 81°. 3' 44" : : R : cof. 60°. 50' 33".

dont le complément 29°. 9' 27" exprime la hauteur vraie du foleil au-deffus de l'horifon, lorfqu'il paffera au premier vertical.

De cette hauteur il faut retrancher 16' 6" pour le demi-diametre, & y ajouter enfuite 3' 58" pour l'inclinaifon de l'horifon, en fuppofant l'œil de l'obfervateur élevé de 15 pieds au-deffus du niveau de la mer, plus 1' 43" pour l'effet de la refraction, & on aura 29°. 19' 25" pour la hauteur obfervée du bord inférieur du foleil, lorfqu'il paffera au premier vertical.

AUTRE EXEMPLE.

709... *Le 30 décembre 1786 un Pilote étant en mer par 23°. 30' de latitude auftrale, & par 50°. 38' de longitude orientale de Paris, on demande à quelle heure ou à quelle hauteur doit-il relever l'étoile appellée l'Epi de la Vierge afin de déterminer la variation de la bouffole.*

On fuppofe dans cet exemple l'œil de l'obfervateur élevé de 15 pieds au-deffus du niveau de la mer.

Pour calculer l'angle horaire, on fera cette proportion :

Cot. 66°. 30' : cot. 79°. 56' 54" : : R : cof. 65°. 56' 10".

Ce quatrieme terme, réduit en tems, don-

FIG. nera 4 h. 23′ 44″ folaires ; mais les étoiles
95. ayant une accélération fur le foleil, on en
retranchera 48″, quantité proportionnelle qui
exprime cette accélération ; le refte 4 h. 22′
56″ fera la vraie diftance de l'étoile au méridien de Paris.

Puifque l'*Epi de la Vierge* doit être obfervée
à l'eft du méridien de Paris, il faut retrancher
cette derniere quantité de l'heure précife du
paffage de cette étoile au méridien de cette
ville, qu'on trouve de 18 h. 30′ 29″, comme
il a été enfeigné (526 & fuiv.), & la différence 14 h. 7′ 33″, tems aftronomique, ou 2
h. 7′ 33″ après minuit, eft l'heure précife à
laquelle l'*Epi de la Vierge* répondra au premier
vertical.

710... Si l'on veut avoir fa hauteur au-deffus
de l'horifon lorfqu'elle répondra au premier
vertical, élément qu'on doit toujours préférer
dans ces fortes de problêmes à l'heure obtenue
par le calcul, pour les raifons indiquées (706),
on fera cette autre proportion :

Cof. 66°. 30′ : cof. 79°. 56′ 54″ : : R : cof. 64°.
2′ 10″.

Le complément de ce quatrieme terme 25°.
57′ 50″ étant corrigé de l'inclinaifon de l'horifon & de la refraction de la maniere enfeignée
(559, 579), exprimera la hauteur à laquelle paroîtra l'*Epi de la Vierge*, lorfqu'elle
paffera au premier vertical ; de forte que, fi
l'on faifit cet inftant pour la relever au compas,

 la différence entre l'est de la bouſſole & ce
 même point cardinal indiqué par l'étoile, ſera
 la variation de l'aiguille aimantée.

Troiſieme méthode.

711.... S'il eſt certain que pluſieurs circonſtances empêchent ſouvent de relever au
compas un aſtre dans un inſtant prévu & déterminé, il n'eſt pas moins vrai de dire que
la méthode de connoître la variation de la
bouſſole par le moyen des amplitudes ou du
paſſage au premier vertical, demande beaucoup d'attention, ſur-tout dans les mers où
l'on a beaucoup de latitude, parce que les
refractions dans ces climats ſont très - irrégulieres au voiſinage de l'horiſon. Lors donc
qu'un pilote ſe trouve dans le cas de n'avoir
pu obſerver le ſoleil ou tout autre aſtre d'une
déclinaiſon connue, pour déterminer la variation par l'une ou l'autre des méthodes précédentes, il peut ſe ſervir avec avantage de
l'azimut de ces mêmes aſtres.

Cette méthode, qui eſt un peu plus difficile que les autres, ſur - tout lorſque l'aſtre
eſt élevé, exige auſſi le concours de deux
obſervateurs : pendant que l'un obſerve la
hauteur de l'aſtre avec l'Octant, il faut que
l'autre ſoit prêt à le relever au compas, au
même inſtant que le premier annonce par un
ſignal convenu qu'il eſt ſûr de la hauteur.
Pour peu que les deux obſervateurs ſoient

FIG. exercés à agir de concert, ils ne manqueront
pas de rendre leurs obfervations fimultanées,
& pour plus de sûreté ils repéteront deux ou
tro.s fois la même opération, afin de prendre
un milieu entre toutes les déterminations qui
en réfulteront ; c'eft ainfi qu'on peut attendre
quelque exactitude des obfervations faites fur
mer.

712... Après cela on calculera l'angle azimutal formé au zénit par le méridien, & le
vertical dans lequel l'aftre a été relevé. Cet
angle eft mefuré par un arc de l'horifon qu'on
nomme pour cette raifon *azimuth*. La longueur
de cet arc fe compte, comme nous l'avons
dit (417), depuis le nord ou le fud jufqu'au
point de l'horifon auquel répond le vertical
de l'aftre, au moment de l'obfervation ; je
dis depuis le nord ou le fud, parce qu'on
doit prendre la plus courte diftance, c'eft-à-
dire, compter l'azimut à partir du plus proche
méridien. On compare cet azimut calculé avec
celui que donne l'obfervation, & la différence,
s'il y en a, eft la variation du compas.

95.   713... En effet dans le triangle fphérique
PZF, connoiffant ZF complément de la hauteur de l'aftre, PF complément de fa déclinaifon, & PZ complément de la latitude du
lieu, il fera facile de trouver la valeur de
l'angle azimutal PZF, en fe conduifant, comme
nous l'avons enfeigné (654, 655). Si cet
angle ou fon fupplément eft, par exemple, de
25°. du nord vers l'eft, & que l'azimut ob-

ſervé ſoit de 34°. dans le même ſens, la variation ſera de 9°. vers l'eſt ; mais ſi l'azimut calculé eſt de 25°. du ſud vers l'oueſt, & que l'azimut obſervé ſoit auſſi de la même quantité & dans le même ſens, alors il n'y a point de variation, c'eſt-à-dire, que l'aiguille aimantée ſe dirige exactement au nord.

EXEMPLE.

714... Le 24 novembre 1779 un pilote étant en mer par 41°. 12' de latitude auſtrale, & par 10°. 48' de longitude occidentale de Paris, a obſervé à 9 h. 40' du matin la hauteur du bord inférieur du ſoleil de 23°. 15', le même bord de cet aſtre ayant été relevé au même inſtant à l'E. ¼ N. E. 2°. nord du compas. On demande la variation de la bouſſole.

Je cherche la déclinaiſon du ſoleil, ayant égard à la différence des méridiens, & je la trouve de 20°. 41' 42" auſtrale pour le 24 novembre 1779, à 10 h. 23' 12", qui eſt l'heure que l'on compte alors à Paris. Cette préciſion n'eſt pas abſolument néceſſaire, puiſqu'il ſuffit de connoître ſeulement cet azimut à 5 ou 6' près ; c'eſt pourquoi ſi l'on ne ſait pas l'heure à laquelle on a relevé l'aſtre, on peut ſe contenter de celle qui convient à midi du lieu de l'obſervation.

Je corrige, comme à l'ordinaire, la hauteur obſervée de la réfraction, du demi-diametre & de l'inclinaiſon de l'horiſon, en ſuppo-

FIG.
95.

fant l'œil de l'obfervateur élevé de 15 pieds; enfuite prenant le complément de la déclinaifon, de la latitude du lieu & de la hauteur corrigée, on fe conduira pour le calcul de l'angle PZF, comme dans les exemples précédens, avec la différence qu'il faut mettre la diftance au zénit à la place du complément de la déclinaifon, de la maniere fuivante.

```
PF, comp'. de la déc'i.    69°  18′ 18″
PZ, compl. de la latit.    48    48    ″C. A. 0,1235426
ZF, dift. au zénit cor.    65    34  55′C. A. 0,0373327
                          ________________

         Somme . . . 184   41   23
       ½ Somme . . .  92   20   42
                          ________________

                     43  23  42 Sinus. 9,8381713
                     25  45  47 Sinus. 9,6381401
                                      _____________
                                       19,6371867
Logarithme finus de . . 41°  11′ 23″    9,8185933
                             2         _____________
Val. de l'ang. azim. PZF 82° 22′ 46″
```

Cet angle eft mefuré par l'arc de l'horifon SO qui répond à l'E. ¼ N. E. 30. 38′ E. On auroit pris fon fupplément, fi cet angle avoit été plus grand que 90°. Donc puifque le compas marquoit l'E ¼ N. E. 2°. nord au moment de l'obfervation, la variation eft de 5°. 38′ N. O., c'eft-à-dire, en allant du nord vers l'oueft.

AUTRE

AUTRE EXEMPLE.

715... Le 10 septembre 1780 un pilote étant en mer par 15°. de latitude boréale, & par 53°. 48' de longitude orientale de Paris, a observé trois fois la hauteur de Sirius, en même tems qu'un second observateur la relevoit au compas de variation, & par un milieu pris entre ces trois observations, il a trouvé que la hauteur de cette étoile étoit de 35°. 10', & qu'elle répondoit au S. E ¼ E. 2°. Est du compas. On demande la variation de la boussole.

On a donc l'angle Z du triangle PZM à résoudre, & puisque la déclinaison de *Sirius* est australe, & que la latitude du lieu est boréale, on aura

```
PM =90°+la déc. =106°  25'   6"
P Z Compl. de la lat. 75°   0'   0" C. A.   0,0150562
ZM Dist. au Zen.-cor. 54°  55'  19" C. A.   0,0870504
                      ─────────────────
                      236°  20'  25"
                      118   10   12
                      ─────────────────
                       43°  10'  12" . Sinus 9,8351610
                       63°  14'  53" . Sinus 9,9508337
                      ─────────────────
                                          19,8881013
Logarith. sinus de . . .   61°  32' 13". 9,9440506
                                    2
                      ─────────────────
Donc l'ang. az. PZM est de 123°   4'  26"
```

Cet angle est mesuré par l'arc de l'horison (*mo*); ou, en prenant son supplément, on a

56°. 55′ 34″ pour l'azimut de *Sirius*, compté du plus proche méridien, comme c'eſt la coutume.

716... L'azimut eſt toujours du même côté que la latitude, quand l'angle azimutal n'excede pas 90°. ; il eſt au contraire du côté oppoſé, quand il excede ce nombre, comme dans cet exemple. La latitude étant boréale, & l'angle azimutal étant plus grand que 90°., ſon ſupplément ſe compte à partir du ſud vers l'Eſt, parce que l'étoile a été obſervée à l'orient : l'azimut répond donc au S. E. $\frac{1}{4}$ E. 40′ Eſt, en négligeant les ſecondes ; donc la variation de la bouſſole eſt de 1°. 20′ du côté du N. O.

717.... Nous finirons cet article par faire remarquer que plus on eſt élevé en latitude, plus on a la ſphere oblique, & plus on doit voir par conſéquent les aſtres ſe lever & ſe coucher obliquement, c'eſt-à-dire, qu'on doit les voir raſer aſſez long-tems l'horiſon, de maniere que ſans s'élever ſenſiblement ils changent conſidérablement d'amplitude. Il eſt donc alors difficile de diſtinguer le contact de ces aſtres avec l'horiſon ; par conſéquent l'uſage des amplitudes, dans ce cas, eſt aſſez incertain, d'autant plus que dans ces parages les refractions, plus variables à l'horiſon qu'ailleurs, contribuent à rendre l'inſtant de ce contact encore plus douteux. Il vaut mieux alors avoir recours à la méthode des azimuts, elle eſt d'autant plus exacte, que les aſtres qui ont un lever & un coucher s'élevent peu ſur l'ho-

rifon à de pareilles latitudes. Quand la latitude FIG.
eſt médiocre, on doit préférer l'amplitude
ortive à l'azimut ; parce qu'en relevant un aſtre au compas, cette opération eſt d'autant
moins exacte que l'aſtre eſt plus élevé.

Mais puiſqu'il eſt important pour la sûreté de la navigation de connoître la variation de la bouſſole auſſi ſouvent qu'il eſt poſſible, & que l'uſage des azimuts eſt celui qui
peut être employé le plus fréquemment ; il
eſt donc eſſentiel d'en rendre la meſure moins
incertaine en ſe ſervant du compas azimutal,
dont voici la deſcription :

Deſcription du Compas azimutal.

718... Le compas azimutal, inventé par M. 96.
Halley, n'eſt autre choſe que le compas de
variation auquel, après avoir ſupprimé les
deux pinnules, on a ajouté ſur le bord de la
boëte ronde, qui renferme l'aiguille aimantée,
un cercle de cuivre dont la moitié eſt diviſée
en 90 parties égales, qui, quoique de deux
degrés chacune, ne ſont comptées que pour
des degrés ; parce que les angles qu'elles ſervent à meſurer ont leur ſommet en A ſur la
circonférence même de ce cercle. Chacun de
ces degrés eſt diviſé en minutes par des tranſ-
verſales. Au tour du point A tourne ſur une
de ſes extrémités une alidade, laquelle eſt ſur-
montée d'une pinnule AP qui, par le moyen
d'une charniere, peut s'élever perpendiculai-

FIG. rement, ou s'abaiffer à volonté fur le plan du cercle de cuivre. Un fil, tendu du haut de la pinnule au milieu O de l'alidade, fert à déterminer le vertical de l'aftre obfervé. Enfin le cercle eft divifé en quatre parties égales par deux fils qui fe coupent au centre, à angles droits. Ils font terminés par quatre petites lignes droites qui fervent à orienter le cercle ABED par rapport à l'aiguille aimantée, en les comparant à quatre autres lignes qui font auffi à angles droits fur la furface de la rofe des vents.

Maniere de fe fervir du Compas azimutal.

96. 719... Pour mettre le compas azimutal en état de fervir, il faut placer l'alidade de maniere que l'extrémité A, qui porte la pinnule, réponde à l'oueft ou à l'eft de la bouffole, felon qu'on veut obferver avant ou après midi ; en forte que les quatre lignes, qui font au bord de la rofe, concourent avec les quatre qu'on a menées au dedans de la boîte. On tournera enfuite l'alidade, jufqu'à ce que l'ombre de fil, fi c'eft le foleil qu'on obferve, paffant par la fente de la pinnule, vienne fe projetter fur la ligne qui regne au milieu de l'alidade ; ou fi c'eft un autre aftre, jufqu'à ce que regardant au travers de la pinnule on voie l'aftre divifé en deux par le fil, alors l'angle, formé à la circonférence du cercle de cuivre par la ligne AE & l'alidade, marque l'éloignement

du foleil ou de l'aftre à l'égard de la ligne
eft & oueft de la bouffole. Si, par exemple,
l'alidade, ayant été tournée vers le foleil après
midi, fait un angle de 7°. avec la ligne AE,
le foleil eft alors éloigné de l'eft de la bouffole de 7°., & par conféquent de 83°. du nord
magnétique indiqué par la fleur de lys. On
fuppofe ici que le foleil a au moins 45°. d'élévation ; s'il étoit moins élevé, l'ombre du fil
ne tomberoit pas fur l'alidade, parce que la
ligne AE qui paffe au milieu du cercle, &
qui partage les 90°. en deux parties égales,
ne peut former avec l'alidade que des angles
de 45°., comme il eft aifé de le voir fur la
figure. Dans ce cas on dirigera l'alidade au
nord ou au fud de la rofe, felon la pofition
du foleil vers l'eft ou vers l'oueft.

720... Au refte, quoique cet inftrument foit
d'un ufage plus fûr que le compas de variation pour obferver les azimuts des aftres, les
balancemens qu'il reçoit par le mouvement du
vaiffeau ne laiffent pas que de produire quelque incertitude fur leur determination.

721... Le nouveau compas azimutal à reflexion, inventé en 1772 par M. *de Gaulle*,
Ingénieur de la marine, eft infiniment fupérieur à celui de M. *Halley*, & préférable à
tous ceux qui ont paru jufqu'ici. Avec cet
inftrument, un feul obfervateur fuffit pour
déterminer en mer, à toutes les heures du
jour, la variation de la bouffole & la hauteur
du foleil, fans qu'il foit néceffaire de voir

l'horifon. J'ignore fi , malgré tous ces avan-
tages , les Marins l'ont adopté généralement;
mais je fais du moins que les expériences qui
en ont été faites ayant répondu au fuccès qu'on
en attendoit , l'Académie des Sciences l'a ho-
noré de fon approbation , & le Gouvernement
en 1780 a gratifié l'inventeur d'une fomme
de 1200 liv. , & d'une penfion de 600 livres
attachée à fon brevet d'Ingénieur de la marine.

Je n'entreprendrai point ici de faire la def-
cription de ce nouvel inftrument, qui exi-
geroit une gravure particuliere de toutes fes
pieces pour être bien fentie , & dont le détail
me meneroit trop loin. Ceux qui feroient cu-
rieux de le connoître plus particulierement ,
trouveront chez Penckoucke , Libraire à Paris , une petite brochure qui contient la figure
de cet inftrument , & une explication détaillée
de toutes fes propriétés , avec la maniere de
s'en fervir.

SIXIEME SECTION.

Des longitudes fur mer.

722... **P**UISQUE la pofition d'un lieu fur la
furface du globe dépend tout à la fois de fa
latitude & de fa longitude, ce n'eft donc pas
affez pour reconnoître le point de la mer où
l'on eft, de favoir déterminer fa latitude par

l'obfervation des aftres de la maniere enfeignée (601 & fuiv.), il faut encore connoître fa longitude, c'eft-à-dire, fa diftance à l'eft ou à l'oueft d'un méridien connu.

723... Cette connoiffance, fi effentielle à la fûreté de la navigation, ne dépendoit autrefois d'aucune obfervation proprement dite, le lock donnoit à peu près la quantité de chemin parcouru, & le compas indiquoit à peu près la route qu'on avoit tenue ; de ces deux à peu près on concluoit la latitude & la longitude du navire. Une pareille eftime devoit être néceffairement accompagnée de beaucoup d'erreurs ; celle qui tomboit fur la latitude, fe corrigeoit facilement toutes les fois ou'on pouvoit obferver la hauteur méridienne du foleil. Quant à l'erreur de longitude, plufieurs la négligeoient, d'autres, comme nous l'avons vu (373 & fuiv.), combinoient l'erreur en latitude trouvée par obfervation avec les conjectures les plus plaufibles qu'ils pouvoient faire fur les circonftances de la route. Ils effayoient ainfi de corriger l'eftime de leur longitude ; quelquefois ils réuffiffoient, & quelquefois auffi ils multiplioient l'erreur, au lieu de la détruire.

724... On connoît en effet aujourd'hui l'infuffifance de cette méthode, & cependant la plupart des marins n'en pratiquent pas d'autre. La perfuafion bien fondée où l'on a été, qu'il ne falloit pas chercher d'autre caufe de la plupart des naufrages, a engagé les

Savans & les Artistes à chercher des moyens plus sûrs d'obtenir la longitude en mer. C'est à cette importante recherche qu'ils se sont tous attachés à l'envi, dans l'espoir de partager la gloire & les récompenses promises au succès d'un pareil travail. De tant d'efforts réunis il en est résulté en général deux méthodes différentes, par lesquelles on peut obtenir la longitude en mer avec plus ou moins d'exactitude & de difficulté. Nous allons exposer l'une & l'autre de ces methodes, afin de faire connoître en quoi elles consistent, & le degré de confiance qu'on doit leur donner.

Premiere méthode.

725... Cette méthode, qui consiste à trouver la longitude en mer par la déclinaison de l'aiguille aimantée, est de l'invention de M. *Halley*, Astronome Anglois. Ce savant, ayant recueilli un très-grand nombre d'observations de la variation de l'aiguille, faites sur mer, imagina de les représenter toutes ensemble sur une carte marine. Pour cela il traça une ligne courbe qui passoit par tous les lieux de la mer où la variation étoit nulle, c'est-à-dire, où l'aiguille aimantée se dirigeoit exactement au nord. De part & d'autre de cette courbe, & à une certaine distance, il en traça d'autres qui passoient par tous les lieux où la variation étoit N. E. & N. O. de 5 en 5 degrés, de sorte que ces lignes, quoique irrégulieres dans leur courbure, gardoient cependant en-tr'elles un certain ordre. La courbe qui ex-primoit zéro de variation, régnoit au milieu ; à droite de celle-ci & du côté de l'orient étoient celles qui paſſoient par tous les lieux de la mer où la variation étoit N. O. de 5, de 10, de 15, &c. degrés ; & à gauche du côté de l'oueſt, toutes celles qui paſſoient par les points de la mer où la variation étoit N. E. de 5, de 10, de 15, &c. degrés.

726. De ſorte qu'en jettant les yeux ſur cette carte, on voyoit la quantité de variation pour différens points de la ſurface de la mer : c'é-toit donc pour un pilote un moyen facile de connoître à peu près la longitude du vaiſſeau ; car ſi, après avoir obſervé la variation & la latitude pour le lieu de la mer où il ſe trouve, il cherche enſuite ſur la carte quelle eſt la courbe qui marque le même degré de varia-tion, & en quel point cette courbe coupe le parallele de latitude où il eſt ; ce point d'in-terſection, rapporté à l'équateur, lui indiquera à peu près la longitude du vaiſſeau. Je dis à peu près, car nous avons vu (261), que la variation de l'aiguille eſt très-inconſtante en différens tems, pour un même lieu ; & quoique de ſavans obſervateurs, tels que *Halley, Struits, Maupertuis, Montaine, Dodſon & Albert-Euler* aient tâché de fixer les époques de ces variations, ils n'ont pu cependant en prédire les viciſſitudes, & toutes les cartes de cette eſpece, quoique renouvellées & corrigées en

1744 & 1756 , font encore , quant à leur perfection , bien au-deſſous de ce qu'elles doivent
être.

727... La ſeule connoiſſance qu'on ait retirée
des obſervations faites à cet égard , eſt que
l'aiguille aimantée varie moins au pole méri-
dional qu'au pole ſeptentrional. Ainſi ce moyen,
quoique ingénieux & d'une application facile ,
eſt très-inſuffiſant , comme on vient de le voir,
pour la détermination des longitudes ſur mer.

Nous ajouterons cependant qu'au défaut de
tout autre moyen , un pilote dans un beſoin
urgent pourroit , avec les attentions conve-
nables , employer le ſyſtême de ces courbes
pour connoître à peu près la longitude du
vaiſſeau, dans les mers ſur-tout où ces lignes,
quoique variables , le font d'une quantité à peu
près conſtante dans un tems donné , & dont
la direction ne s'écarte pas beaucoup de celle
des méridiens.

Seconde méthode.

728... En conſidérant le mouvement uniforme
du ſoleil autour de la terre dans l'eſpace de
24 heures , on voit que le tems employé par
cet aſtre à paſſer d'un méridien à un autre
doit être proportionnel à l'arc de l'équateur
compris entre ces deux méridiens ; donc ſi l'on
diviſe les 360 degrés de cette révolution par
24 heures , on trouvera que cet aſtre doit
parcourir 15° par heure , c'eſt-à-dire , qu'il

doit être midi une heure plutôt ou plus tard pour un lieu, felon que ce lieu eſt plus oriental ou plus occidental de 15°. On peut donc par la différence d'heure que l'on compte au même inſtant en divers lieux de la terre, connoître la différence des méridiens ou la longitude de ces lieux, & réciproquement.

729... C'eſt d'après ces confidérations, que les Aſtronomes & les Marins ont réduit l'invention des longitudes à la réfolution du problême fuivant :

Connoiſſant l'heure qu'il eſt dans un lieu ou à bord d'un vaiſſeau, trouver celle que l'on compte au même inſtant ſous un méridien connu.

730... Il ſe préſente deux moyens généraux pour réfoudre ce fameux problême. Le premier eſt l'uſage des montres marines.

On trouve dans le petit Dictionnaire de la Marine, tome 2, les détails fuivans. « Ce fut
» *Gemma Friſius*, Médecin & Mathématicien
» d'*Anvers*, qui eut la premiere idée d'employer les montres ou petites horloges ſur
» mer pour la détermination des longitudes.
» *Metius* & quelques autres ſavans adopterent
» la même idée. Le célebre *Huygens* tenta
» l'uſage des horloges à pendule, mais ſans
» ſuccès. En 1716 *Henry Sully*, Auteur d'un
» livre très-eſtimé qui a pour titre, *Regle ar-*
» *tificielle du tems*, préſenta à l'Académie des
» Sciences de Paris une montre de ſa compo-
» ſition, qui fut approuvée en 1726, & partit

» pour *Bordeaux*, afin de faire l'essai de son
» invention. Mais il y étoit à peine arrivé,
» qu'il fut attaqué d'une maladie de poitrine
» dont il mourut ».

« Peu de tems après, M. *Harisson*, fameux
» Horloger Anglois, proposa une montre nou-
» velle dont on fit l'épreuve sur mer dans un
» voyage à la Jamaïque en 1761, aux Barbades
» en 1764, & enfin dans une expédition pour
» la mer du sud, sous la direction du Capi-
» taine *Cook*. Dans toutes ces courses la montre
» de M. *Harisson* a donné la longitude avec
» toute la précision requise par l'acte du Par-
» lement d'Angleterre ».

» A l'exemple de M. *Harisson*, M. *Berthoud*,
» célebre Horloger de Paris, construisit des
» montres marines, & en proposa trois au
» Ministre pour en faire usage sur mer. En
» 1768, MM. *Pingré* & *Fleurieux* furent chargés
» de cette épreuve par le Gouvernement, &
» le succès répondit aux vœux de l'Auteur &
» aux desirs des Marins ».

« L'Académie des Sciences de Paris crut
» devoir exciter l'émulation des Artistes par
» l'attrait des récompenses. Elle proposa pour
» sujet du prix de 1773 la construction d'une
» montre marine qui donnât la longitude sui-
» vant les conditions prescrites ou connues ;
» on envoya les montres qui avoient été por-
» tées au concours en expérience sur la frégate
» la *Flore*, dans laquelle étoient embarqués
» les Commissaires de l'Académie ; & sur le

» rapport que les Commiſſaires firent à cette
» Compagnie, elle donna le prix à M. *le Roy*,
» parce que ſa montre fut reconnue ſupérieure
» à toutes celles qui avoient concouru. Il faut
» excepter les montres de M. *Berthoud*, parce que
» ce célebre artiſte n'a point concouru pour le
» prix propoſé, & cela pour des raiſons qu'il
» s'eſt réſervées. Au reſte, on aſſure que les
» erreurs de la longitude n'ont jamais été d'un
» demi-degré en ſix ſemaines, ni par la montre
» de M. *Berthoud*, ni par celle de M. *le Roy* ».

731... A l'aide d'une pareille montre, un
navigateur peut donc déterminer à chaque inſtant & avec la plus grande facilité la longitude
du lieu de la mer où il eſt; car ſi la montre
a été bien reglée & miſe ſur l'heure vraie du
lieu du départ, il ne s'agira, pour trouver la
longitude ſur mer, que d'ajouter à la longitude du départ ou d'en retrancher (ſelon qu'on
aura fait route à l'eſt ou à l'oueſt) autant de
fois 15 minutes de degré, qu'il y aura de minutes de tems de différence entre l'heure marquée à la montre marine & l'heure du vaiſſeau
determinée par l'obſervation.

732... Par exemple, ſuppoſons que l'obſervation donne midi à bord, & que la montre
marine marque 2 heures au même inſtant; il eſt
évident que le lieu de la mer où l'on ſe trouve
eſt par 30° de longitude occidentale du méridien du départ; ce ſeroit le contraire, ſi la
montre marquoit 10 heures du matin, lorſqu'on
compte midi ſur le vaiſſeau.

733... La longitude trouvée de cette maniere ne peut étre exacte qu'à un demi-degré près dans le cours d'un voyage ordinaire ; parce que, quoique ces montres aient un mouvement fensiblement uniforme à terre, les viciffitudes & les variations de l'atmofphere, l'agitation du vaiffeau, & les différentes températures de froid & de chaud auxquelles elles font expofées fur mer, tendent toujours un peu à altérer la régularité de leur mouvement. Malgré cela, cette méthode eft la plus fimple, la plus expéditive, quant à la partie du calcul, & en meme tems la plus précife, quant au réfultat final ; mais fon fuccès dépend d'un méchanifme bien délicat, que le plus petit accident peut altérer ou déranger même à l'infçu du navigateur ; de forte qu'il eft prudent d'en avoir au moins deux, en cas d'événement.

734... La cherté de ces chefs-d'œuvres d'horlogerie ne permettant pas le plus fouvent de fe prémunir de la forte, le feul moyen qui fe préfente alors pour raffurer le navigateur contre ce danger, c'eft d'avoir recours à l'obfervation des aftres. Une bonne méthode aftronomique peut le mettre en état de vérifier de tems en tems fa montre marine, & même de s'en paffer abfolument ; ce qui devient alors moins difpendieux.

Le fecond moyen eft l'obfervation des Aftres.

735... Peu de tems après la découverte des lunettes d'approche, *Gallilée* fut le premier qui apperçut les quatre satellites de Jupiter ; il les découvrit en 1010 avec une lunette qu'il avoit construite lui-même, après s'être essayé à cette espece de travail. C'est en imitant ce grand homme, que le fameux *Herschell* a acquis de nos jours la même célébrité.

736... Ces quatre satellites, emportés d'un mouvement rapide autour de leur planete principale, achevent leur révolution (1) en très-peu de tems.

Le premier, qui est le plus près de Jupiter, emploie . . . . . . 1 jr. 18 h. 28′ 36″
Le second 3   13   17   54
Le troisieme . . . 7   3   59   36
Le quatrieme . . . 16   18   5   7

737... Ils se meuvent d'occident en orient, & les plans de leurs orbites étant très-peu inclinés à celui de l'orbite de Jupiter, on conçoit qu'ils doivent se trouver très - souvent plongés dans le cône d'ombre de cette planete, & donner lieu par-là à des fréquentes éclipses dont on fait le plus grand usage dans la géographie, pour déterminer les longitudes terrestres. Afin de les employer au même usage sur mer, il ne s'agiroit donc que d'observer une éclipse de satellite, c'est-à-dire son entrée dans l'ombre de Jupiter, qu'on appelle *immersion*, ou sa sortie hors de l'ombre, qu'on

––––––––––––

(1) Nous n'entendons parler que de leurs révolutions synodiques, celles dont dépendent leurs éclipses qui sont aujourd'hui les seules choses qu'on observe.

nomme *emmerfion*, & de comparer le tems vrai de l'obfervation faite fur un vaiffeau, avec l'heure & la minute de la même phafe calculée fous un méridien connu, comme celui de Paris. Car puifque l'éclipfe doit avoir lieu en même tems pour tous les pays de la terre, vu la grande diftance où Jupiter eft de nous, on fent que la différence d'heure que l'on compteroit au même inftant dans les deux lieux, ne proviendroit que de la différence des méridiens, ou de la différence en longitude de ces mêmes lieux. Mais on ne doit attendre une précifion fuffifante de ce calcul que par rapport au premier fatellite, les éclipfes des trois autres ne pouvant encore fe prédire avec la précifion d'une minute.

738... L'*immerfion* & l'*emmerfion* du premier fatellite fe font en affez peu de tems, pour qu'on puiffe en décider le vrai moment à quelques fecondes près, & avec d'autant plus de précifion, qu'on fe fert de plus longues & de meilleures lunettes : mais c'eft-là ce qui les a rendues jufqu'ici inobfervables fur mer ; car, comme il faut néceffairement fe fervir de lunettes de 15 à 18 pieds de long, la vîteffe d'un aftre dans une pareille lunette paroît accélérée 35 ou 40 fois à l'égard de celle que l'agitation du vaiffeau lui fait attribuer à la vue fimple : d'où il fuit qu'à moins qu'on ne trouve un moyen de diminuer confidérablement cette agitation ou la longueur des lunettes, fans rien perdre de l'effet qu'on en attend,

attend, il eft impoffible de confidérer Jupiter avec affez d'attention pour diftinguer d'auffi petits points lumineux, tels que fes fatellites, & pour s'affurer du moment de leur *immerfion* ou de leur *emmerfion*.

739... Dans la vue de lever cette difficulté, M. l'Abbé *Rochon*, Aftronome de la marine, & membre de l'Académie des fciences, connu avantageufement par fes connoiffances en dioptrique, s'étoit occupé de la conftruction d'une lunette acromatique de trois pieds feulement, pour obferver en mer les fatellites de Jupiter; mais les effais qui en ont été faits à bord de la frégate la *Flore* par MM. de *Verdun*, *Borda* & *Pingré*, n'ont pas eu tout le fuccès qu'il en attendoit, particulierement par la difficulté de conferver le fatellite dans le champ de cette lunette.

740... Si l'on parvient un jour à obferver facilement fur mer les éclipfes des fatellites de Jupiter, on aura fait un grand pas vers la perfection de la marine; cependant il reftera encore un intervalle de trois mois, pendant lefquels ce moyen fera impraticable, par la raifon que la proximité de Jupiter au foleil ne permet pas d'obferver les fatellites environ fix femaines avant & fix femaines après fa conjonction.

Tout autre phénomene vifible dans le ciel, & dont l'inftant auroit été prévu & calculé, tel que les éclipfes de foleil & celles des étoiles ou des planetes par la lune, pourroit être auffi un moyen de connoître les longitudes en mer ; mais les obfervations de cette efpece font toutes accompagnées d'inconvéniens qui ne permettent pas d'en adopter l'ufage ; elles font d'abord très-difficiles à faire fur mer, & enfuite elles exigent de très-longs calculs qui peuvent être la fource de beaucoup d'erreurs : de forte qu'on ne peut pas raifonnablement les propofer aux navigateurs.

741... Quoique les éclipfes de lune foient pour les Aftronomes la plus mauvaife efpece d'obfervation (1) , néanmoins elles pourroient fatisfaire à la queftion des longitudes fur mer, fi elles étoient plus fréquentes. On peut en obferver les phafes à la vue fimple, à deux minutes près , & l'erreur des tables fur le moment de ces phafes n'eft pas plus confidérable ; en forte que , par le moyen d'une éclipfe de lune, on peut s'affurer de la longitude en mer à quatre minutes de tems environ, c'eft-à-dire, à un degré près; precifion bien grande , en comparaifon des erreurs confidérables qu'on eft expofé à commettre fur l'eftime des longitudes dans les voyages de long-cours : mais cette méthode eft d'une foible reffource, puifque les éclipfes de lune ne peuvent être plus fréquentes que de fix en fix mois , & qu'il fe

---

(1) Parce qu'on ne peut les déterminer par obfervation qu'environ une minute près, à caufe que la penombre, en élargiffant le difque lunaire , le rend frangeux & mal terminé.

paſſe quelquefois des années entieres, ſans qu'on en puiſſe obſerver une ſeule ; malgré cela, il ſeroit très-avantageux aux marins de ſe mettre en état de les calculer, afin d'en tirer parti dans l'occaſion.

742... Au défaut des éclipſes, il reſte à faire uſage des diſtances de la lune au ſoleil & aux étoiles zodiacales ou voiſines du zodiaque. Ce ſont les ſeules obſervations qui puiſſent être employées en tout temps, ſoit le jour, ſoit la nuit, à la recherche des longitudes ſur mer, & les ſeules dont nous allons nous occuper.

743... M. de *Lacaille*, dans ſon voyage au Cap de Bonne-Eſpérance en 1751, avoit ſenti toute l'utilité de la méthode des longitudes en mer par la diſtance de la lune ; à ſon retour en 1755 il donna dans le cinquieme volume des Ephémerides des détails intéreſſans ſur la maniere d'obſerver, de calculer les obſervations, & de dreſſer un *Almanach Nautique* pour rendre cette méthode facile & à la portée de tous les marins.

744... M. *Maskelyne*, Aſtronome Royal d'Angleterre, ayant été en 1761 à l'Iſle de *Ste. Hélene* pour obſerver le paſſage de Vénus ſur le diſque du ſoleil, s'occupa de cette méthode, & trouva qu'on pouvoit par-là déterminer la longitude en mer à un degré près ; ce qui fut conſtaté depuis par MM. *Cook* & *Green* dans leur expédition de la mer du ſud. M. *Maskelyne*, à ſon retour, reveilla l'attention des Commiſſaires de la longitude en Angleterre, & parvint à faire décider qu'on publieroit chaque année, à commencer de 1767, un *Nautical Almanach.*

745... La méthode dont il est ici question, consiste à connoître par observation la distance de la lune au soleil ou à une étoile zodiacale, & à avoir pour le même instant la distance de cette planete au soleil ou à la même étoile, calculée sous un autre méridien connu, comme celui de Paris; car si la distance observée est la même que la distance calculée, on pourra conclure que le vaisseau a la même longitude que Paris, & leur différence, s'il y en a, donnera par conséquent la différence en longitude.

746... Nous avons vu (445 & suiv.) que la lune a un mouvement qui lui est propre d'occident en orient, & par lequel elle s'avance chaque jour dans son orbite d'une quantité plus ou moins grande, mais renfermée dans les limites de 11 à 15 dégrés. Si sa marche étoit uniforme, elle parcourroit 13°. 10′ 35″ (1) de son orbite par jour, ou 32′ 56″ par heure. Il s'enfuit donc qu'une minute d'erreur fur le lieu de la lune, répond à 1′ 49″ de tems,

---

(1) Si l'on ne suppose que 12°. par jour, son mouvement horaire étant de 30′ de degré, d'après cette supposition, une minute de l'orbite lunaire répondra alors à 2′ de tems : donc une minute d'erreur fur le lieu de la lune pourra occasionner une erreur d'un demi-degré ou de dix lieues marines fur la longitude.

c'eſt-à-dire , peut occaſionner une erreur de 27′ 15″ de degré ſur la différence des méridiens.

747... Les inégalités de ſon mouvement, difficiles à ſaiſir & à apprécier, ſe ſont long-tems refuſées à l'obſervation & au calcul. Ce n'eſt qu'après longues années d'un travail penible & aſſidu, qu'on eſt enfin parvenu à en connoître aſſez bien la théorie pour prédire à une minute près, à quelle heure, ſous un méridien connu, elle doit être à une diſtance déterminée du ſoleil ou d'une étoile. D'après ces connoiſſances, on a conſtruit des tables de diſtance qui ſe trouvent dans l'Almanach Nautique, publié à Londres depuis 1767, & qu'on a ſoin d'inſérer tous les ans dans le livre de la connoiſſance des tems, afin de le rendre d'une utilité plus générale aux navigateurs. Ces tables ſont calculées pour le méridien de l'Obſervateur Royal de *Greenwich*, plus occidental que celui de Paris de 2°. 19′, qui valent 9′ 16″ de tems, ſous les yeux de M. *Maskelyne* qui, après les avoir vérifiés, a ſoin de les communiquer aux Aſtronomes de Paris avec le zéle d'un ſavant dont le plus grand deſir eſt de contribuer aux progrès des ſciences, ſur-tout à ceux de la navigation.

748... On s'eſt contenté d'y marquer la diſtance du centre de la lune au ſoleil & aux étoiles en tems aſtronomique pour tous les jours de l'année, de trois en trois heures ſeulement, parce qu'on peut par une ſimple proportion, & sans erreur sensible, la trouver pour un autre instant quelconque ; puisque, dans un si court intervalle de tems, les mouvemens de la lune sont sensiblement uniformes.

749... Dans la connoissance des tems on trouve à la fin de chaque mois 4 pages remplies de ces tables, les calculs sont tels qu'on les a reçu de M. *Maskelyne*, & les mêmes que ceux qui se trouvent dans l'Almanach Nautique Anglois, à la différence près de 9′ 16″ de tems qu'on a ajoutées dans la connoissance des tems à la tête de chaque colonne des distances, parce que le méridien de Paris étant plus oriental que celui de *Greenwich* de toute cette quantité, les mêmes distances qui ont lieu à *Greenwich* à 0 h., 3 h., 6 h., 9 h., &c. doivent avoir lieu à Paris à 0 h. 9′ 16″, 3 h. 9′ 16″, 6 h. 9′ 16″, 9 h. 9′ 16″, &c.

750... Les distances marquées sur ces tables sont de distances vraies, c'est-à-dire, qu'elles ont pour mesure l'angle formé par deux rayons qui, partant du centre des deux astres observés, vont se réunir, non à la surface de la terre, mais à son centre.

751... Il étoit important de n'employer que les étoiles zodiacales ou voisines du zodiaque, parce que, l'orbite de la lune étant comprise dans les bornes même du zodiaque, sa marche est alors plus directe à l'étoile à laquelle on la rapporte, & tend davantage à s'en éloigner ou à s'en rapprocher ; ce qui rend sa vîtesse plus sensible, & par conséquent la mesure de sa distance plus exacte.

752... Maintenant qu'on a une idée de ces tables, fi un pilote obferve à la mer une diftance de la lune au foleil ou à une étoile à 4 h. 30', par exemple, d'un certain jour, & s'il trouve dans la connoiffance des tems que cette même diftance a lieu à Paris le même jour à 6 h. 9' 16''; en comparant l'heure du vaiffeau avec celle du méridien de Paris, pour lequel les tables ont été calculées, il trouvera 1 h. 39' 16'' pour différence d'heure entre le méridien de cette Capitale & celui du vaiffeau, au moment de l'obfervation. Cette différence, réduite en degrés à raifon de 15 par heure, donnera 24°. 49' pour la longitude du vaiffeau, laquelle eft occidentale, parce que l'heure comptée à Paris eft plus grande que celle que l'on compte au même inftant fur le vaiffeau; le contraire auroit lieu, fi l'on comptoit plus à bord qu'à Paris.

753... On voit donc que la précifion qu'on doit attendre de cette méthode, dépend de l'exactitude avec laquelle on peut déterminer l'heure à bord du vaiffeau, de l'erreur qu'on peut commettre fur la mefure de la diftance, & de celle des tables de la lune.

754... Ces tables ont été portées à un grand degré de perfection, depuis que les Géometres ont foumis les inégalités des mouvemens planetaires au calcul de l'attraction. Avant le célebre *Mayer*, mort en 1762, les tables de la lune n'étoient exactes qu'à 7 ou 8' près. Cet Aftronome, aidé de la belle théorie d'*Euler*, les a tellement perfectionées par ses soins & ses observations, que malgré les inégalités de cette planete, l'erreur de ces tables ne va pas au-delà d'une minute, & il n'est pas à croire que de long-tems on en ait de plus parfaites.

De la maniere de faire les observations.

755... Dans une matiere aussi délicate que celle-ci, où tout est de la plus grande conséquence, on sent qu'il ne faudroit pas moins que les talens & les connoissances d'un marin consommé dans la pratique de son art, soit pour en détailler les moyens & les ressources, soit pour donner des préceptes d'autant plus sûrs qu'ils seroient le fruit de la théorie & de l'expérience. Nous sentons en cela notre insuffisance ; mais nous ne pouvons mieux y suppléer qu'en mettant sous les yeux du lecteur ce que M. le Chevalier de la *Coudraye* a écrit sur cette matiere dans sa dissertation sur les longitudes, couronnée en 1782 par la Société des arts & des sciences d'*Utrecht*.

756... « Pour observer une longitude en mer,
» il faut chercher d'abord dans les tables des
» distances, au jour où l'on sera, une distance
» de la lune au soleil ou à une étoile dont l'ob-
» servation soit possible sur l'horison du vaisseau.
» On doit préférer une distance de la lune au
» soleil à une distance de la lune aux étoiles,
» parce que le contact des deux disques s'observe
» mieux, parce que le jour, l'horison étant plus

»net, plus visible que la nuit, on mesure alors
»avec plus d'exactitude la hauteur des deux
» astres, qui entre comme élément dans cette
» observation; par cette même raison on peut
» mieux compter sur l'exactitude de l'heure
» déterminée par la hauteur du soleil, que
» sur celle déterminée par une étoile; enfin
» c'est que la nuit, seul tems où l'on peut ap-
» percevoir les étoiles, il ne laisse pas d'y
» avoir quelque difficulté à bien voir sur le
» limbe de l'Octant ou du Sextant les mesures
» marquées sur l'instrument. Cependant comme
» le soleil ne peut convenir que 13 ou 14
» jours par chaque mois, on doit s'exercer
» beaucoup à l'observation des étoiles, & l'ex-
» périence m'a appris qu'on affoiblit par l'habi-
» tude une grande partie de ces inconvéniens.
» Au reste, les étoiles offrent l'avantage de
» pouvoir observer presqu'en même tems la
» distance de la lune à une étoile orientale &
» à une étoile occidentale; & en calculant alors
» ces deux observations pour en déduire une
» longitude moyenne, il en résultera que les
» erreurs se compenseront, & que l'on pourra
» compter sur une bonne observation à laquelle
» on ne peut reprocher alors que de doubler
» le travail ».

757... « L'irrégularité des refractions vers
» l'horison exige de ne point observer les as-
» tres, quand ils ont moins de 10 degrés
» d'élévation. Lorsqu'on mesure la distance de
» la lune au soleil, il faut préférer l'heure où le

» foleil fera vers le premier vertical , parce
» que fon mouvement eft plus rapide , & l'er-
» reur que l'on peut commettre fur la me-
» fúre de fa hauteur, conféquemment moins
» importante , objet intéreffant, parce qu'on
» déduit l'heure du vaiffeau de cette hauteur,
» & que cette heure doit fervir de point de
» comparaifon avec l'heure du méridien des
» tables , pour en conclure la longitude. Si
» l'on emploie une étoile , il faut avoir le
» même égard , ou prendre la hauteur d'une
» autre étoile pour en conclure l'heure du
» vaiffeau ».

758... « D'après toutes ces connoiffances
» préliminaires , on voit qu'il n'eft aucun peu-
» ple navigateur de l'Europe qui ne puiffe
» employer la méthode des diftances pour la
» détermination des longitudes fur mer... Au
» refte , il ne faut point diffimuler ce qu'un
» grand nombre d'années d'expérience m'a
» appris ; c'eft que l'occafion d'obferver n'eft
» pas auffi commune , fur-tout pendant l'hi-
» ver , qu'on pourroit le croire. Il eft peu de
» nuits, il eft vrai, où l'on ne voie, du moins
» pendant quelque tems , les étoiles, & peu
» de jours où les nuages tiennent le foleil en-
» tiérement caché ; mais c'eft que l'action de
» découvrir les aftres ne fuffit point pour l'ob-
» fervation. On a déja dit qu'il falloit un bon
» horifon ; il faut encore que les nuages trop
» rapprochés ne tranchent pas continuelle-
» ment par leur cours la vue des aftres ob-

» fervés ; il faut enfin que l'agitation du vaif-
» feau ne foit point exceffive, & ces différentes
» circonftances ne fe rencontrent pas toujours
» auffi fréquemment qu'on le defire. Il eft
» habituel d'être un affez long-tems fans pou-
» voir obferver une diftance ; mais il eft cer-
» tain auffi que, quand le tems favorife une
» obfervation faite par un homme exercé , on
» doit ajouter foi au réfultat obtenu ; & il
» m'eft arrivé , dans toutes les occafions où la
» vue prochaine de la terre m'a permis de
» vérifier la longitude obfervée , d'admirer
» la bonté & la précifion de cette méthode
» à laquelle on ne doit pas craindre de donner
» de la confiance ».

759... « Lorfqu'on aura choifi dans les tables
» une obfervation qui convienne au vaiffeau, trois
» obfervateurs prendront au même inftant , l'un
» la diftance de la lune au foleil ou à l'étoile,
» le fecond la hauteur du foleil ou de l'étoile,
» & le troifieme la hauteur de la lune. Ces
» deux dernieres obfervations font d'un ufage
» trop familier aux marins pour qu'il foit befoin
» d'en parler ; mais il y a une certaine petite
» différence à amener les deux aftres dans le
» champ de la lunette de l'Octant ou du Sex-
» tant , lorfqu'on n'eft point exercé à mefurer
» des diftances, dont il eft à propos de dire
» quelque chofe ».

760... « Ce qu'il y a de plus fimple pour y
» réuffir, eft , après la vérification de l'inf-
» trument qui doit toujours précéder toute

» obfervation , d'eftimer fans beaucoup d'exac-
» titude quelle heure on compte au méridien
» des tables, au moment où l'on va obferver dans
» le vaiffeau , de prendre fur les mêmes tables
» la diftance approchée à laquelle les deux
» aftres doivent être l'un de l'autre à l'heure
» que l'on vient d'eftimer ainfi , & de pouffer
» l'alidade de l'inftrument fur cette diftance.
» Alors on pointera la lunette fur l'aftre le
» moins brillant , c'eft-à-dire , à la lune , fi
» l'on obferve une diftance de la lune au fo-
» leil , ou à l'étoile , fi l'on obferve une dif-
» tance de la lune à une étoile , & confervant
» toujours cet aftre plus foible dans le champ
» de la lunette , on fera tourner l'Octant ou le
» Sextant (le miroir ou le haut de l'inftrument
» préfenté du côté du fecond aftre) jufqu'à ce
» que fon plan paffe par le fecond aftre le
» plus brillant. Si l'alidade a été mife fur une
» diftance affez approchée de la véritable , on
» appercevra alors fur le champ les deux af-
» tres enfemble , & cela ne peut gueres man-
» quer d'arriver , puifque le champ de la lu-
» nette comprend plufieurs degrés , que la lune
» eft deux heures à parcourir un degré , &
» qu'il fuffit conféquemment de ne point fe
» tromper de plufieurs heures fur l'eftime de
» l'heure du méridien des tables , pour être
» fûr d'amener ainfi & fans tâtonnement les
» deux aftres à vue ».

761... « Le plus exercé des trois obferva-
» teurs eft celui qui doit être occupé de la

,, mesure de la distance. Si c'est une distance
,, de la lune au soleil, il mesurera les bords
,, les plus proches, en faisant toucher les deux
,, disques sans se mordre, & par un léger ba-
,, lancement de l'instrument il fera passer &
,, repasser les deux astres à côté l'un de l'au-
,, tre, & il s'assurera par-là que le contact se
,, fait en un seul point, & que son observation
,, est bonne. Si l'on observe une distance de
,, la lune à une étoile, on mesurera la dis-
,, tance de l'étoile au bord éclairé de la lune,
,, soit que ce bord éclairé soit au-delà ou en-
,, deça du centre de la lune par rapport à
,, l'étoile ; mais on aura soin de tenir note de
,, ce qui se sera fait, en écrivant laquelle des
,, deux circonstances a eu lieu, ou en la dé-
,, signant par une des deux marques suivantes :
,, ☽—✱ ; ☾⊤✱.

762... « L'observateur chargé de prendre la
,, hauteur du soleil doit y apporter toute son
,, attention, parce que l'heure se déduit de
,, cette hauteur ; ce qui rend son opération
,, très-importante ».

763... « Celui qui sera occupé de mesurer
,, la hauteur de la lune, quoique chargé de
,, l'opération dont l'erreur a la moindre con-
,, séquence, doit s'efforcer de bien remplir
,, son objet. La lune n'a pas toujours sa partie
,, éclairée tournée vers l'horison, & comme il
,, est plus facile, pour bien mesurer sa hauteur,
,, de rapporter à l'horison son bord éclairé,
,, on prendra, suivant la position de la lune,

» ou la hauteur de son bord supérieur, ou la
» hauteur de son bord inférieur, ayant soin
» de tenir note de ce qui se sera fait, soit
» en l'écrivant, soit en le désignant par une
» des deux marques suivantes, $\mathbb{C}$; $\mathbb{D}$.

764... « On a dit que les trois observations
» doivent avoir lieu au même instant ; pour
» cela, il faut que celui qui observe la dis-
» tance, marque le moment où il sera content
» de son observation, & que les deux qui
» prennent les hauteurs, suivent sans interrup-
» tion la marche de l'astre, & soient en état
» de donner à tout moment avec précision la
» hauteur qu'on leur demande. L'observateur
» de distance, quelques secondes avant l'ins-
» tant où il prévoit que son observation sera
» bonne, avertira les deux autres de redoubler
» d'attention pour bien mesurer leur hauteur
» par un cri, tel que celui de *veille*, & au
» second cri fait pour marquer l'instant de
» l'observation, & que par usage on prononce
» *top*, les trois observateurs donneront chacun
» le résultat de leur observation que l'on écrira
» ainsi que l'heure, la minute & la seconde où
» le mot *top* a été prononcé ».

765... « Quoiqu'une seule observation suf-
» fise, comme il importe qu'elle soit bonne,
» on fera bien d'en faire plusieurs, & cela le
» plus immédiatement que faire se pourra,
» afin que les mouvemens des astres puissent
» être supposés sans erreur sensible dans le
» rapport du tems. Si une des observations

» différoit trop des autres , on la rejetteroit,
» parce qu'il y auroit à croire qu'on se seroit
» trompé. En général il suffira de faire trois
» ou quatre observations. On ajoutera ensem-
» ble les nombres de chacune des observations
» de même espece, & les divisant ensuite par
» le nombre des observations, on aura un ré-
» sultat moyen de chacune d'elles ».

766... *Par exemple, supposons que trois observateurs aient fait ensemble un certain jour les quatre observations suivantes.*

Heure des observ. à la montre.	Distan. du bord éclairé de la lune au bord du soleil le plus proche.	Hauteur du bord infér. du soleil.	Hauteur du bord supér. de la lune.
☽—☉		☉	☽
3 h. 21' 50"	92° 29'... "	36° 10' 40"	48° 20' 30"
3 24...	92 31 45	35... 10	49 ... 50
3 25 50	92 32 15	34 20...	50 10 10
3 27...	92 33 10	33 10 30	51 10...
13 h. 38' 40"	370° 6' 10"	138° 41' 20"	198° 41 30"
3 24 40	92½ 31 32	34 40 20	34 40' 20
Haut. moy.	*Dist. moy.*	*Haut. moy.*	*Haut. moy.*

767.... Après avoir écrit ces observations
dans le même ordre qu'on le voit ci-dessus, on
additionnera les nombres de chaque colonne,
& divisant chaque somme par 4, nombre des
observations, on conclura qu'à 3 h. 24' 40"
la distance du bord éclairé de la lune à celui
du soleil étoit de 92°. 31' 32"; c'est sur ce

réfultat qu'on doit calculer la longitude du vaiffeau.

Pour plus de sûreté, celui qui compte à la montre peut avoir devant lui un papier tout difpofé, comme dans l'exemple précédent ; il n'auroit alors qu'à écrire les chiffres que dicteroit chacun des obfervateurs.

768... En refléchiffant fur ce qui a été dit (765), on voit que la précifion de l'heure de chaque obfervation, marquée à la montre, importe très-peu dans le fait, puifqu'on doit déduire l'heure vraie de la hauteur du foleil obfervée, & qu'on pourroit par conféquent fe difpenfer d'avoir égard aux fecondes ; cependant cette exactitude ne laiffera pas que d'avoir fon utilité, foit pour comparer les obfervations, & voir fi elles font entr'elles à peu près dans le rapport du tems écoulé, foit pour régler la montre & voir pofitivement de combien elle avance ou retarde.

769... On a fuppofé jufqu'ici qu'il y avoit 3 obfervateurs, & il peut arriver qu'il n'y ait dans un vaiffeau qu'un feul obfervateur & un feul inftrument : dans ce cas, les hauteurs des aftres ne peuvent pas être prifes au même inftant que la mefure de la diftance. Il faudra donc les prendre avant & après l'obfervation de la diftance, & les réduire enfuite à celles qui auroient eu lieu au moment de cette obfervation, de la maniere fuivante :

770... L'obfervateur prendra d'abord trois ou quatre hauteurs de la lune, autant du foleil

leil ou de l'étoile ; ensuite trois ou quatre distances de la lune au soleil ou à l'étoile, puis trois ou quatre nouvelles hauteurs du soleil ou de l'étoile, & enfin trois ou quatre nouvelles hauteurs de la lune ; & le tout étant rangé sur des colonnes différentes, formera cinq suites d'observations. On prendra pour chaque suite une hauteur & une distance moyenne, en divisant, comme ci-dessus, la somme de chaque suite par le nombre des observations ; on en fera autant pour avoir l'heure moyenne correspondante à chaque suite d'observations ; de cette maniere le tout se réduira à deux hauteurs moyennes de la lune, à deux hauteurs moyennes du soleil ou de l'étoile, avant & après la mesure des distances, & à une seule distance moyenne de la lune au soleil ou à l'étoile observée.

771... Ensuite pour réduire les hauteurs moyennes à la hauteur qui convient au moment de l'observation de la distance, on supposera les mouvemens des astres proportionnels au tems, & on fera pour chacun d'eux la proportion suivante.

Le tems écoulé entre deux hauteurs moyennes du même astre, est à la différence de ces mêmes hauteurs ; comme le tems écoulé entre l'observation de la premiere hauteur, & l'heure moyenne des distances, est à la différence de hauteur qui convient à l'astre pour cet instant.

Ce quatrieme terme doit être ajouté à la

premiere hauteur, fi elle eft plus petite que la feconde, c'eft-à-dire, fi l'aftre monte lors de l'obfervation; ou bien il faut l'en retrancher, fi elle eft plus grande, c'eft-à-dire, fi l'aftre baiffe. C'eft ainfi qu'on réduira les obfervations des hauteurs moyennes à une feule hauteur de chaque aftre.

772... L'exactitude de cette méthode dépend de la fuppofition qu'on a faite ci-deffus, que les mouvemens des aftres étoient proportionnels au tems écoulé; mais comme cette fuppofition ne peut être fenfiblement vraie, qu'autant que l'on compare des mouvemens compris dans de petits intervalles de tems, il faut donc avoir foin de faire les obfervations de fuite, & de les rapprocher autant qu'il eft poffible, de maniere que le tems écoulé entre la premiere & la derniere obfervation de hauteur n'excede pas 20 ou 25'.

773... L'obfervation & le calcul de la longitude ont cette difficulté & cet embarras de moins, lorfque trois obfervateurs agiffent enfemble & de concert. Auffi le réfultat de leurs opérations femble & doit même infpirer plus de confiance.

E X E M P L E I.

774. *Suppofons que le 28 novembre 1786 étant en mer par 159°. de longitude eftimée oueft de Paris, & par 10°. 20' de latitude méridionale, trois obfervateurs, élevés au-deffus*

du niveau de la mer de 18 pieds, aient fait de concert & ensemble les observations suivantes, après la vérification de leurs instrumens. On demande la longitude déterminée par observation.

Heure des observ. à la montre.	Dist. du bord éclairé de la lune au bord du sol. le plus proc.	Hauteur du bord infé rieur du fo- leil.	Hauteur du bord supé- rieur de la lune.	Correct. des ins- trumens.		
3 h. 21' 50"	92° 29'...0"	36° 10' 40"	48° 20' 30"	pr	les dist. — 1' 10"	
3 24...	92 31 45	35 ... 10	49 ... 50		la lune + 2	
3 25 50	92 32 15	34 20...	50 10 10		le soleil + 2 30	
3 27...	92 33 10	33 10 30	51 10 0			
13 38' 40"	370° 6' 10"	138° 41' 20"	198° 41' 30"			
3. 24 40	92 31 32	34 40 20	49 40 22			
	Cor. — 1 10	Cor. + 2 30	Cor. + 2			

775 .. Après avoir obtenu comme ci-dessus le résultat moyen de chaque suite d'observations, & l'avoir corrigé de l'erreur de l'instrument, on réduira l'heure moyenne 3 h. 24' 40", comptée sur le navire, à celle que l'on compte au même instant à Paris, & on trouvera que, puisque le navire est par 159°. de longitude occidentale, on doit compter au même instant à Paris le 28 novembre 1786, à 14 h. 0' 40", tems astronomique.

On trouvera donc pour cet instant dans la connoissance des tems, & à l'aide des tables qui sont à la fin de cet Ouvrage,

Le demi-diametre du soleil . . . . . 16' 16"
Dont la parallaxe horisontale est 8",8.

Le demi-diametre de la lune . . . . 15′ 45″
L'augmentation de ce demi-diametre
    pour 49°. 42′ de hauteur   12
La parallaxe horiſ. de la lune . . . 47   41
Ou mieux ſa parallaxe de hauteur
    moins la réfraction (1) 36   45
L'inclin. de l'horiſ. pour 18 pieds   4 . 21

776... Avec ces élémens on procédera au calcul de la maniere ſuivante.

I.

On ajoutera à la diſtance
moyenne obſervée . . . . 92° 30′ 22″
    Le demi-diametre du ſoleil   +... 16   16
    Le demi-diam. de la lune qui
convient à la haut. obſervée ...   +... 15   57
    Et l'on aura la diſt. appar. du
cent. de la lune à celui du ſoleil   93°   2′ 35″

I I.

777... A la hauteur obſervée
du bord infér. du ſoleil . . . 34° 42′ 50″
    On ajoutera ſon ½ diametre...   +... 16   16
    On en retranchera l'inclinaiſ.
de l'horiſon . . . . . .   —... 4   21
    Et on aura la haut. appar. du
centre du ſoleil . . . . . 34° 54′ 45″

---

(1) Voy. la table , pag. 28 du recueil des tables ,
à la fin du II. Tome.

On y ajoutera la parallaxe du foleil, à cette hauteur . . .   +...   7″

On en retranchera la réfract.   —...   1 21

Et l'on aura la hauteur vraie du centre du foleil . . . .   34° 53′ 31″

I I I.

778... On retranchera de la haut. du bord fupér. de la lune   49° 42′ 22″

Son ½ diam. à cette hauteur...   —   15 57

L'inclin. de l'horifon vifuel...   —   4 21

Et on aura la haut. appar. du centre de la lune . . . . .   49° 22′ 4″

On y ajoutera la parallaxe de hauteur . . . .   +... 37 34

On en retranchera la réfract.   —...   49

Et on aura la hauteur vraie du centre de la lune . . . .   49° 58′ 49″

779... Connoiffant maintenant les hauteurs vraies du foleil & de la lune, leurs hauteurs apparentes, & la diftance apparente de leurs centres ; pour trouver leur diftance vraie, on pourra s'aider des confidérations fuivantes.

Soient HO l'horifon du lieu de l'obferva-   97. tion, S′ le lieu apparent du foleil, L′ le lieu apparent de la lune, S & L leurs lieux vrais ; il eft évident que s'il n'y avoit ni réfraction, ni parallaxe, les lieux apparens des deux aftres feroient auffi leurs lieux vrais, & alors la diftance apparente S′ L′ feroit auffi la dif-

tance vraie SL; mais puifqu'on a vu que le
foleil & la lune, à la hauteur apparente de
leurs centres, paroiflent l'un & l'autre trop
hauts par l'effet de la réfraction, & trop bas
par celui de la parallaxe, la diftance apparente
de leurs centres doit etre par conféquent affectée de la même erreur : donc, fi l'on a corrigé
les hauteurs apparentes pour avoir les hauteurs
vraies, il faut de même corriger la diftance
apparente pour avoir la diftance vraie.

780... Pour cet effet, connoiffant les trois
côtés du triangle fphérique L'Z S', on pourra
calculer l'angle au zénit formé par les complémens des deux hauteurs. Ayant trouvé cet
angle, on connoîtra trois chofes dans le nouveau triangle LZS, favoir, LZ & SZ complémens des hauteurs vraies des deux aftres,
avec l'angle compris qu'on vient de calculer ;
on pourra donc déterminer le côté SL, diftance vraie des deux aftres.

781... Il y a plufieurs méthodes d'abréger &
de fimplifier ce calcul. Les grandes tables
qu'on a publiées en Angleterre en 1772 pour
cet objet, font d'un grand fecours, fur-tout
pour les marins les moins inftruits ; elles font
fi détaillées & fi fimples pour l'ufage, qu'un
pilote, fans favoir l'aftronomie, peut dans une
demi heure de tems trouver la longitude en
mer, à un degré près ; il fuffit feulement de
favoir faire l'addition & la fouftraction. Comme
ces tables ne font pas entre les mains de tous
les marins, à caufe de la cherté du prix,

nous nous fervirons de la méthode ingénieufe de M. le Chevalier de *Borda*. Cette méthode eft courte & très - commode, en ce qu'elle n'emploie que des cøfinus; elle a obtenu en général le fuffrage de tous ceux qui l'ont pratiquée. On en trouve la démonftration dans l'aftronomie de M. de *Lalande* & dans les nouvelles tables des logarithmes de *Gardiner*; en voici le précepte.

782... Après avoir calculé, comme ci-deffus, la diftance apparente avec les hauteurs apparentes & vraies des deux aftres, on écrira les unes au-deffous des autres, la diftance & les hauteurs apparentes des deux aftres, la fomme & la demi-fomme de ces trois quantités, la différence de la demi-fomme à la diftance apparente, puis la hauteur vraie de chacun des deux aftres, & la demi-fomme de ces hauteurs vraies.

783... A côté des hauteurs apparentes, on écrira les complémens arithmétiques des logarithmes cofinus de ces hauteurs; à côté de la premiere demi-fomme, de la différence qui la fuit & des hauteurs vraies, on écrira les logarithmes de leurs cofinus. On prendra la fomme & la demi-fomme de ces 6 logarithmes, on retranchera de cette demi-fomme le logarithme cofinus de la demi-fomme des hauteurs vraies : le refte fera le logarithme finus d'un angle dont on cherchera la valeur dans les tables ; on prendra enfin le logarithme cofinus de cet angle, qu'on ajoutera au logarithme cofinus de la demi-fomme des hauteurs vraies , trouvé ci-deffus , & l'on aura le logarithme finus de la moitié de la diftance vraie ou corrigée que l'on cherche. Appliquons ces préceptes à notre exemple.

I V.

Diftance appar. du foleil à la lune	93° 2' 35"	
Hauteur appar. du foleil	34 54 45	C. A. du log. cof. 0,0861719
Hauteur appar. de la lune	49 22 4	C. A. du log. cof. 0,1862848
Somme	177° 19' 24"	
Demi-somme	88 39 42	Cosinus 8,3684020
Diff. de demi-som. à la dist. appar.	4 22 53	Cosinus 9.9987290
Haut. vraie du centre du foleil	34° 53' 31"	Cosinus 9,9139368
Haut. vraie du centre de la lune	49 58 49	Cosinus 9,8082456
Somme	84° 26' 10"	Somme . . . 38,3617701
Demi-fomme	42 52 20	Demi-fomme 19,1808850

Moins le cof. 42° 26' 10" — 9,8680741

Il reste log. sin. 11° 51' 31" = 9,3128109

Ajoutant $\left\{\begin{array}{l}\text{Cosinus } 42° 26' 10" \quad 9,8680741 \\ \text{Cosinus } 11 \;\; 51 \;\; 31 \quad 9,9906308\end{array}\right.$

La fomme moins log. du rayon 9,8587049

Est le sinus de 46° 14' 34"

Dont le double 92 29 8 est la distance vraie des deux astres observés.

784... Maintenant, pour trouver l'heure qu'il étoit à Paris au moment où la lune étoit à cette diftance du foleil , on cherchera dans la connoiffance des temps de 1786 deux diftances de la lune, entre lefquelles fe trouve celle qu'on vient de calculer, & l'on verra que le 28 novembre 1786, jour de l'obfervation , la diftance de la lune au foleil

étoit $\left\{\begin{array}{l}\text{de } 91° 24' 34" \text{...à... } 12\,\text{h. } 9' 16" \\ \text{de } 92 \;\; 57 \;\; 7 \text{ ...à... } 15 \quad 9 \;\; 16\end{array}\right\}$

Différ.   1.° 32' 33"...   3 h. ... 0"

785... Prenant la différence entre ces deux distances & l'heure à laquelle elles ont lieu à Paris, on verra qu'en 3 h. de tems, la distance de la lune au soleil a changé de 1° 32′ 33″. Or la distance que nous venons de calculer 92° 29′ 8″, ne diffère de celle qui la précéde & qui a lieu à Paris à 12 h. 9′ 16″, qu'en ce que celle-ci est plus petite de 1° 4′ 34″: donc par une simple proportion on conclura que la lune a mis 2 h. 5′ 34″ pour se rapprocher du soleil de 1° 4′ 34″. Ajoutant donc ces 2 h. 5′ 34″ à l'heure précédente du méridien de Paris, 12 h. 9′ 16″, on aura 14 h. 14′ 54″ pour l'heure qu'on comptoit à Paris, au moment où la distance vraie de la lune au soleil a été de 92° 29′ 8″, telle que la donne l'observation.

Opération.

```
                 Dist. vr. cherc.  92° 29' 8" . . . . . }  1e dif. 1° 4'34"
st. prises dans { Dist. précéd. . 91 24 34  à 12 h. 9' 16" }
conn. des tems. { Dist. suiv. . . 92 57  7  à 15    9 16  }  2e dif. 1° 32 33
                 Différ. des tems...           3 heures... }
```

Donc 1° 32′ 33″ : 1° 4′ 34′ :: 3 h. : x = 2 h. 5′ 34″

Calcul.

```
  { Logarithme de  3  h. . . . 4,0334238
  { Logarithme de 1°  4' 34"   3,5881596
  { Compl. arit. de 1° 32' 33" 6,2554723
```

Som. répond. à 7534″ = 2 h. . 5′ 34″. . 3,8770557

Heure de la dist. préc. + 12 h. 9′ 36″

Heure de la dist. vr. 14 h. 14′ 50″ à Paris.

V.

786... Il ne s'agit plus que de trouver l'heure vraie de la même obſervation, comptée ſous le méridien du lieu où ſe trouvoit alors le vaiſſeau. Pour cet effet on cherchera dans la connoiſſance des tems la déclinaiſon du ſoleil pour le midi qui précéde & qui ſuit le moment de l'obſervation, & l'on trouvera

Pour $\left\{\begin{array}{l}\text{le 28 nov. à midi } 21^\circ\ 25'\ 4''\\ \text{le 29} \quad . \quad . \quad . \quad 21 \quad 35\ 15''\end{array}\right\}$ décli. auſtrale.

Différence . . . $\overline{\quad 10'\ 11''}$

La différence entre ces deux nombres fait voir que la déclinaiſon du ſoleil augmente de $10'\ 11''$ dans l'eſpace de 24 heures : donc par une ſimple proportion on trouvera qu'en 14 h. $14'\ 54''$, moment de l'obſervation compté à Paris, elle doit augmenter de $0^\circ\ 6'\ 2''$. Cette augmentation, ajoutée à la déclinaiſon du 28 novembre à midi, donne $21^\circ\ 31'\ 6''$ pour la déclinaiſon du ſoleil, le 28 novembre à 14 h. $14'\ 50''$.

Opération.

$$24\,\text{h.} : 14\,\text{h.}\ 14'\ 50'' :; \ 0^\circ\ 10'11'' : x = 0^\circ\ 6'\ 2''$$

$\left\{\begin{array}{l}\text{Logarithme de } 14\,\text{h.}\ 14'\ 50'' = 51290''.. \quad 4{,}7100327\\ \text{Logarithme de } \quad 0^\circ\ 10'\ 11'' = ...\ 611''.. \quad 2{,}7860412\\ \text{Compl. arit. de 24 h.} \quad . \quad . \quad . \quad . \quad . \quad 5{,}0634863\end{array}\right.$

La ſom. de ces log. rép à $362'' = 0^\circ\ 6'\ 2''$.. $\overline{2{,}5595602}$

787... Connoiſſant maintenant la hauteur

vraie du foleil, fa déclinaifon, au moment précis de l'obfervation compté à Paris, & la latitude du vaiffeau, on aura, dans les complémens de ces trois quantités, les trois côtés d'un triangle fphérique, tel que PZS (fig. 95) dont il s'agit de calculer l'angle horaire ZPS formé au pole par le complément SP de la déclinaifon, & par PZ complément de la latitude.

788... Pour faire ce calcul, fuivant ce qui a été enfeigné (672 & fuiv.), on prendroit la fomme & la ½ fomme de ces trois quantités, de la demi-fomme on retrancheroit fucceffivement chacun des deux côtés qui comprennent l'angle cherché, ce qui donneroit deux reftes; aux complémens arithmétiques des deux côtés de l'angle horaire on ajouteroit les finus de ces reftes, & la demi-fomme de ces quatre logarithmes feroit la moitié de l'angle horaire cherché.

Mais, pour nous conformer entiérement à la méthode de M. le Chevalier de *Borda*, on écrira dans l'ordre fuivant:

1°. La hauteur vraie du foleil.
2°. La diftance du foleil au pole élevé.
3°. La latitude du vaiffeau.

On prendra la fomme & la demi-fomme de ces trois quantités, & enfuite la différence de cette demi-fomme à la hauteur vraie du foleil ; on ajoutera les complemens arithmétiques du logarihme finus de la diftance polaire & du logarithme cofinus de la latitude, plus le logarithme cofinus de la ½ fomme & le logarithme finus de la différence; la moitié de la fomme de ces 4 quantités fera le logarithme finus de la moitié de l'angle horaire, dont la valeur cherchée dans les tables, & enfuite multipliée par 8 (en regardant les degrés, minutes, &c. de ce produit, comme des minutes, fecondes, &c. de tems) donnera l'heure vraie du vaiffeau.

789... On multiplie la moitié de l'ang. hor. par 8, parce qu'il auroit fallu d'abord le multiplier par 2, pour le doubler, & enfuite le multiplier par 4, pour le réduire en tems; on a donc plutôt fait de le multiplier tout de fuite par 8.

Opération.

Haut. vraie du foleil...	34° 43′ 31″			
Distance polaire.....	68 18 54	Compl. A. log. sin.	0,0313769
Latitude du vaisseau...	10 20 ″	Compl. A. log. cof.	0,0071016
Somme.....	113° 42′ 25″		
Demi-fomme...	56 51 12	Logarithme cosin.	9,7378159
Diffé. à la haut. vr.	21 57 41	Logarithme sinus.	9,5728503
		Somme.....	19,3491447
		Demi-somme.	9,6745723

Cette ½ fomme eft log. fin. de 28° 12′ 31″ }
                              8 }

Valeur de l'angle horaire 3 h. 45′ 40″ 8‴ } C'eft l'heure précife qu'on doit compter fur le vaiffeau au moment de l'obfervation ; mais l'obfervation marquée à la montre étoit de 3 h. 34′ 40″ ; donc la montre retarde de 11′.

V I.

790... Connoiffant enfin, pour le même inf-

tant de l'obfervation de la diftance de la lune au foleil,

Savoir {
l'heure vraie du mér. de Paris 14 h. 14′ 50″
l'heure vraie du mér. du vaif. 3   45 40

On aura pour la dif. des mér. en tems... 10 h. 29′ 10″
Ce tems, réduit en degrés, donnera... 157° 17′ 30″ pour la longitude du vaiffeau, laquelle eft occidentale.

791... En réfumant toutes les opérations néceffaires au calcul d'une longitude, on voit qu'elles fe réduifent à ces trois chefs principaux.

I.

Connoiffant par obfervation la diftance de la lune au foleil ou à une étoile, réduire la hauteur des deux aftres obfervés à leur hauteur vraie.

I I.

Réduire la diftance apparente des deux aftres à leur diftance vraie.

I I I.

Calculer l'heure qu'on doit compter à bord au moment de l'obfervation de la diftance; la différence, entre l'heure comptée à Paris & celle comptée à bord du vaiffeau, donnera la longitude cherchée.

On verra dans le tableau ci-joint l'ordre de toutes ces opérations, & la place que doivent occuper les élémens qui entrent dans le calcul de cet exemple.

EXEMPLE II.

792.. Le 6 février 1786, étant par 5° 10' de latitude nord, & par 145° de latitude estimée Est de Paris, un seul observateur élevé de 16 pieds au-dessus du niveau de la mer, & muni d'un instrument exact, a pris consécutivement trois hauteurs du bord supérieur de la lune & trois hauteurs de l'étoile appellée Regulus; puis trois distances du bord éclairé de la lune à Regulus; ensuite trois hauteurs de Regulus, & autant du bord supérieur de la lune. L'instant de chaque observation a été marqué à la montre, ainsi qu'on le voit ci-après. On demande de déterminer la longitude du vaisseau, au moment de l'observ. de la dist. moyenne des deux astres.

Observations.

Heure à la montre.	Haut. du bord sup. de la lune.	Heure à la montre.	Haut. de Regulus.	Heure à la montre.	Dist. du bord éclairé de la ☽-✳
	Avant les distances.		Avant les distances.		
9 h. 48' 10"	58° 18' 50"	9 h. 52'..0"	40° 44' 20"	9 h. 55' 50"	50° 25' 30"
9 50	58 22 10	9 53 20	40 40	9 57 10	50 26...
9 51 30	58 26 40	9 54 40	40 36 40	9 59..."	50 28 10
29 h. 29' 40"	175° 7' 40"	29 h. 40' 0"	122° 1' 0'	29 h. 52'..0"	151° 19' 40"
9 49 40	58 22 33	9 53 20	40 40 20	9 57 20	50 26 33
Heure moy.	Haut. moy.	Heure moy.	Haut. moy.	Heure moy.	Dist. moy.
	Après les dist.		Après les dist.		
10 h. 8 "	59° 32' 10"	10 h. 3'..."	40° 18' 10"		
10 9 30	59 35 55	10 4 30	40 14 50		
10 10	59 39 10	10 6 0	40 10...		
30 h. 27' 30"	178° 47' 15"	30 h. 13' 30'	120° 43'...		
10 9 10	59 35 45	10 4 30	40 14' 20		
Heure moy.	Haut. moy.	Heure moy.	Haut. moy.		

793... Reduction des hauteurs moyennes de chaque astre à une seule hauteur.

1°. *Pour la Lune.*

		Differ. des tems.
...ure moyenne des dist. . . . . à 9 h. 57′ 20″ }	o h. 7′ 40″. log. 2,6627578
...de la L^e avant les dist. 58° 22′ 33″ à 9 49′ 40 }	o 19 30 C. A. 6,9318141.
...de la L^e après les dist. 59 35 45 à 10 9 10 }	
...férence des hauteurs. 1 13 12 . . . . Logar. 3,6426623	

...logar. som. répond à 0° 28′ 46″ — Somme 3,2372342
...a donc cette prop. o h. 19′ 30″ : o h. 7′ 40″ : : 1° 13′ 12″ × x = 0° 28′ 46″ }
...ut. moyenne de la lune avant les dist. . . . . . 58 22 33 }

...ut. du bord supérieur de la lune — 58° 51′ 19″ à 9 h. 57′ 20″.

2°. *Pour Regulus.*

		Différence des tems.
...ure moyenne des distances . . à 9 h. 57′ 20″ }	o h. 4′ .. 0″ log. 2,3802112
...de Reg. avant les dist. 40° 40′ 20″ à 9 53 20 }	
...de Reg. après les dist. 40 14 90 à 10 4 30 }	o 11 10 .. C. A. 7,1739252
...férence des hauteurs . . 26′ 20″ . . . . . Logarithme 3,1931246	

...logarithme répond à .. 9′ 18″ . . . . . . Somme ... 2,17472610
...a donc cette prop. o h. 11′ 10″ : o h. 4′ : : 0° 26′ : x = 0° 9′ 18″ }
...ut. moyenne de Regulus avant les distances . . 40 14 20 }

...uteur de Regulus . . . . 40° 23′ 38″ à 9 h. 57′ 20″

794... Il résulte donc des observations précédentes qu'à 9 h. 57′ 20″, marquées à la montre,

La dist. du bord éclairé de la lune à Regulus étoit de . . . . 50° 26′ 33″

La haut. du bord supérieur de la lune étoit de 58 51 19

Et la hauteur de Regulus de . . . 40 23 38

Ce sont-là les nombres qu'il faut employer pour le calcul de la longitude, de la maniere qui suit.

795... Puisque le navire est par 145° de long. orientale, on doit compter à Paris 9 h. 40′ de moins que sur le vaisseau : donc au lieu du 6 février à 9 h. 57′ 20″ qu'on compte sur le vaisseau au moment de l'observation, on ne doit compter à Paris que le 6 février 1787 à 17′ 20″ après midi. On trouvera donc pour cette époque, dans la connoissance des tems & par les tables qui sont à la fin de cet Ouvrage,

I.

Savoir
- Le demi-diametre horisontal de la lune... 0° 15′ 12″
- L'augm. de ce diam. pour 58° 5′ de haut. 12
- La parallaxe horisontale de la lune ; . . . 58 48
- Ou mieux la paral. de haut. moins la refr..(1) 30 7

796... Dist. obs. de la Lc à Reg. 50° 26′ 33″
Demi-diam. de la lune augmenté + 15 24

Dist. apparente des deux astres .. 50° 41′ 27″

I I.

797. Haut. observée du bord
supérieur de la lune . . . . . 58° 51′ 19″
Demi-diametre de la lune . . . . — 15 24
Inclinaison de l'horison . . . — 4 6

Haut. apparente de la lune . . . 58° 31′ 49″
Parallaxe de hauteur . . . . . —30 42
Refraction . . . . — 35

Haut. vraie du centre de la lune 59° 1′ 56″

---

(1) Voyez pag. (28) du recueil des tables.

III.

III.

800... Haut. obferv. de Reg. 40° 23′ 38″
Inclinaifon de l'horifon . . .—... 4   6

Hauteur apparente de Regulus. 40° 19′ 32″
Refraction . . . .—... 1   8

Hauteur vraie de Regulus... 40° 18′ 24″

IV.

801... *Reduction de la diftance apparente à
la diftance vraie des deux aftres.*

Dift. appar. des 2 aftres 50° 41′ 57″ C. A. cof.   0,2822895
Haut. appar. de la lune 58 31 49 C. A. cof.   0,1178285
Haut. appar. de Reg. 40 19 32

Somme . . 149° 33′ 18″
Demi-fomme . . .74 46 39 Cofinus ..   9,4192421
Diff. de la ½ fom. à la dift. ap. 24   4 42 Cofinus ..   9,9604653

Haut. vraie de la lune 59° 1′ 56″ Cofinus ..   9,7114326
Haut. vraie de Regulus 40 18 24 Cofinus ..   9,8822929

Somme . . .99° 20′ 20″ Somme ..   39,3735511
Demi-fomme . . .49 40 10 ½ fomme..   19,6867755
moins cof. 49° 40′ 10″— 9,8110609

Il refte log. fin. 48 41 17 ..   9,8757146

ajoutant { cofinus 48° 41′ 17″..   9,8196481
          { cofinus 49 40 10 ..   9,8110609

La fomme de ces deux log. moins celui du rayon 9,6307090
Eft le log. de 25° 17′ 41″ moitié de la dift. vraie cherchée,
laquelle multipliée par 2

donne . . . 50° 35′ 22″ pour dift. vraie de la lune à Reg.

Tome II.   P

```
                                                      } 1ᵉ diffé.
       Dist. vr. calc.  .  .  . ... 50° 35' 22" } 1°  6' 44".Log.
Dist. prifes {Dist. précéd. à 18 h, 9' 16"..49° 28' 38" } 2ᵉ diffé.
dans les tab.{Dist. fuiv.   à 21   9 16 ..51 10 44 } 1° 42 6...C. A.
       Diffé. des tems .. 3 h.  .  .  .  .  .  .  .  .  .  . Log.

On a donc cette prop. 1° 42' 6": 1° 6' 44" : : 3 h : x = 1 h 57' 38" } Som
Heure de la distance précédente des tables .. .. 18   9 16 }

Heure de la distance vraie à Paris  .  .  .  . . 20 h 6' 54"
```

V.

802... Il refte maintenant à trouver l'heure précife qu'on doit compter au même inftant fur le vaiffeau; la différence des tems entre Paris & le lieu de la mer où eft le vaiffeau, donnera la différence des méridiens, & par conféquent la longitude demandée.

803 ... Pour trouver l'heure qu'on doit compter à bord, on cherchera l'heure du paffage de l'étoile au méridien (527), & enfuite l'angle horaire de cette étoile au moment de l'obfervation de la diftance (677). La valeur de cet angle réduite en tems de la maniere enfeignée (686), & ajouté à l'heure du paffage de l'étoile par le méridien (681), donnera l'heure vraie de l'obfervation à bord du vaiffeau.

804... On ajoute ici l'angle horaire de Regulus à l'heure de fon paffage au méridien, parce que cette étoile a été obfervée à l'occident, c'eft-à-dire, lorfqu'elle baiffoit; on l'en retrancheroit au contraire, fi l'étoile avoit été obfervée à l'orient, ou avant fon paffage au méridien.

Calcul du paſſage de Regulus au méridien.

805... Aſcenſion dr. de *Reg.* pour 1787 . . . . . . 9 h. 57′ 1″
Aſcenſion droite du ſoleil le 5 fév. 1787 à 14 h. 20ᶜ..21 h. 18 59

                    Somme . . . . 31 h. 16′ 0″
                    Moins . . . . —24

Heure approchée du paſſage de *Regulus* au méridien 7 h. 16′ 0″
Mouv. du ſol. en aſc. dr. pour 7 h. 16ᵃ à raiſ. de 4′ p. 24 h. — 1′ 12

Heure préciſe du paſſage de *Regulus* au méridien . . 7 h. 14′ 48″

806... *Calcul de l'angle horaire.*

Hauteur vraie de *Regulus*   40° 18′ 24″
Diſtance polaire . . . . 76 59 25   C. A. ſin. 0,0112799
Latitude du vaiſſeau . . . 5 10   0″ C. A. coſ. 0,0017682

         Somme . . . . . 122° 28′ 16″
         Demi-ſomme . . 61 14 8   Coſinus 9,6823345
Dif. de cette ½ ſom. à la haut. vr. 20 55 44   Sinus 9,5529224

                    Somme . . . 19,2483050
                    Demi-ſomme . . 9,6241525
Cette ½ ſom. eſt le log. ſin. de 24° 53′ 23″
                              8

Valeur de l'angle hor. 3 . h. 19′ 7″ 4‴ exprimée en heu. ſol.

807... Il faut donc corriger ce tems ſolaire
de toute la quantité dont les étoiles anticipent
ſur le ſoleil. Or cette quantité, dans l'eſpace
de 24 heures, eſt exprimée par la différence
qu'il y a entre l'aſcenſion droite du ſoleil d'un
jour à l'autre (680). Ayant donc trouvé dans
la connoiſſance des tems, que cette différence,
du 5 au 6 de février à midi, eſt de 1° 0′ 4″, qui

valent 4 minutes de tems, on conclura qu'elle doit être de 33″ pour 3 heures 19′ 7″. On retranchera donc ces 33″ de la valeur de l'angle horaire, & le reste 3 h. 18′ 34″ sera la valeur précise de cet angle.

Ensuite ajoutant . . . . . . 3 h. 18′ 34″
avec l'heure du passage de l'étoile
à l'heure du passage de l'étoile
au méridien . . . . 7 . 14 48

la somme . . . . 10 h. 33′ 22″
fera l'heure précise comptée sur le vaisseau, au moment de l'observation de la distance de la lune à Regulus ; mais la montre marquoit alors 9 h. 57′ 20″, donc elle retardoit de 36′ 2″.

V I.

808... Si l'on compare maintenant l'heure comptée sur le vaisseau avec l'heure comptée à Paris ,

{ Heure comptée sur le vaisseau 10 h. 33′ 22″
{ Heure comptée à Paris . . . 20   6 54

La diff. entre ces deux instans. 9 h. 33′ 32″ sera la différence des méridiens entre ces deux lieux, laquelle étant réduite en degrés, donnera 143° 23′ pour la longitude du vaisseau, à l'est du méridien de Paris.

F I N.

RECUEIL

DES TABLES

Nécessaires aux différentes parties de cet Ouvrage.

TABLE pour réduire le tems en parties de l'Equateur, ou en degrés de longitude terrestre.

Heur.	Degrés.	Minutes Second. Tierces	Deg. Min. Min. Sec. Sec. Tierc.		Minut. Second. Tierces	Deg. M. M. Sec. S. Tierc	
1	15	1	0	15	31	7	45
2	30	2	0	30	32	8	0
3	45	3	0	45	33	8	15
4	60	4	1	0	34	8	30
5	75	5	1	15	35	8	45
6	90	6	1	30	36	9	0
7	105	7	1	45	37	9	15
8	120	8	2	0	38	9	30
9	135	9	2	15	39	9	45
10	150	10	2	30	40	10	0
11	165	11	2	45	41	10	15
12	180	12	3	0	42	10	30
13	195	13	3	15	43	10	45
14	210	14	3	30	44	11	0
15	225	15	3	45	45	11	15
16	240	16	4	0	46	11	30
17	255	17	4	15	47	11	45
18	270	18	4	30	48	12	0
19	285	19	4	45	49	12	15
20	300	20	5	0	50	12	30
21	315	21	5	15	51	12	45
22	330	22	5	30	52	13	0
23	345	23	5	45	53	13	15
24	360	24	6	0	54	13	30
25	375	25	6	15	55	13	45
26	390	26	6	30	56	14	0
27	405	27	6	45	57	14	15
28	420	28	7	0	58	14	30
29	435	29	7	15	59	14	45
30	450	30	7	30	60	15	0

TABLE pour réduire en tems les parties de l'Equa-
teur, ou les degrés de longitude terreftre.

Degrés Minut. Second	Heur. Min. Min. sec. sec. Tierc		Degrés Minut. Second	Heur. Min. Min. Sec. Seç. Tierc.		Deg.	H. Min	
I	0	4	31	2	4	70	4	40
2	0	8	32	2	8	80	5	20
3	0	12	33	2	12	90	6	0
4	0	16	34	2	16	100	6	40
5	0	20	35	2	20	110	7	20
6	0	24	36	2	24	120	8	0
7	0	28	37	2	28	130	8	40
8	0	32	38	2	32	140	9	20
9	0	36	39	2	36	150	10	0
10	0	40	40	2	40	160	10	40
11	0	44	41	2	44	170	11	20
12	0	48	42	2	48	180	12	0
13	0	52	43	2	52	190	12	40
14	0	56	44	2	56	200	13	20
15	1	0	45	3	0	210	14	0
16	1	4	46	3	4	220	14	40
17	1	8	47	3	8	230	15	20
18	1	12	48	3	12	240	16	0
19	1	16	49	3	16	250	16	40
20	1	20	50	3	20	260	17	20
21	1	24	51	3	24	270	18	0
22	1	28	52	3	28	280	18	40
23	1	32	53	3	32	290	19	20
24	1	36	54	3	36	300	20	0
25	1	40	55	3	40	310	20	40
26	1	44	56	3	44	320	21	20
27	1	48	57	3	48	330	21	0
28	1	52	58	3	52	340	22	40
29	1	56	59	3	56	350	23	20
30	2	0	60	4	0	360	24	0

TABLE des Latitudes croissantes ou des grandeurs qu'on doit donner aux divisions du Méridien, dans les cartes réduites.

M	D	Gdr.	D	Gdr.	D	Gdr.	D	Gdr.	D	Gdr.	D	Gdr.	D	Gdr.
0	0	0	7	421	14	848	21	1289	28	1751	35	2244	42	2782
10		10		431		859		1300		1762		2256		2795
20		20		441		869		1311		1774		2269		2809
30		30		451		879		1321		1785		2281		2822
40		40		461		890		1332		1797		2293		2836
50		50		471		900		1343		1808		2306		2849
0	1	60	8	482	15	910	22	1354	29	1819	36	2318	43	2863
10		70		492		921		1364		1831		2330		2877
20		80		502		931		1375		1842		2343		2890
30		90		512		941		1386		1854		2355		2904
40		100		522		952		1397		1865		2368		2918
50		110		532		962		1408		1877		2380		2932
0	2	120	9	542	16	973	23	1419	30	1888	37	2393	44	2946
10		130		552		983		1429		1900		2405		2960
20		140		562		993		1440		1911		2418		2974
30		150		573		1004		1451		1923		2430		2988
40		160		583		1014		1462		1935		2443		3002
50		170		593		1025		1473		1946		2456		3016
0	3	180	10	603	17	1035	24	1484	31	1958	38	2468	45	3030
10		190		613		1046		1495		1970		2481		3044
20		200		623		1056		1506		1981		2494		3058
30		210		634		1067		1517		1993		2506		3073
40		220		644		1077		1528		2005		2519		3087
50		230		654		1088		1539		2017		2532		3101
0	4	240	11	664	18	1098	25	1550	32	2028	39	2545	46	3116
10		250		674		1109		1561		2040		2558		3130
20		260		684		1119		1572		2052		2571		3144
30		270		695		1130		1583		2064		2584		3159
40		280		705		1140		1594		2076		2597		3173
50		290		715		1151		1605		2088		2610		3188
0	5	300	12	725	19	1161	26	1616	33	2099	40	2623	47	3203
10		310		736		1172		1628		2111		2636		3217
20		320		746		1183		1639		2123		2649		3232
30		330		756		1193		1650		2135		2662		3247
40		341		766		1204		1661		2147		2675		3262
50		351		776		1214		1672		2159		2688		3277
0	6	361	13	787	20	1225	27	1684	34	2171	41	2702	48	3291
10		371		797		1236		1695		2184		2715		3306
20		381		807		1246		1706		2196		2728		3321
30		391		818		1257		1717		2208		2741		3337
40		401		828		1268		1729		2220		2755		3352
50		411		838		1279		1740		2232		2768		3367

Suite de la TABLE des Latitudes croissantes, ou des grandeurs qu'on doit donner aux divisions du Méridien, dans les Cartes réduites.

M	D	Gdr.	D	Gdr.	D	Gdr.	D	Gdr.	D	Gdr.	D	Gdr.
0	49	3382	56	4074	63	4905	70	5966	77	7467	84	10137
10		3397		4092		4927		5995		7512		10234
20		3413		4110		4945		6025		7557		10334
30		3428		4128		4972		6055		7603		10437
40		3443		4146		4994		6085		7650		10543
50		3459		4164		5017		6115		7697		10652
0	50	3474	57	4183	64	5039	71	6146	78	7745	85	10765
10		3490		4201		5062		6177		7793		10881
20		3506		4219		5085		6208		7842		11002
30		3521		4238		5108		6239		7892		11127
40		3537		4257		5132		6271		7942		11257
50		3553		4275		5155		6303		7994		11392
0	51	3569	58	4294	65	5179	72	6335	79	8046	86	11533
10		3585		4313		5202		6367		8099		11679
20		3601		4332		5226		6400		8152		11832
30		3617		4351		5250		6433		8207		11992
40		3633		4370		5275		6467		8262		12160
50		3649		4390		5299		6500		8313		12336
0	52	3665	59	4409	66	5323	73	6534	80	8375	87	12522
10		3681		4429		5348		6569		8433		12719
20		3698		4448		5373		6603		8492		12927
30		3714		4468		5398		6638		8552		13149
40		3731		4488		5423		6674		8614		13387
50		3747		4507		5448		6710		8676		13641
0	53	3764	60	4527	67	5474	74	6746	81	8739	88	13917
10		3780		4547		5500		6782		8804		14216
20		3797		4568		5526		6819		8869		14543
30		3814		4588		5552		6856		8936		14906
40		3831		4608		5578		6894		9005		15311
50		3848		4629		5604		6932		9074		15770
0	54	3865	61	4649	68	5631	75	6970	82	9146	89	16300
10		3882		4670		5658		7009		9218		16926
20		3899		4691		5685		7048		9292		17694
30		3916		4712		5712		7088		9368		18682
40		3933		4733		1739		7128		9446		20075
50		3951		4754		5767		7169		9525		21418
0	55	3968	62	4775	69	5794	76	7210	83	9606	90	infinie
10		3985		4796		5822		7251		9689		
20		4003		4818		5851		7294		9774		
30		4021		4839		5879		7336		9861		
40		4038		4861		590		7379		9951		
50		4056		4883		5937		7423		10043		

*Pour calculer le tems vrai des phaſes de la Lune,
pour le Méridien de Paris.*

TABLE I. POUR LES ANNÉES.

Années.	J.	H.	M.	A	P	Années.	J.	H.	M.	A	P
Biſſ. 1780	4	18	2	927	1	Com 1800	2	4	33	908	2
1781	1	12	2	55	2	1801	6	7	43	304	4
1782	5	15	12	452	4	1802	3	1	43	433	1
1783	2	9	12	580	1	1803	7	4	53	829	3
Biſſ. 1784	5	12	22	977	3	Biſſ. 1804	2	22	53	958	4
1785	2	6	22	105	4	1805	7	2	3	354	2
1786	6	9	32	502	2	1806	3	20	3	483	3
1787	3	3	32	530	3	1807	0	14	3	611	4
Biſſ. 1788	6	6	43	27	1	Biſſ. 1808	3	17	13	8	2
1789	3	0	42	155	2	1809	0	11	13	136	3
1790	7	3	53	551	4	1810	4	14	23	533	1
1791	3	21	52	680	1	1811	1	8	23	661	2
Biſſ. 1792	7	1	3	76	3	Biſſ. 1812	4	11	33	57	4
1793	3	19	3	205	3	1813	1	5	33	186	1
1794	0	13	2	333	1	1814	5	8	44	582	3
1795	4	16	13	730	3	1815	2	2	43	711	4
Biſſ. 1796	0	10	12	858	4	Biſſ. 1816	5	5	54	107	2
1797	4	13	23	255	2	1817	1	23	53	236	3
1798	1	7	22	383	3	1818	6	3	4	632	1
1799	5	10	33	780	1	1819	2	21	4	751	2

*Pour calculer le tems vrai des Phases de la Lune,
pour le Méridien de Paris.*

TABLE II. POUR LES MOIS.

Mois.	J.	H.	M.	A	P	Mois.	J.	M.	H.	A	P
Janvier.	7	9	34	269	1	Juillet.	3	12	48	698	1
	14	19	14	538	2		10	21	27	965	2
	22	4	53	806	3		18	6	8	232	3
	29	14	31	75	4		25	14	50	500	4
Février.	6	0	7	343	1	Août.	1	23	35	767	1
	13	9	41	611	2		9	8	23	34	2
	20	19	13	880	3		16	17	13	302	3
	28	4	41	148	4		24	2	7	569	4
Mars.	7	14	7	416	1		31	11	4	837	1
	14	23	29	684	2	Septemb.	7	20	6	105	2
	22	8	47	952	3		15	5	10	372	3
	29	18	0	220	4		22	14	19	640	4
Avril.	6	3	10	488	1		29	23	32	908	1
	13	12	16	756	2	Octobre.	7	8	48	176	2
	20	21	17	24	3		14	18	8	444	3
	28	6	15	291	4		22	3	31	712	4
Mai	5	15	8	559	1		29	12	57	981	1
	12	23	58	826	2	Novemb.	5	22	26	249	2
	20	8	45	94	3		13	7	57	517	3
	27	17	29	361	4		20	17	31	786	4
Juin.	4	2	11	628	1		28	3	6	54	1
	11	10	52	896	2	Décemb.	5	12	43	323	2
	18	19	31	163	3		12	22	21	591	3
	26	4	9	430	4		20	8	1	860	4
							27	17	40	129	1

Dans les mois de Janvier & Février , il faut ajouter
un jour au tems de la phase trouvée par ces Tables.

IIIᵉ TABLE servant de suite aux deux précédentes.

EQUATION qu'il faut toujours ajouter aux jours, heures & minutes trouvées par les Tables 1 & 2, selon la somme des nombres A, & selon que la somme des nombres P, indique une Syzigie, ou une Quadrature.

	Syzig.		Quadr.			Syzig.		Quadr.			Syzig.		Quadr.	
A	H	M	H	M	A	H	M	H	M	A	H	M	H	M
0	15	14	15	14	330	23	23	28	20	670	6	57	2	2
10	15	54	16	12	340	23	3	27	50	680	6	38	1	35
20	16	33	17	10	350	22	41	27	17	690	6	21	1	11
30	17	13	18	7	360	22	17	26	41	700	6	7	0	51
40	17	52	19	4	370	21	52	26	9	710	5	55	0	34
50	18	30	20	0	380	21	26	25	22	720	5	43	0	20
60	19	7	20	55	390	20	59	24	39	730	5	35	0	10
70	19	43	21	48	400	20	30	23	54	740	5	28	0	3
80	20	17	22	39	410	19	59	23	7	750	5	24	0	0
90	20	50	23	29	420	19	31	23	18	760	5	22	0	0
100	21	22	24	17	430	19	0	21	28	770	5	23	0	5
110	21	52	25	3	440	18	28	20	36	780	5	26	0	13
120	22	20	25	45	450	17	55	19	44	790	5	31	0	24
130	22	45	26	26	460	17	23	18	50	800	5	39	0	39
140	23	9	27	4	470	16	50	17	56	810	5	49	0	53
150	23	31	27	39	480	15	16	17	1	820	6	2	1	20
160	23	51	28	11	490	15	42	16	6	830	6	17	1	45
170	24	8	28	40	500	15	9	15	10	840	6	34	2	15
180	24	22	29	5	510	14	35	14	14	850	6	54	2	47
190	24	35	29	27	520	14	1	13	15	860	7	16	3	22
200	24	45	29	46	530	13	28	12	24	870	7	40	4	0
210	24	52	30	0	540	12	55	11	30	880	8	6	4	41
220	24	57	30	12	550	12	22	10	36	890	8	34	5	24
230	25	0	30	19	560	11	50	9	44	900	9	4	6	10
240	25	0	30	24	570	11	18	8	52	910	9	36	6	57
250	24	58	30	24	580	10	47	8	2	920	10	9	7	47
260	24	53	30	21	590	10	19	7	14	930	10	44	8	39
270	24	47	30	14	600	9	48	6	27	940	11	20	9	32
280	24	38	30	3	610	9	20	5	42	950	11	57	10	27
290	24	26	29	49	620	8	53	4	59	960	12	35	11	23
300	24	14	29	32	630	8	27	4	19	970	13	14	12	20
310	23	59	29	11	640	8	2	3	41	980	13	54	13	17
320	23	42	28	47	650	7	39	3	5	990	14	34	14	15
330	23	23	28	20	660	7	17	2	32	1000	15	14	15	14

	Syzigies.	Quadratures.
P. étant	1 ou 5 indique une N. L⁽ᵉ⁾.	2 ou 4 indiq. 1ᵉʳ Q.
	3 ou 7 indique une P. L⁽ᵉ⁾.	4 ou 8 indiq. dᵉʳ Q.

TABLE du retardement des Marées.

Les quantités exprimées par cette Table doivent toujours être ajoutées à l'heure de l'établissement d'un port, pour avoir le moment de la pleine Mer un jour proposé. On retranchera douze heures de la somme, si elle surpasse ce nombre.

Intervalle de Tems		Après la nouvelle & pleine lune		Avant le premier & dern. quar.		Après le premier & dern. quart.		Avant la nouvelle & pleine Lune.	
Jrs.	H.	H.	M.	H.	M.	H.	M.	H.	M.
0	0	0	0	5	6	5	6	0	0
	3	0	4	4	58	5	14	11	56
	6	0	8	4	51	5	22	11	51
	9	0	13	4	44	5	31	11	47
	12	0	17	4	37	5	40	11	42
	15	0	22	4	30	5	50	11	37
	18	0	26	4	23	6	0	11	33
	21	0	31	4	16	6	10	11	28
1	0	0	36	4	9	6	20	11	23
	3	0	41	4	3	6	29	11	18
	6	0	45	3	56	6	39	11	13
	9	0	49	3	50	6	49	11	8
	12	0	54	3	44	6	58	11	3
	15	0	58	3	38	7	8	10	58
	18	1	2	3	32	7	18	10	53
	21	1	7	3	27	7	27	10	48
2	0	1	11	3	21	7	37	10	43
	3	1	15	3	16	7	46	10	37
	6	1	19	3	11	7	56	10	32
	9	1	24	2	6	8	5	10	27
	12	1	28	3	1	8	14	10	21
	15	1	32	2	56	8	23	10	15
	18	1	37	2	50	8	31	10	9
	21	1	41	2	45	8	39	10	3
3	0	1	46	2	40	8	47	9	56
	3	1	50	2	35	8	55	9	50
	6	1	54	2	30	9	2	9	44
	9	1	59	2	25	9	9	9	37
	12	2	3	2	21	9	17	9	31
	15	2	7	2	16	9	24	9	24
	18	2	12	2	12	9	31	9	16
	21	2	16	2	7	9	37	9	9
4	0	2	21	2	3	9	44	9	2

TABLE

De l'etablissement des principaux Ports, ou de l'heure à laquelle la pleine mer y arrive les jours de nouvelle ou pleine lune.

En jettant les yeux sur cette table, qui commence par les côtes d'Espagne & de Portugal, on voit que la marée, qui arrive à 12 heures ou à midi à Gibraltar lors des nouvelles & pleines lunes, va toujours en retardant à mesure qu'elle s'éloigne de l'équateur ; qu'elle arrive plutôt ou plutard dans certains ports, à raison de leur proximité ou de leur éloignement de la mer, & suivant la situation ou le gissement des côtes dans ces parages.

Les observations qu'on va rapporter ici sont tirées de différens volumes de la connoissance des tems, de la relation du Voyage de M. de *Fleurieu* sur la frégate l'*Isis*, de celui de MM. de *Borda*, *Verdun* & *Pingré* sur la frégate *la Flore*, & du 4e. volume d'astronomie de M. de *Lalande*.

Côtes d'Espagne & de Portugal.	Etablissement.		la plus gr. hau. de la marée.
	H.	M.	Pieds.
Gibraltar	12	0	
Cadix	4	30	
S. Lucar de Barameda	1	45	10 p.
Palos	12	45	
Ayamonte & Tavira	1	30	
Faro	2	15	

Côtes d'Espagne & de Portugal.	Establis-sement.		La plus gr. hau. de la marée.
	H. M.		Pieds.
Lagos & Cap S. Vincent	3		
Setubal	4	30	
Lisbonne	2	15	
Embouchure de la riviere de Mon-tego	3	0	12
Bayonna, Vigo, Ponte-Vedre & Mouros	3	45	
La Corogne, Betance, Ferol Vivere, S. Andero & Bilbao . . .	3	45	
S. Sébastien, le Passage	3	15	15
S. Jean de Luz	3	30	

FRANCE.

Côtes de Gascogne, de Guienne, d'Aunis & de Poitou.

Bayonne	3	45	
Mémissan	3	15	
Dans le bassin d'Arcachon. . . .	3	45	
Tour de Cordouan . . . . . . Entrée de la Garonne ou Gironde, Royan	3	45	
Bordeaux, devant la Bourse . . .	6	43	
Passage de Maumusson	3	30	
Embouchure de la Seudre, Maren-nes . . . . Entrée de la Charente, Isle d'Ole-leron	3	45	15
Rochefort	4	15	
La Rochelle	3	45	
Dans les pertuis Breton & d'An-tioche	3	30	
Isle de Ré, Olonne	3	15	
Isle-Dieu	3	0	
Beauvoir	3	15	

Côtes de Bretagne.	Établissement.		La plus gr. hau. de la marée.
	H.	M.	Pieds.
Isle de Noirmoutier •	3	15	
Bourneuf	4	. .	
Embouchure de la Loire	3	45	
Paimbeuf.	5	30	
Nantes, sous la Ville	6	0	
Le Croisic, Penners . . . ⎫			
Embouchure de la Vilaine ⎬ . . .	3	45	
La Roche-Bernard	4	30	
Morbian	3	.	12
Van es & Auray	3	45	
Belle-Isle & Groais	3	30	
Port-Louis	4	.	
Concarneau	3	45	
Pennemarc & Hodierne	3	30	
Passage du Raz des Saints ou de Fon-tenay	4	.	
Passage de l'Irise	4	45	
Baie de Duarnenès	3	15	. . 20
Brest, dans la rade	3	30	
Brest, dans le port	3	45	20
Rad s de Berthaume, de S. Mathieu & du Conquet	3	0	
Passage du Four entre la Bretagne & l'Isle d'Ouessant	4	0	. . 18
Isle d'Ouessant.	3	45	
Portsal	5	0	20
Abreverac, côte septentrionale de Bretagne	4	30	
Isle de Bas, S. Paul de Léon & Mor-laix	5	15	. . 25
Les sept Isles au nord de Treguier..	5	0	30
Treguier	5	30	
Isle de Bréhat, Rade de la Frenaye, S. Malo, Cancale	6	0	. . 46

Les marées les plus fortes que l'on connoisse, sont celles de la Manche.

Côtes de Normandie & de Picardie.	Etablissement.		La plus gr. hau. de la marée.
	H.	M.	Pieds.
Mont S. Michel & Pontorson....	6	30	
Granville	6	45	
Barneville	7	0	
Isles de Gersey, de Grenesey & d'Aurigny	9	30	40
Raz-Blanchart, Cap de la Hague..	12	30	
Cherbourg	7	45	
Au large de Cherbourg	10	15	
Barfleur & au large de la Hougue ..	10	30	
La Hougue	8	0	
Ysigny & Etréhan	10	0	
Caen, Dives & Embouchure de la Seine	9	0	
Honfleur	9	15	18
Quillebeuf	10	30	
Ruen	2	45	
Le Havre de Grace	9	0	
Cap d'Antifet, Fecamp	9	45	
S. Valeri en Caux.	10	0	
Dieppe, Tréport, embouchure de la Somme	10	30	
Etaples, Boulogne	10	45	18
Ambleteuse, Cap de Grines . . .	11	0	
Calais	11	48	
Côtes de Flandre.			
Gravelines	11	45	
Dunkerque	11	48	18
Nieuport, Ostende & l'Ecluse ..	12	0	
Côtes de Hollande.			
Anvers	6	0	
Berg, ou Berg-op-Zoom	1	30	20
Flessingue, dans l'Isle de Valcheren	12	30	

Côtes de Hollande.	Etablissement.		La plus gr. hau. de la marée.
	H.	M.	Pieds.
Brouvershaven, dans l'Isle de Schowen	3	30	
Goërée, dans l'Isle de Goërée	2	15	
Embouchure de la Meuse	1	45	
La Brille, dans l'Isle de Voorn.			
Dordrecht	4		20
Roterdam	3	45	
Hors le Texel, à la côte	6	0	
Dans le passage du Texel	6	45	
Rade des vaisseaux marchands en dedans du Texel	7	30	
Sur le Wlac de Wieringen	9	0	
Enchuysen	11	45	15
Horn	12	15	
Amsterdam	3	0	7
Sur le Wlac de Frise	9	30	
Dans le passage de Vlie	9	0	
Entrée occidentale de l'Embs	9	45	15
Entrée orientale	10	30	
Delfzy	12	0	
Emden	12	15	

Côtes d'Allemagne.

	H.	M.	Pieds.
Dans le Jade	12	45	
Bremen, sur le Weser	5	45	
Devant le Weser			15
Embouchure de l'Elbe	12	0	
Hambourg	6	15	

Côtes de Dannemarck.

	H.	M.	Pieds.
Entrée de l'Eyder	12	30	
Dans le Canal de Sylt	12	15	15
Suyderzée ou Suyderfyd	1	30	
Détroit du Sund, à l'Isle d'Anholt	12	0	

A N G L E T E R R E. *Côtes méridionales.*	Establis-sement. H. M.	La plus gr. hau. de la marée. Pieds.
Les Sorlingues, à l'ent. de la Manche.	4 30	⎫
Monts-Baie, ou Baie de S. Michel.	5 30	⎬ 20
Cap Lézard	7 30	⎭
Falmouth, Fowey, Ediftone . .	5 30	⎫
Plymouth & Start-Point	6 0	⎬ 18
Darmouth, Torbay, Exmouth . .	5 30	⎭
Portland & Weymouth	9 ..	8
Le Havre de Pool	9 15	.. 9
Ifle de Wight — Rade de Yarmouth . . .	9 30	.. 12
Ifle de Wight — Pointe des Aiguilles . . .	9 30	.. 9
Ifle de Wight — Pointe de Ste. Catherine . . .	9 15	⎫
Ifle de Wight — Baie de Sandown	9 15	⎬
Ifle de Wight — Rade de Ste. Hélene . . .	10 30	⎪
Entrée de la riviere de Southampton	11 45	⎬ 18
Rade de Spithéat	9 30	⎪
Portsmouth	11 15	⎪
Chichefter	11 30	⎪
Port de Selfey & côte d'Arundel . . .	11 15	⎭
Arundel	12 45	⎫
Cap Bévefiers, ou Beachy-Head .	12 0	⎪
Haftings	11	⎬ 16
Rye	11 30	⎪
Dungenefs, ou pointe des Dunes .	9 45	⎪
Douvres	11 30	⎭

Côtes orientales.

	Establis-sement. H. M.	La plus gr. hau. de la marée. Pieds.
Rade des Dunes	10 45	⎫
North-Foreland, Sandwich . . .	11 30	⎬ 12
Entrée de la Tamife	1 30	⎪
Londres	3 0	⎭
Harwich, Orford	10 45	.. 15
Yarmouth	10 30	⎫
Cromer	8 45	⎬ 18
Havre de Bofton	6 30	⎪
Entrée de la riviere de Humber . .	5 15	⎭

Côtes orientales.	Etablissement. H . M.	La plus gr. hau. de la marée. Pieds.
Hull	6　0	
Flambouroug	4　30	
Scarbouroug	4　15	
Entrée de la riviere de Técs, rade d'Hartlepool	3　15	18
Entrée de la riviere de Tine . . .	3　15	
Newcastle	5　15	
Barwich	3　45	
Côtes occidentales.		
Cap Cornwall	4　0	
Baie S. Yves	4　45	
Bedifort	3　30	18
Entrée du Canal de Bristol . . .	6　0	
Rade de Bristol	6　45	
Cardiff	6　15	
Carmarthen, Havre de Milfort, .	5　45	.. 36
S. David	6　0	.. 36
Caernarvan	7　0	.. 24
Beaumaris	10　15	
Pointe occidentale de l'Isle d'Anglesey	10　0	.. 20
Barre de Chester	10　45	
Isle de Man	9　0	
Côtes d'Ecosse		
Glascow	3　0	
Cap Cantir	9	
Isles Vesternes	3　30	
Isles Fero	12　0	18
Isles Schetland	1　30	
Isles Orcades	2　45	
Bucha-Ness, ou Bock-Ness . . .	3　15	
Aberden, entrée des rivieres de Montrose & du Tay	3　0	12 à 14
Golfe d'Edimbourg	3　45	
Edimbourg	4　30	

IRLANDE. *Côtes orientales.*	Etablis- sement. H. M.	La plus gr. hau. de la marée. Pieds.
Wicklou	7 30	
Dublin	9 15	
Baie de Carlingfort	10 45	
Baie de Strangfort	10 30	18
Baie de Carickfergus	10 15	
Iſle Raghlin	7 30	

Côtes ſeptentrionales.

Lac Foyle	6 45	
Lac Swilly	6 30	
Havre Scheep ou des Brebis . . .	6 0	18
Dunnagall	4 30	
Endrigo , Moye , Kniſal	4 15	

Côtes occidentales.

Port de Niſadoy	5 0	
Baie de Beterbuy	4 30	
Galloway	4 15	
Riviere de Limerick	6 0	18
Smerick	3 15	
Baie de Dingle	4 30	
Baie de Kilmare	4 45	

Côtes méridionales.

Baie de Bantry	5 15	
Havre de Crook , Cap Clare . . .	4 30	
Baltimore	5 15	
Kinſal & Corcke	4 45	18
Baie d'Youghall	4 30	
Dungarvan	5 0	
Waterfort	5 45	
Cap Carnerot	6 15	

Le Flux & Reflux de la Mer est presqu'insensible dans toute l'étendue de la Méditérannée. La difficulté qu'éprouvent les eaux à entrer & à sortir par le détroit de Gibraltar, contribue si fort à ralentir leur mouvement, que, quoi que la Méditérannée ait une communication avec l'Océan, on ne doit pas moins la regarder comme une mer isolée, dans laquelle, selon M. *Bernoulli*, les marées doivent être proportionnelles à son étendue en longitude. Si elles sont très sensibles & régulieres dans quelques ports, cela ne vient uniquement que des circonstances locales ; par exemple, à Venise dont l'établissement est à 10 h. $\frac{1}{2}$, les marées des Syzigies montent jusqu'à 3 pieds ou 3 pieds $\frac{1}{2}$; parce que les eaux étant parvenues à l'extrèmité de ce golfe, y sont retenues & s'y accumulent d'une maniere sensible.

A Toulon dont l'établissement est à 3 h. 14′, la plus grande élévation des eaux est de 14 à 15 pouces. On s'apperçoit encore du flux & reflux de la mer dans l'Archipel & au fond de la Mer-Noire.

Côtes occidentales d'Afrique & Isles voisines.	Etablissem. H. M.	Haut. de la Marée. Pieds.
A Larache, & dans les autres ports de l'Afrique, au N. & au S. de cet endroit, jusqu'à une certaine dist.	1 30	9 à 10
Cap Geer, ...	2 15	. . 10
Isle Tercere, *Açores*, rade d'Angra.	11 45	de 5 à 6
A Fayal, *Açores*, ...	2 20	
A Funchal, isle de Madère	12 4	
Aux Isles Canaries, ...	3 . .	7 à 8
Cap Bojador, *côte d'Afrique* . . .	12 . .	
Cap Blanc, *idem*.	9 45	
Entrée du Sénégal	10 30	
A Gorée, les jours de nouvelle & pleine Lune, la marée est à . . .	7 45	2 à 3

Côtes occidentales d'Afrique & Isles voisines.	Etablissem. H. M	Haut. de la marée. Pieds.
Rade de la Praya, isle S. Yago, *une des isles du Cap-vert*	6	3 . . .
Le long des côtes de Guinée, la mer monte de 3 pieds, & de 5 à 6 aux embouchures des rivieres & entre les Isles.		
A Sierra Leona	8 15	
Embouchure de la riviere de S. Vincent, *côte des Graines*	. . .	8 à 10
Cap Corse, *côte d'Or*	3 30	6 à 7
Golfe de Bandi, *idem*.	4 . .	
Entre l'isle de Loanda & la terre ferme d'Angola, la plus grande hauteur des eaux est de.	. . .	4 à 5
Embouchure de la riviere de Coansa .	. . .	8 . . .
Isle Sainte Hélène	2 15	2 pi 8 po
Cap de Bonne-Espérance	2 30	3 . . .
Le long de la côte d'Afrique, depuis le cap de Bonne-Espérance, jusqu'au Cap Guardafui, à l'entrée de la Mer Rouge, la mer monte de 7 à 8 pieds		-
Falsebay, ...	2 0	4 à 5
Foulpointe, *isle de Madagascar*, .	1 20	3 . . .
Isle de France, ...	0 30	3 . . .
Isle de Socotora , vis-à-vis le cap Guardafui	6	

Côtes Orient. d'Afr. Mer Rouge.

	Etablissem. H. M	Haut. de la marée. Pieds.
Baie de Suaquem, *Mer Rouge* . . .	. . .	4 . . .
Au-dessous de Suaquem la mer monte de 10 pieds, & sur les côtes de 6 ; mais au nord de Suaquem, elle monte plus haut, surtout vers Suez.		

Asie & Mer du Sud.	Eta- blissem H. M.	Haut. de la marée. Pieds.
Aden , côte méridionale de l'Arabie.	. . .	6 à 7
Détroit de Malaca , ...	. . .	6
Aux Moluques & sur la côte occident. de l'isle Formose , la mer monte de	. . .	3 à 4
Aux isles Mariannes ou des Larrons .	. . .	2 à 3
Sur la côte de la nouvelle Hollande .	. . .	25 à 30
Au port de la Résolution, dans l'isle Tanna, une des nouvelles Hébrides, *Mer du Sud*	3 0	3
Canal de la Reine Charlot. *nouv. Zél.*	9 0	
Baie Dusky, *nouvelle Zélande.* . . .	10 57	
A l'isle d'Amsterdam , une des Amis, *Mer du Sud*	8 30	
Au havre d'Ohamaneno , à l'isle d'U-liéta , une de celles de la Société, *Mer du Sud*	11 20	
A isle d'O-Taïti, *Mer du Sud.* . .	10 38	1 p. 3 p.
A l'isle de Ste Christine, *une des Mar-quises,*	2 30	
A l'isle de Pâques, ...	2 . .	

Amérique Septentrionale.

Dans la Baie d'Hudson , la mer monte jusqu'à.	. . .	16
Détroit d'Hudson	11 10	
A Musketto Cove, *dans le Groenland*	10 15	
A Quebec , *dans le Canada.* . . .	7 30	
A Louisbourg, *dans l'isle Royale* .	7 15	5 p. 8 p.
Dans la plûpart des ports de la côte méridionale de Terre - neuve, la mer y est pleine à neuf heures les jours des nouvelles & pleines Lunes & elle monte alors de 7 à 8 pieds.		
Au détroit de Fronsac , entre l'isle Royale & l'Acadie.	8 30	5 p. 4 p.

Amérique Septentrionale.	Etablissem	Haut. de la marée.
	H. M.	Pieds.
A New-Yorck	3 ..	
Aux Isles Bermudes, ...	7 ..	4 à 5
Charles-Town , *Caroline*	3 ..	
St. Augustin , *côte de la Floride* . .	4 30	
Cap de la Floride	7 30	
Aux Antilles les marées ne sont en général que de trois pieds, comme dans les mers libres.		
A la Guadeloupe.	6 0	1 6 p.
A la Martinique	7 30	. . . 9 p.
Cap-François, & Mole S. Nicolas, *isle S. Domingue*	6 0	3
Isle de la Tortue, ...	6 0	5
Carthagène.	2 0	10
Porto-Belo , ...	8 0	8 pi. 8 p.
Amérique Méridionale.		
Sur les côtes de la Guyane	6 0	12 à 15
A Cayenne	3 45	6
A l'embouch. de la riv. des Amazones.	7 0	30 envir
Dans la Baie Saint Julien	4 45	20 à 25
Port de la Solidard, *isles Malouines.*	5 0	7
Détroit de Magellan , entrée oriental.	11 0	22
Canal de Noël, *Terre de feu*	2 30	3
Isle de Juan Fernandez	. . . .	7
A Callao, port de Lima, *au Pérou* .	6 30	2
Guajaquil	6 0	10
Panama	5 0	6 à 7

TABLE des Inclinaisons de l'Horison visuel avec l'Horison vrai.

Elévat. au-dess. de la Mer.		Inclinaison de l'Horison.			Elévat. au-dess. de la Mer.	Inclinaison de l'horison.			Elévat. au-dess. de la Mer.	Inclinaison de l'horison.		
Pi.	Po	M.	S.	Dif.	Pieds.	M.	S.	Dif	Pieds.	M.	S.	Df
0	6	0	44	17	28	5	26	11	94	9	58	12
1	0	1	1	14	30	5	37	11	98	10	10	11
1	6	1	15	12	32	5	48	10	102	10	21	12
2	0	1	27	11	34	5	58	11	106	10	33	12
2	6	1	38		36	6	9	10	110	10	45	12
3	0	1	47	9	38	6	19	10	114	10	57	11
4	0	2	3	16	40	6	29	10	118	11	8	12
5	0	2	18	15	42	6	39	10	122	11	20	11
6	0	2	31	13	44	6	48	9	126	11	31	12
7	0	2	43	12	46	6	57	9	130	11	43	11
8	0	2	54	11	48	7	6	9	134	11	54	10
9	0	3	4	10	50	7	15	9	138	12	4	10
10	0	3	14	10	52	7	24	9	142	12	14	10
11	0	3	24	10	54	7	33	9	146	12	24	10
12	0	3	33	9	56	7	42	9	150	12	34	10
13	0	3	42	9	58	7	50	8	154	12	44	10
14	0	3	50	8	60	7	57	7	158	12	53	9
15	0	3	58	8	62	8	5	8	162	13	3	10
16	0	4	6	8	64	8	12	7	166	13	12	9
17	0	4	14	8	66	8	20	8	170	13	22	10
18	0	4	21	7	68	8	27	7	174	13	31	9
19	0	4	28	7	70	8	35	8	178	13	41	10
20	0	4	35	7	72	8	42	7	182	13	50	9
21	0	4	42	7	74	8	49	7	186	13	59	9
22	0	4	49	7	76	8	56	7	190	14	8	9
23	0	4	56	6	79	9	7	11	195	14	19	11
24	0	5	2	6	82	9	17	10	200	14	30	11
25	0	5	8	6	85	9	27	10	205	14	41	11
26	0	5	14	6	88	9	38	11	210	14	52	11
27	0	5	20	6	91	9	48	10	215	15	3	11
28	0	5	26		94	9	58	10	220	15	14	

TABLE

De l'augmentation du demi-diamètre horifontal de la Lune, à différentes hauteurs.

haut. app. de la Lun.	Demi – Diamètre horifontal de la Lune.							
	14′ 40″	15′ 0″	15′ 20″	15′ 40″	16′ 0″	16′ 20″	16′ 40″	17′ 0″
D.	Sec.	Sec.	Sec.	Sec.	Sec.	Sec.	Sec.	Sec.
1	0,2	0,3	0,3	0,3	0,3	0,3	0,3	0,3
4	1,0	1,0	1,1	1,1	1,2	1,2	1,3	1,3
7	1,7	1,8	1,9	1,9	2,0	2,1	2,2	2,3
10	2,4	2,5	2,6	2,7	2,9	3,0	3,1	3,3
12	2,9	3,0	3,2	3,3	3,4	3,6	3,7	3,9
14	3,4	3,5	3,7	3,8	4,0	4,2	4,3	4,5
16	3,8	4,0	4,2	4,4	4,6	4,8	5,0	5,2
18	4,3	4,5	4,7	4,9	5,1	5,3	5,6	5,8
20	4,8	5,0	5,2	5,4	5,7	5,9	6,2	6,4
22	5,2	5,5	5,7	5,9	6,2	6,5	6,7	7,0
24	5,6	5,9	6,2	6,5	6,7	7,0	7,3	7,6
26	6,1	6,4	6,7	7,0	7,3	7,6	7,9	8,2
28	6,5	6,8	7,1	7,5	7,8	8,1	8,4	8,8
30	7,0	7,3	7,6	8,0	8,3	8,6	9,0	9,4
32	7,4	7,7	8,1	8,4	8,8	9,1	9,5	9,9
34	7,3	8,1	8,5	8,9	9,3	9,6	10,1	10,5
36	8,2	8,6	8,9	9,3	9,7	10,1	10,6	11,0
38	8,6	9,0	9,4	9,8	10,2	10,6	11,1	11,5
40	9,0	9,4	9,8	10,2	10,7	11,1	11,6	12,0
42	9,3	9,7	10,2	10,6	11,1	11,5	12,0	12,5
44	9,6	10,1	10,6	11,1	11,5	12,0	12,5	13,0
46	10,0	10,5	10,9	11,4	11,9	12,4	12,9	13,5
48	10,3	10,8	11,3	11,8	12,3	12,8	13,4	13,9
50	10,7	11,2	11,7	12,2	12,7	13,2	13,8	14,3
52	11,0	11,5	12,0	12,5	13,0	13,6	14,2	14,7
54	11,3	11,8	12,3	12,9	13,4	14,0	14,5	15,1
56	11,5	12,1	12,6	13,2	13,7	14,3	14,9	15,5
58	11,8	12,3	12,9	13,5	14,0	14,6	15,2	15,9
60	12,1	12,6	13,2	13,8	14,4	15,0	15,6	16,2
65	12,6	13,2	13,8	14,4	15,0	15,7	16,3	17,0
70	13,1	13,7	14,3	14,9	15,6	16,2	19,9	17,6
75	13,5	14,1	14,7	15,3	16,0	16,7	17,4	18,1
80	13,7	14,3	15,0	15,6	16,3	17,0	17,7	18,4
90	13,9	14,6	15,2	15,9	16,6	17,3	18,0	18,7

TABLE des Réfractions, suivant les Observations de M. BRADELEY.

Haut. appar.		Dist. appar. au Zénit.		Réfraction.		Haut. appar.		Dist. appar. au Zénit.		Réfraction.	
D.	M.	D.	M.	M.	S.	D.	M.	D.	M.	M.	S.
0	0	90	0	33	0	4	0	86	0	11	51,1
0	5	89	55	32	10,4	4	10	85	50	11	28,9
0	10	89	50	31	22,2	4	20	85	40	11	7,9
0	15	89	45	30	35,4	4	30	85	30	10	48,0
0	20	89	40	29	49,7	4	40	85	20	10	29,2
0	30	89	30	28	22,3	4	50	85	10	10	11,3
0	32	89	28	28	4,8	5	0	85	0	9	54,3
0	36	89	24	27	30,3	5	10	84	50	9	38,2
0	40	89	20	26	59,7	5	20	84	40	9	22,8
0	50	89	10	25	41,8	5	30	84	30	9	8,0
1	0	89	0	24	28,6	5	40	84	20	8	54,0
1	10	88	50	23	19,8	5	50	84	10	8	40,6
1	20	88	40	22	15,2	6	0	84	0	8	27,8
1	30	88	30	21	14,7	6	10	83	50	8	14,9
1	40	88	20	20	18,0	6	20	83	40	8	2,8
1	50	88	10	19	24,8	6	30	83	30	7	51,1
2	0	88	0	18	35,0	6	40	83	20	7	40,3
2	10	87	50	17	48,4	6	50	83	10	7	30,2
2	20	87	40	17	4,5	7	0	83	0	7	20,5
2	30	87	30	16	23,8	7	10	82	50	7	11,1
2	40	87	20	15	45,4	7	20	82	40	7	2,1
2	50	7	10	15	9,4	7	30	82	30	6	53,4
3	0	87	0	14	35,6	7	40	82	20	6	45,1
3	10	86	50	14	3,9	7	50	82	10	6	37,1
3	20	86	40	13	34,1	8	0	82	0	6	29,4
3	30	86	30	13	6,2	8	10	81	50	6	22,0
3	40	86	20	12	39,6	8	20	81	40	6	14,8
3	50	86	10	12	14,6	8	30	81	30	6	8,0

SUITE

SUITE *de la* TABLE *des Réfractions, suivant les Observations de* M. BRADLEY.

Haut. appar.		Dist. appar. au Zénit.		Réfraction.		Haut. appar.		Dist. appar. au Zénit.		Réfraction.	
D.	M.	D.	M.	M.	S.	D.	M.	D.	M.	M.	S.
8	40	81	20	6	1,3	16	0	74	0	3	16,9
8	50	81	10	5	54,8	16	30	73	30	3	10,5
9	0	81	0	5	48,5	17	0	73	0	3	4,5
9	10	80	50	5	42,4	17	30	72	30	2	58,9
9	20	80	40	5	36,5	18	0	72	0	2	53,6
9	30	80	30	5	30,9	18	30	71	30	2	48,6
9	40	80	20	5	25,4	19	0	71	0	2	43,9
9	50	80	10	5	20,0	19	30	70	30	2	39,4
10	0	80	0	5	14,8	20	0	70	0	2	35,1
10	15	79	45	5	7,3	20	30	69	30	2	31,0
10	30	79	30	5	0,1	21	0	69	0	2	27,2
10	45	79	15	4	53,2	21	30	68	30	2	23,6
11	0	79	0	4	46,6	22	0	68	0	2	20,3
11	15	78	45	4	40,3	22	30	67	30	2	17,0
11	30	78	30	4	34,3	23	0	67	0	2	13,7
11	45	78	15	4	28,6	24	0	65	0	2	7,4
12	0	78	0	4	23,2	25	0	65	0	2	1,6
12	20	77	40	4	16,1	26	0	64	0	1	56,2
12	40	77	20	4	9,4	27	0	63	0	1	51,2
13	0	77	0	4	3,0	28	0	62	0	1	46,6
13	20	76	40	3	56,9	29	0	61	0	1	42,4
13	40	76	20	3	51,1	30	0	60	0	1	38,4
14	0	76	0	3	45,5	31	0	59	0	1	34,6
14	20	75	40	3	40,1	32	0	58	0	1	31,0
14	40	75	20	3	34,9	33	0	57	0	1	27,6
15	0	75	0	3	29,9	34	0	56	0	1	24,4
15	30	74	30	3	23,7	35	0	55	0	1	21,4
16	0	74	0	3	16,9	36	0	54	0	1	18,5

SUITE de la *TABLE des Réfractions, suivant les Observations de M. BRADLEY.*

Haut. appar.		Dist. appar. au Zénit.		Réfraction.		Haut. appar.		Dist. appar. au Zénit.		Réfraction.	
D.	M.	D.	M.	M.	S.	D.	M.	D.	M.	M.	S.
37	0	53	0	1	15,7	65	0	25	0	0	26,5
38	0	52	0	1	13,0	56	0	24	0	0	25,3
39	0	51	0	1	10,4	67	0	23	0	0	24,1
40	0	50	0	1	7,9	68	0	22	0	0	22,9
41	0	49	0	1	5,5	59	0	21	0	0	21,7
42	0	48	0	1	3,3	70	0	20	0	0	20,6
43	0	47	0	1	1,1	71	0	19	0	0	19,5
44	0	45	0	0	59,0	72	0	18	0	0	18,4
45	0	45	0	0	57,0	73	0	17	0	0	17,5
46	0	44	0	0	55,0	74	0	16	0	0	16,2
47	0	43	0	0	53,1	75	0	15	0	0	15,1
48	0	42	0	0	51,2	76	0	14	0	0	14,0
49	0	41	0	0	49,4	77	0	13	0	0	13,0
50	0	40	0	0	47,6	78	0	12	0	0	12,0
51	0	39	0	0	45,9	79	0	11	0	0	11,0
52	0	38	0	0	44,2	80	0	10	0	0	10,0
53	0	37	0	0	42,6	81	0	9	0	0	9,0
54	0	36	0	0	41,1	82	0	8	0	0	8,0
55	0	35	0	0	39,6	83	0	7	0	0	7,0
56	0	34	0	0	38,2	84	0	6	0	0	6,0
57	0	33	0	0	36,8	85	0	5	0	0	5,0
58	0	32	0	0	35,5	86	0	4	0	0	4,0
59	0	31	0	0	34,2	87	0	3	0	0	3,0
60	0	30	0	0	33,0	83	0	2	0	0	2,0
61	0	29	0	0	31,7	89	0	1	0	0	1,0
62	0	28	0	0	30,4	90	0	0	0	0	0,0
63	0	27	0	0	29,1						
64	0	29	0	0	27,8						

TABLE *de la Parallaxe du Soleil à divers dégrés de hauteurs & en différens tems de l'année, en supposant la moyenne de 8″, 8.*

hauteur dég.	1er, Janvier.	1er. Fév. Décem.	1er Mars Nov.	1er Avril Octobre	1er Mai Septe.	1er Juin Août.	1er. Juill.
	Sec. Dec	Sec. Dec	Sec. Dec	Sec. Dec	S, Dec.	S. Dec.	S. Dec
0°	8″95	8″93	8″87	8″80	8,72	8,67	8,65
4	8,93	8,91	8,85	8,78	8,70	8,65	8,63
8	8,85	8,84	8,79	8,71	8,64	8,58	8,57
12	8,75	8,73	8,68	8,61	8,54	8,48	8,47
16	8,60	8,58	8,53	8,46	8,39	8,34	8,32
20	8,41	8,39	8,34	8,27	8,20	8,15	8,13
24	8,18	8,16	8,10	8,04	7,97	7,92	7,91
28	7,90	7,88	7,84	7,77	7,70	7,73	7,64
32	7,59	7,57	7,53	7,46	7,40	7,36	7,34
36	7,24	7,22	7,18	7,12	7,06	7,02	7,00
40	6,86	6,84	6,80	6,74	6,69	6,64	6,63
44	6,44	6,42	6,39	6,33	6,28	6,24	6,23
48	5,99	5,98	5,94	5,89	5,84	5,80	5,79
52	5,51	5,50	5,46	5,42	5,37	5,34	5,33
56	5,01	4,99	4,96	4,92	4,88	4,85	4,84
58	4,74	4,73	4,70	4,66	4,62	4,60	4,59
60	4,47	4,46	4,43	4,40	4,36	4,33	4,32
62	4,20	4,19	4,17	4,13	4,10	4,07	4,06
64	3,92	3,91	3,89	3,85	3,82	3,80	3,79
66	3,64	3,63	3,61	3,58	3,55	3,53	3,52
68	3,35	3,34	3,32	3,30	3,27	3,25	3,24
70	3,06	3,05	3,03	3,01	2,98	2,97	2,95
72	2,77	2,76	2,74	2,72	2,70	2,68	2,68
74	2,47	2,46	2,45	2,43	2,41	2,39	2,38
76	2,17	2,16	2,15	2,13	2,11	2,10	2,10
78	1,86	1,86	1,85	1,83	1,82	1,81	1,80
80	1,55	1,55	1,54	1,53	1,52	1,51	1,50
82	1,25	1,24	1,23	1,22	1,21	1,21	1,20
84	0,94	0,93	0,93	0,92	0,91	0,91	0,90
86	0,62	0,62	0,62	0,61	0,61	0,60	0,60
88	0,31	0,31	0,31	0,31	0,30	0,30	0,30
90	0,00	0,00	0,00	0,00	0,00	0,00	0,00

EXPLICATION DE LA TABLE SUIVANTE,

Pour réduire la hauteur apparente de la Lune à la hauteur vraie, ou &c.....

LES différences pour 1″ dans la parallaxe font communes à chaque deux pages auxquelles elles répondent. Lorfqu'on veut fe fervir de cette Table, il faut multiplier cette différence par le nombre des fecondes de la parallaxe horifontale donnée, & en ajouter le produit au nombre qui dans la Table correfpond tout à la fois & à la hauteur apparente de la Lune, & à fa parallaxe horifontale. On multipliera auffi la différence des minutes de la hauteur donnée, ce produit étant retranché du réfultat obtenu ci-deffus, le refte fera la différence entre la parallaxe de hauteur & la réfraction. Cette différence doit être ajoutée à la hauteur apparente de la Lune, pour avoir fa hauteur vraie.........

Un exemple fuffira pour faire entendre ce que nous venons de dire.

Dans le premier exemple de longitude, (778) connoiffant la parallaxe horifontale de la Lune = 57′ 41″, fi je veux, en me fervant de cette Table, corriger la hauteur apparente de la Lune, 49° 22′ 4″, de la parallaxe & de la réfraction; je cherche dans la Table, 49° de hauteur apparente; fur cette ligne & dans la colonne 57′ de parallaxe, je trouve 36′ 34″; dans l'autre page & fur la même ligne, pour 1″ de différence dans la parallaxe, je trouve 0″,66; cette fraction étant multipliée par 41″ de parallaxe, donne 27″,06, qui ajoutées à 36′ 34″, trouvées ci-dessus, donnent 37′ 1″.

Ensuite pour 1′ de différence dans la hauteur, je trouve sur la même ligne, un peu au-dessous, 0″,73, dont le produit par 22′ de hauteur est 16″,06, que je soustrais de 37′ 1″, obtenues ci-dessus ; ce qui donne exactement 36′ 45″, comme par la méthode que nous avons suivie. Cette quantité ajoutée à la hauteur apparente de la Lune, donne 46° 58′ 49″ pour hauteur vraie, telle qu'elle est en effet (778).

TABLE pour réduire la hauteur apparente de la Lune à la hauteur vraie, ou différence de la parallaxe de hauteur à la réfraction.

Hauteur apparente de la Lune.	Parallaxe horifontale de la Lune.									
	53′		54′		55′		56′		57′	
Degrés.	M.	S.	M.	S.	M.	S.	M.	S.	M.	S.
4	41	1	42	1	43	1	44	1	45	1
5	42	54	43	53	44	53	45	53	46	53
6	44	15	45	14	46	14	47	14	48	13
7	45	16	46	15	47	15	48	14	49	14
8	45	0	46	59	47	58	48	58	49	57
9	45	32	47	32	48	31	49	30	50	29
10	46	57	47	56	48	55	49	54	50	53
11	47	15	48	14	49	13	50	12	51	11
12	47	27	48	26	49	25	50	23	51	22
13	47	35	48	34	49	32	50	31	51	29
14	47	40	48	38	49	36	50	35	51	33
15	47	42	48	40	49	38	50	35	51	34
16	47	40	48	38	49	35	50	33	51	31
17	47	36	48	34	49	31	50	29	51	26
18	47	31	48	28	49	25	50	22	51	19
19	47	23	48	20	49	16	50	13	51	10
20	47	13	48	9	49	6	50	2	50	59
21	47	2	47	58	48	54	49	50	50	46
22	45	48	47	44	48	39	49	35	50	31
23	46	33	47	29	48	24	49	19	50	14
24	46	18	47	12	48	7	49	2	49	57
25	46	0	46	55	47	49	48	44	49	38
26	45	42	46	36	47	30	48	24	49	18
27	45	22	46	16	47	09	48	3	48	56
28	45	1	45	54	46	47	47	40	48	33
29	44	39	45	31	46	24	47	16	48	9
30	44	15	45	7	45	59	46	51	47	43

La réfraction employée dans cette Table est celle d'après les observations de M. Bradley.

SUITE de la *TABLE* pour réduire les hauteurs apparentes de la Lune , &c.

Haut. appar. de la Lᵉ	Parallaxe horiſ. de la Lune.								Diff. pᵣ. 1″ dans la paral.	Diff. pour 1′ dans la hauteur.
	58′		59′		60′		61′			
Degrés	M.	S.	M.	S.	M.	S.	M.	S.	S. Déc.	S. Déci.
4	46	0	47	0	48	0	49	0	1,00	1,87
5	47	52	48	52	49	52	50	52	1,00	1,35
6	49	13	50	13	51	12	52	12	1,00	1,01
7	50	14	51	13	52	13	53	12	0,99	0,72
8	50	57	51	56	52	56	53	55	0,98	0,53
9	51	29	52	28	53	27	54	26	0,98	0,40
10	51	52	52	51	53	50	54	50	0,98	0,28
11	52	9	53	8	54	7	55	6	0,98	0,20
12	52	21	53	19	54	18	55	17	0,98	0,12
13	52	28	53	26	54	25	55	23	0,97	
14	52	31	53	29	54	28	55	26	0,97	
15	52	31	53	29	54	27	55	25	0,97	
16	52	28	53	26	54	24	55	21	0,96	
17	52	23	53	21	54	18	55	16	0,96	0,12
18	52	16	53	13	54	10	55	7	0,95	0,15
19	52	6	53	3	54	0	54	57	0,95	0,18
20	51	55	52	51	53	48	54	44	0,94	0,22
21	51	42	52	38	53	34	54	30	0,94	0,27
22	51	26	52	22	53	18	54	13	0,93	0,28
23	51	10	52	5	53	0	53	55	0,92	0,30
24	50	52	51	47	52	41	53	36	0,92	0,32
25	50	32	51	27	52	21	53	15	0,91	0,33
26	50	12	51	5	51	59	52	53	0,90	0,36
27	49	49	50	43	51	36	52	30	0,89	0,38
28	49	26	50	19	51	12	52	5	0,88	0,40
29	49	1	49	54	50	46	51	39	0,87	0,43
30	48	35	49	27	50	19	51	11	0,87	

Les différences pour 1″ dans la parallaxe ſont communes aux deux pages ; celles pour 1′ dans la hauteur ne conviennent qu'à la colonne de 57′, mais on peut les employer , ſans erreur ſenſible, pour toutes les colonnes depuis 53′ juſqu'à 61′.

SUITE de la TABLE pour réduire la hauteur apparente de la Lune, &c.

Hauteur apparente de la Lune.	Parallaxe horisontale de la Lune.									
	53′		54′		55′		56′		57′	
Degrés.	M.	S.	M.	S.	M.	S.	M.	S.	M.	S.
30	44	15	45	7	45	59	46	51	47	43
31	43	51	44	43	45	34	46	25	47	17
32	43	26	44	16	45	7	45	58	46	49
33	42	59	43	50	44	40	45	30	46	21
34	42	32	43	22	44	11	45	1	45	51
35	43	3	42	53	43	42	44	31	45	20
36	41	34	42	23	43	12	44	0	44	48
37	41	4	41	52	42	40	43	28	44	16
38	40	33	41	20	42	7	42	55	43	42
39	40	1	40	47	41	34	42	21	43	7
40	39	28	40	14	41	0	41	46	42	32
41	38	54	39	40	40	25	41	10	41	56
42	38	20	39	4	39	49	40	34	41	18
43	37	44	38	28	39	12	39	56	40	40
44	37	8	37	52	38	35	39	18	40	1
45	36	32	37	14	37	56	38	39	39	21
46	35	54	36	35	37	17	37	59	38	41
47	35	16	35	56	36	37	37	18	37	59
48	34	37	35	17	35	57	36	37	37	17
49	33	57	34	36	35	16	35	-55	26	34
50	33	16	33	55	34	34	35	13	35	51
51	32	35	33	13	33	51	34	29	35	6
52	31	54	32	30	33	7	33	44	34	21
53	31	11	31	47	32	23	32	59	33	36
54	30	28	31	3	31	39	32	14	32	49
55	29	44	30	19	30	53	31	28	32	2
56	29	0	29	33	30	7	30	41	31	14
57	28	15	28	48	29	20	29	53	30	26
58	27	30	28	1	28	33	29	5	29	37
59	26	44	27	14	27	45	28	16	28	47
60	25	57	26	27	26	57	27	27	27	57

SUITE

SUITE de la TABLE pour réduire la hauteur apparente de la Lune, &c.

Haut. appar. de la L. Degrés	Parallaxe horif. de la Lune.								Diff. p.r 1" dans la paral. S. Déc.	Diff. p.r 1' dans la hauteur. S. Déci.
	58' M.	S.	59' M.	S.	60' M.	S.	61' M.	S.		
30	48	35	49	27	50	19	51	11	0,87	0,44
31	48	8	49	0	49	51	50	43	0,86	0,46
32	47	40	48	31	49	22	50	13	0,85	0,48
33	47	11	48	1	48	52	49	42	0,84	0,49
34	46	41	47	30	48	20	49	10	0,83	0,52
35	46	9	46	58	47	47	48	37	0,82	0,53
36	45	37	46	25	47	14	48	2	0,81	0,54
37	45	3	45	51	46	39	47	27	0,80	0,55
38	44	29	45	16	46	4	46	51	0,79	0,57
39	43	54	44	41	45	27	46	14	0,78	0,58
40	43	18	44	4	44	50	45	36	0,77	0,60
41	42	41	43	26	44	11	44	57	0,76	0,62
42	42	3	42	47	43	32	44	17	0,75	0,63
43	41	24	42	8	42	52	43	36	0,73	0,65
44	40	44	41	27	42	11	42	54	0,72	0,66
45	40	4	40	46	41	29	42	11	0,71	0,67
46	39	22	40	4	40	46	41	27	0,70	0,68
47	38	40	39	21	40	2	40	43	0,68	0,70
48	37	57	38	37	39	18	39	58	0,67	0,72
49	37	14	37	53	38	32	39	12	0,66	0,73
50	36	29	37	8	37	46	38	25	0,65	0,74
51	35	44	36	22	37	0	37	37	0,64	0,75
52	34	58	35	35	36	12	36	49	0,62	0,77
53	34	12	34	48	35	24	36	0	0,60	0,78
54	33	24	34	0	34	35	35	10	0,58	0,79
55	32	36	33	11	33	45	34	20	0,57	0,80
56	31	48	32	21	32	55	33	28	0,56	0,81
57	30	58	31	31	32	4	32	36	0,54	0,82
58	30	9	30	40	31	12	31	44	0,53	0,83
59	29	18	29	49	30	20	30	51	0,52	0,84
60	28	27	28	57	29	27	29	57	0,50	

Suite de la TABLE pour réduire la hauteur apparente de la Lune, &c.

| Hauteur apparente de la Lune. | Parallaxe horisontale de la Lune. | | | | | | | | |
| | 53′ | | 54′ | | 55′ | | 56′ | | 57′ | |
Degrés.	M.	S.	M.	S.	M.	S.	M.	S.	M.	S.
60	25	57	26	27	26	57	27	27	27	57
61	25	10	25	39	26	8	26	37	27	6
62	24	22	24	51	25	19	25	47	26	15
63	23	35	24	2	24	29	24	56	25	23
64	22	46	23	12	23	39	24	5	24	31
65	21	57	22	23	22	48	23	13	23	39
66	21	8	21	32	21	57	22	21	22	46
67	20	18	20	42	21	5	21	29	21	52
68	19	28	19	51	20	13	20	36	20	58
69	18	38	18	59	19	21	19	42	20	4
70	17	47	18	7	18	28	18	49	19	9
71	16	56	17	15	17	35	17	54	18	14
72	16	4	16	23	16	41	17	0	17	18
73	15	12	15	30	15	47	16	5	16	23
74	14	20	14	37	14	53	15	10	15	26
75	13	28	13	43	13	59	14	14	14	30
76	12	35	12	50	13	4	13	19	13	33
77	11	42	11	56	12	9	12	23	12	36
78	10	49	11	2	11	14	11	27	11	39
79	9	55	10	7	10	19	10	30	10	42
80	9	2	9	13	9	23	9	33	9	44
81	8	8	8	18	8	27	8	37	8	46
82	7	15	7	23	7	31	7	40	7	48
83	6	21	6	28	6	35	6	42	6	50
84	5	26	5	33	5	39	5	45	5	51
85	4	32	4	37	4	43	4	48	4	53
86	3	38	3	42	3	46	3	50	3	55
87	2	43	2	47	2	50	2	53	2	56
88	1	49	1	51	1	53	1	55	1	57
89	0	34	0	56	0	57	0	58	0	59
90	0	00	0	0	0	0	0	0	0	0

SUITE de la TABLE pour réduire la hauteur apparente de la Lune, &c.

Haut. appar. de la L (Dégrés)	Parall. horif. de la Lune. 58'		59'		60'		61'		Différ. p^r 1" dans la parallaxe. S. Déc.	Différ. p^r 1' dans la hauteur. S. Déc.
	M.	S.	M.	S.	M.	S.	M.	S.		
60	28	27	28	57	29	27	29	57	0,50	0,85
61	27	35	28	4	28	34	29	3	0,48	0,86
62	26	43	27	11	27	40	28	8	0,47	0,86
63	25	51	26	18	26	45	27	12	0,45	0,87
64	24	58	25	24	25	50	26	17	0,44	0,88
65	24	4	24	30	24	55	25	20	0,43	0,88
66	23	10	23	34	23	59	24	23	0,41	0,89
67	22	16	22	39	23	2	23	26	0,39	0,89
68	21	21	21	43	22	6	22	28	0,37	0,89
69	20	25	20	47	21	8	21	30	0,36	0,90
70	19	30	19	50	20	11	20	31	0,34	0,91
71	18	33	18	53	19	12	19	32	0,32	0,92
72	17	37	17	55	18	14	18	33	0,31	0,93
73	16	40	16	58	17	15	17	33	0,29	0,93
74	15	43	16	0	16	16	16	33	0,27	0,94
75	14	46	15	1	15	17	15	32	0,26	0,95
76	13	48	14	2	14	17	14	31	0,24	0,95
77	12	50	13	3	13	17	13	30	0,23	0,95
78	11	51	12	4	12	16	12	29	0,21	0,96
79	10	53	11	4	11	16	11	27	0,19	0,96
80	9	54	10	5	10	15	10	25	0,17	0,97
81	8	55	9	5	9	14	9	24	0,16	0,97
82	7	56	8	5	8	13	8	21	0,14	0,97
83	6	57	7	4	7	12	7	19	0,12	0,98
84	5	58	6	4	6	10	6	17	0,11	0,98
85	4	58	5	4	5	9	5	14	0,09	0,98
86	3	59	4	3	4	7	4	11	0,08	0,98
87	2	59	3	2	3	5	3	9	0,07	0,98
88	1	59	2	2	2	4	2	6	0,03	0,98
89	1	0	1	1	1	2	1	3	. . .	
90	0	0	0	0	0	0	0	0	. . .	

TABLE de la différence des Méridiens, entre l'Observatoire Royal de Paris, & les principaux lieux maritimes de la Terre ; avec leur latitude ou hauteur du pole.

Les latitudes & les différences des Méridiens où il y a des aftériques (*), ont été déterminées par des Aftronomes de l'Académie Royale des Sciences de Paris ; celles où il y a des croix (†), ont été déterminées par d'autres Aftronomes ; celles où il n'y a rien de marqué, font fondées fur l'eftime, fur le rapport des Voyageurs, ou fur des obfervations moins certaines que les autres......

Noms des Lieux.	Différ. des Méridiens. En tems. H. M. S.	En degrés. D. M. S.	Latitude ou hauteur du Pole. D. M. S.
Aberdem , *Ecoffe*	0*18′ 42″ O	4° 40′ 30″	57° 5′ 0″ N
Abo, *Finlande*	1*19 32 E	19 53 0	60†27 7
Acapulco, *Amérique* , .	7 14 29 O	108 37 15	16 45 0
Achem , *Ifle de Sumatra, Indes*	5 13 0 E	93 15 0	5 22 0
Agde , *Languedoc* . . .	0* 4 33 E	1 8 11	43 18 57
Alcmaer , *Hollande* . .	0* 9 12 E	2 18 0	52*38 34
Alexandrette , *Syrie* . .	2*15 40 E	33 55 0	36*35 27
Alexandrie , *Egypte* . .	1*51 21 E	27 50 22	31*11 28
Alger, *Afrique*	0 0 29 O	0 7 15	36*49 30
Alicante, *Efpagne* . . .	0 9 28 O	2 22 0	38 25 0
Almeria , *Efpagne* . . .	0 17 12 O	4 18 0	36 20 0
Ambleteufe , *Picardie* . .	0* 2 57 O	0 44 14	50*48 13
Amfterdam , *Hollande* , à l'Hôtel de Ville . . .	0*10 6 E	2 31 30	52*21 56
Ancone , *Italie*	0†44 36 E	11 8 52	43†37 54
Antibes , *Provence* . . .	0*19 14 E	4 48 33	43*34 50
Anvers , *Flandre Autrichienne*	0* 8 17 E	2 4 9	51*13 15
Archangel , *Ruffie* . . .	2*26 20 E	36 35 0	64*34 0
Arica , *Perou*	4 51 0 O	72 45 0	18†26 40 S
Aveiro , *Portugal* . . .	0*44 0 O	11 0 0	40*38 20 N
Auray , *Bretagne* . . .	0*21 19 O	5 19 52	47*40 4
Azamor , *Afrique* . . .	0 41 58 O	10 29 30	33 26 15

Suite de la **Table** *de la différence des Méridiens.*

Noms des Lieux.	Diffèr. des Méridiens. En tems.			Diffèr. des Méridiens. En degrés.			Latitude ou hauteur du Pole.		
	H.	M.	S.	D.	M.	S.	D.	M.	S.
Balasore, *Indes*, à la rade	5	34	44 E	83°41'		0"	21°20'		0 N
Banc-à-Vert, *Pointe du S. E., Terre-Neuve* ..	3	48	12 O	57	3	0	45	16	0
Banc des Baleines, *Pointe du Nord, Terre-Neuve*.	3	45	40 O	56	25	0	45	20	0
Banc des Lions, mer du Nord	1	20	16 O	20	4	0	56	40	0
Banc de S. Pierre, *Pointe du S. E. Terre-Neuve*..	3	55	44 O	58	56	0	46	16	0
Banc du Speaker, *Indes*.	4	42	28 E	70	37	0	4	45	0 S.
Banc de Terre-Neuve, *Pointe du S. O.* . . .	3	43	32 O	55	53	0	41	0	0 N
Bancoul, *Isle de Sumatra, Indes*	6	38	44 E	99	41	0	3	49	3 S
Barcelone, *Espagne* . .	0	0	28 O	0	7	0	41†26		0 N
Barfleur, *Normandie* ..	0*14	26	O	3	36	25	49*40		17
Bari, *Italie*	0	58	44 E	14	41	0	41	41	0
Barwich, *Angleterre* ..	0	16	40 O	4	10	0	55	42	0
Batavia, *Isle Java, Indes*	6†28		4 E	104	31	0	6* 9		15 S
Bayonne, *Gascogne* . .	0*15	20	O	3	50	6	43	29	21 N
Belle-Isle, *Bretagne* . .	21*45	0	O	5	26	15	47*17		17
Bergen, *Norvege* . . .	0	11	36 E	2	54	0	60	10	0
Berg op-Zoom, *Brabant Hollandois*	0* 7	50	E	1	57	24	51*29		49
Berlin, *Brandebourg.* .	0*44	8	E	11	2	0	52*31		30
Bilbao, *Espagne* . . .	0	18	0 O	4	30	0	43	25	0 N
Bombay, *Indes*	4†41	16	E	70	19	0	18†56		40 S
Bordeaux, *Guienne* . .	0*11	39	O	2	54	49	44*50		18 N
Boston, *Nouvelle-Angleterre*, au fanal . . .	4	53	16 O	73	19	0	42*22		11
Boulogne, *Picardie* . .	9* 2	53	O	0	43	16	50*43		31
Brest, *Bretagne.* . . .	0*27	23	O	6	50	50	48*22		55
Briel ou Brille, *Hollande*	0	6	40 E	1	40	0	51	51	30
Bristoll, *Angleterre* . .	0	19	20 O	4	50	0	51	27	0
Brouage, *Saintonge* . .	0*13	38	O	3	24	34	45	50	11
Buénos-Aires, *Paraguay Amer. Mérid.*	4	3	25 O	60	51	15	34	35	26 S

Suite de la **TABLE** *de la différence des Méridiens.*

Noms des Lieux.	Différ. des Méridiens.		Latitude ou hauteur du Pole.
	En temps.	En degrés.	
	H. M. S.	D. M. S.	D. M. S.
Cadix , *Espagne* , à l'Ob-servatoire	0*34′ 25′O	8°36′ 15″	36*32 0 N
Caen , *Normandie* . . .	0*10 47 O	2 41 47	49 11 10
Caernarvad , *Angleterre*.	0*26 20 O	6 35 0	53 18 0 S
Calais , *Picardie* . . .	0* 1 56 O	0 29 4	50*57 31
Calcuta Bengale , *Indes*..	5†44 42 E	86 10 30	22†34 45
Callao , *Perou*	5 17 8 O	79 17 0	12 1 53 S
Calmar , *Suede*	0*56 24 E	14 6 0	56†40 30 N
Cambridge , *Etats-Unis de l'Amérique* . . .	4*53 36 O	73 24 0	42†23 28
Canal de Noël , *Terre-de-Feu*	4†49 27 O	72 21 50	55 21 57 S
Canal de la R. Charlotte , *Nouvelle-Zélande* . . .	11†27 38 E	171 54 32	41† 5 58
Canal du Roi George , *Amér. sept.* à l'entrée.	8 36 12 O	129 3 0	49 33 0 N
Cancale , *Bretagne* , à la Rade	0*16 47 O	4 11 45	48*40 40
Candie , *Isle de Candie*..	1*31 52 E	22 58 0	35*18 45
La Canée , *Isle de Condie*	1*27 30 E	21 52 30	35*28 45
Canseau , *Acadie* . . .	4*13 0 O	63 15 0	45*20 7
Canton , *Chine* . . .	7 22 53 E	110 43 15	23 7 50
Cap Barbas , *Afrique*...	1*16 0 O	19 0 0	22*15 30
Cap des Basses ou des Récifs , *Indes* . . .	3 10 40 E	47 40 0	4 50 0
Cap Beveliers, *Angleterre*	0* 8 12 O	2 3 0	50*46 30
Cap Blanc , *Amér. mérid.*	4 28 4 O	67 1 0	47 20 0 S
Cap Blanc , *Afrique* . .	1*18 0 O	19 30 0	20*55 30 N
Cap Rojador , *Afrique*..	1* 7 8 O	16 47 0	26*12 30
Cap de Bonne-Espérance , *Afrique* , à la Ville ..	1* 4 15 O	16 3 45	33*55 15 S
Cap de Bonne-Espérance , à la Pointe , du Cap..	1 4 16	16 3 56	34 29 0
Cap Cantin , *Afrique*. .	0 44 45 O	11 11 15	32*35 30 N
Cap Charles , *Amér. sept.* pointe la plus E. . .	3 51 14 O	57 48 30	52 16 30

Suite de la TABLE *de la différence des Méridiens.*

Noms des Lieux.	Differ. des Méridiens.						Latitude ou hauteur du Pole.		
	En temps.			En degrés.					
	H.	M.	S.	D.	M.	S.	D.	M.	S.
Cap Cléar , *Irlande* . . .	0	47	12 O	11° 48′		0″	51	18	0 N
Cap Comorin , *Indes* . .	5	0	48 E	75	12	0	7†56		0
Cap de la Conception , *Californie*	8	46	56 O	131	44	0	35	30	0
Cap Cornowall , *Anglet.*	0	32	9 O	8	2	15	50	18	30
Cap des Courans , *Afriq.*	2	16	28 E	34	7	0	23	40	0 S
Cap Linderneif ou Dern. *Norwege*	0	18	56 E	4	44	0	58	1	0 N
Cap Defiré , *Terre de Feu.*	5	6	28 O	76	37	0	53	4	15 S
Cap Dungsby , *Ecoffe* . .	0	22	36 O	5	39	0	58	36	0 N
Cap Farewel , *Groenland,* pointe la plus S. . .	3	14	20 O	48	35	0	59	30	0
Cap Féret , *côte d'Arcaffon*	0	14	20 O	3	35	0	44	43	15
Cap Finiftere , *Efpagne.*	0*46	34	O	11	38	30	42*51		52
Cap Fiferon , *Portugal* . .	0	46	48 O	11	42	0	39	19	0
Cap François , *Ifle S. Domingue* , à l'Eglife . . .	4*58	34	O	74	38	25	19*46		24
Cap Frehel , *Normandie.*	0*18	40	O	4	40	0	48*41		3
Cap Géer , *Afrique* . .	0	48	48 O	12	12	0	30	38	0 S
Cap Guardafui , *Indes* . .	3	20	48 E	50	12	0	11	45	0 N
Cap de la Hague , *Normandie*	0	17	7 O	4	16	50	49	44	40
Cap Hinlopen, *Etats-Unis de l'Amérique* . . .	5*10	10	O	77	32	30	38*47		8 N
Cap de Horn , *Terre de Feu*	4†39	0	O	69	45	0	55†58		30 S
Cap Java , *Indes*	6	58	8 E	104	32	0	6	49	0
Cap Lezard , *Angleterre.*	0*30	8	O	7	32	0	49	57	30 N
Cap Maïfi , *pointe la plus E. de l'Ifle de Cube* . .	5	6	36 O	76	39	0	20	8	0
Cap Montégo , *Portugal*	0	44	35 O	11	8	45	40	8	0
Cap Nord , *Laponie* . .	1†34	0	E	23	30	0	71†10		0
Cap Nord , *Ifle Royale* . .	4	9	48 O	62	27	0	47* 5		0
Cap Ortégal , *Efpagne* . .	0	39	56 O	9	59	0	43*46		37

Suite de la TABLE de la différence des Méridiens.

Noms des Lieux.	Différ. des Méridiens.						Latitude ou hauteur du Pole.			
	En temps.			En degrés.						
	H.	M.	S.	D.	M.	S.	D.	M.	S.	
Cap Pinas, *Espagne* . .	0	33	16 O	8	19	0	43	38	15	N
Cap La Roque, *Portugal*, Pointe N.	0	47	34 O	11	53	30	38	45	0	
Cap de Sable, *Acadie* . .	4*31	20	O	67	50	0	43*23	45		
Cap S. David, *Angleterre*	0	29	48 O	7	27	0	51	55	0	
Cap S. George, *Nouvelle Irlande*	10	3	19 E	150	49	45	4	53	30	S
Cap S. Gilles, *Amér. fept.*	3	53	52 O	58	28	0	55	40	0	N
Cap S. Jean, *le plus E. de l'Ifle des Etats* . .	4	24	24 O	66	6	0	54	47	10	S
Cap S. Laurent, *Perou..*	5	30	28 O	82	37	0	1	2	0	
Cap S. Vincent, *Espagne.*	0*43	28	O	10	52	0	37	2	0	N
Cap Spartel, *Afrique* . .	0	33	0 O	8	15	7	35	42	10	
Cap Spichel, *Portugal* . .	0	46	36 O	11	39	0	38	22	10	
Cap Start-Point, *Anglet.*	0	24	41 O	6	10	15	50	9	0	
Cap Tafernie, *Afrique* . .	0	48	24 O	12	6	0	30	57	0	
Cap Trafalgar, *Espagne.*	0	33	24 O	8	21	0	35	7	56	
Cap Veillane, *Espagne..*	0	46	2 O	11	30	30	43	12	30	
Cap Vert, *Afrique*, pointe la plus O.	1*19	36	O	19	54	0	14*46	7		
Cap de la Vierge Marie, *dét. de Magellan* . . .	4	40	52 O	70	13	0	52	23	0	S
Cap Wreath, *Ecoffe* . .	0	30	4 O	7	31	0	58	33	0	N
Cardif, *Angleterre* . .	0	22	40 O	5	40	0	51	25	0	
Carlfcroon, *Suede* . . .	0*53	4	E	13	16	0	56† 9	30		
Cartagene, *Espagne* . .	0	13	54 O	3	28	30	37†36	7		
Cartagene, *Amérique* . .	5*11	5	O	77	36	15	10*26	35		
Cayenne, *Amérique* . .	3*38	20	O	54	35	0	4*56	15		
Cette, *Languedoc*, au Fanal	0*	5	28 E	1	22	7	43*23	51		
Chaudernagor, *Indes* . .	5*44	37	E	86	9	15	22*51	26		
Cherbourg, *Normandie..*	0*15	53	O	3	58	11	49*38	26		
Chefter, *Angleterre* . .	0	21	0 O	5	15	0	53	16	0	
Ciotat, *Provence* . . .	0*13	7	E	3	16	51	43*10	30		
Civita-Wecchia, *Italie..*	0†37	38	E	9	24	30	42† 5	24		
Cochin, *Malabar* . . .	4	54	52 E	73	43	0	9†58	0		

Collioure,

Suite de la TABLE de la différence des Méridiens.

Noms des Lieux.	Différ. des Méridiens.						Latitude ou hauteur du Pole.		
	En tems.			En Degrés.					
	H.	M.	S.	D.	M.	S.	D.	M.	S.
Collioure, *Roussillon* ..	0*	3	0 E	0	45	2	42*	31	45 N
La Conception, *Amériq.* Chili.	5*	0	0 O	75	0	0	36	42	53 S
Constantinople, *Turquie*	1*46	25	E	26	36	15	41*	1	10 N
Copenhague, *Danemarck*	0*41	2	E	10	15	30	55	40	50
Coquimbo, *Chili* . .	4†54	20	O	73	35	0	29†54	40	S
Corcke, *Irlande* . . .	0†43	13	O	10	48	15	51†53	54	N
Cordouan (Tour de), Guyenne	0*14	3	E	3	30	38	45*	35	15
La Corogne, *Espagne* ..	0	43	2 O	10	45	30	43	20	0
Coutances, *Normandie* ..	0*15	10	O	3	47	25	49*	2	50
Le Croisic, *Bretagne* ..	0*19	27	O	4	51	42	47*	15	40
Le Crotoi, *Picardie* ..	0	2	51 O	0	42	51	50	12	52
Dantzick, *Prusse*	1*	5	12 E	16	18	0	54*	22	14
Darmouth, *Angleterre* ..	0	24	0 O	6	0	0	50	10	0
Dieppe, *Normandie* ..	0*	5	3 O	1	15	48	49*	55	17
Doggers-Bauc ⎰ P. du S.O.	0	6	4 O	1	31	0	53	42	0
mer d'Allema ⎱ P. orient.	0	14	52 E	3	43	0	55	39	0
Dordrecht, *Hollande* ..	0	8	46 E	2	11	30	51	48	0
Douvre, *Angleterre* . . .	0*	4	4 O	1	1	3	51*	7	47
Drontheim, *Norvege* ..	0†35	0	E	8	45	0	63†26	12	
Dublin, *Irlande*	0	33	42 O	8	25	30	53†21	11	
Dungeness, ou pointe des Dunes, *Angleterre* ..	0	5	20 O	1	20	0	50	52	20
Dunkerque, *Flandres* ..	0*	0	10 E	0	2	23	51*	2	4
Durazo, *Turquie*	1	7	20 E	16	50	0	41	30	0
Edimbourg, *Ecosse* . . .	0*22	2	O	5	30	30	55*	57	57
Edistone, *Angleterre* ..	0	26	40 O	6	40	0	50	8	0
Emb. de l'Elbe ⎰ P. mérid.	0	24	0 E	6	0	0	53	56	30
Emb. de l'Elbe ⎱ P. sept.	0	25	16 E	6	19	0	54	0	0
Enckuysen, *Hollande* ..	0	11	16 E	2	49	0	52*	40	0
Etaple, *Picardie* . . .	0*	2	47 O	0	41	44	50*	30	44
Excester, *Angleterre* ..	0*23	38	O	5	54	30	50	44	0

Suite de la TABLE *de la différence des Méridiens.*

Noms des Lieux.	Différ. des Méridiens.		Latitude ou hauteur du Pole.
	En tems.	En degrés.	
	H. M. S.	D. M. S.	D. M. S.
Falmouth, *Angleterre* . .	0 29 26 O	7 21 30	50 8 0 N
Fanal de Cette, *Languedoc*	0 5 24 E	1 21 7	43 24 3
Fanal de Chaſſiron , *Iſle d'Oleron*	0*15 1 O	3 45 13	46* 2 50
Fanal d'Eddiſtone, *Anglet.*	0 26 40 O	6 40 0	50 8 0
Fanal de Rhé, *Tour des Baleines*	0*15 48 O	3 54 28	46*14 48
Fanal Ste. Agnés, *Iſle des Sorlingues*	0 36 20 O	9 5 0	49 56 0
Fanal S. Mathieu, *Bretagne*	0*28 30 O	7 7 25	48*19 52
Faro, *Portugal*	0 40 0 O	10 0 0	6 50 0
Fécamp, *Normandie* . .	0* 7 53 O	1 58 15	49*46 0
Férol, *Eſpagne*	0 42 3 O	10 30 45	43 39 30
Fontarabie , *Eſpagne* . .	0*16 32 O	4 8 7	43*23 20
Fort Guillaume, *Bengale*	5 44 42 E	86 10 30	22 34 45
Fort du Pr. de Walles, *Baie d'Hudſon* . . .	6†26 16 O	96 34 0	58†47 32
Fort-Royal de la *Martin.*	4*13 56 O	63 29 0	14*35 55
Fort S. Louis, *Iſle Saint-Domingue*	5* 2 40 O	75 40 0	18*18 40
Fort S. Pierre de la *Martinique*	4*15 8 O	63 46 50	14*44 0
Foulpointe , *Iſle de Madagiſcar*	3 10 10 E	47 32 30	17 40 14 S
Fréjus , *Provence*	0 17 40 E	4 25 0	43 25 0 N
Fronſac (détr. de) *Amér.* grande anſe du N.	4*14 40 O	63 40 0	45*36 48
Funchal , *Iſle de Madere.*	1*17 4 O	19 16 0	32*37 40
Galloway , *Irlande* . . .	0 45 52 O	11 28 0	53 12 0
Gamjam, *Indes*	5†31 52 O	82 58 0	19†25 0
Gênes , *Italie*	0*25 3 E	6 15 45	44*25 0
Gibraltar, *Eſpagne.* . .	0 30,17 O	7 34 15	36† 4 44
Glaſcow, *Ecoſſe*	0†26 20 O	6 35 0	55†51 32
Goa, *Indes*	4 45 40 E	71 25 0	15 31 0

Suite de la TABLE *de la différence des Méridiens.*

Differ. des Méridiens.	Differ. des Méridiens.		Latitude ou hauteur du Pole.
	En tems.	En degrés.	
	H. M. S.	D. M. S.	D. M. S.
Goave (le petit) , *Isle* S. *Domingue* . . .	5* 0 40 O	75 10 0	18*27 0 N
Gorée, *Isle d'Afrique* . .	1*19 4 O	19 46 0	14*40 10
Gothenbourg, *Suede* . .	0†37 52 E	9 28 0	57*42 0
Gottingue, *Allemagne* , à l'Observat.	0*30 12 E	7 33 0	51†31 54
Granville, *Normandie* . .	0*15 48 O	3 57 7	48*50 11
Gravelines, *Flandres* .	0* 0 50 O	0 12 28	50*59 4
Greenwich, *Angleterre* , à l'Observat. . . .	0* 9 16 O	2 19 0	51*28 40
Gripswald , *Poméranie* . .	0†44 10 E	11 2 30	54† 4 20
Guadeloupe (la), *Isle* *Ant.* Basse-Terre . . .	4*16 33 O	64 8 15	15 59 30
Guayaquil, *Pérou*	5†34 2 O	83 30 30	2†11 21 S.
Hambourg , *Allemagne* . .	0†30 0 E	7 30 0	53†34 8 N.
Harlech, *Angleterre* . .	0 29 44 O	7 26 0	52 57 0
Hastings , *Angleterre* . .	0* 6 35 O	1 34 50	50 52 10
Havane (la), *Isle de Cube*	5 36 34 O	84 8 30	23 11 52
Havre-de-Grace , *Norm.*	0* 8 58 O	2 14 3	49*29 9
Hernosand, *Suede*	1† 2 12 E	15 33 0	62†38 0
Honfleur , *Normandie* . .	0* 8 27 O	2 6 43	49*25 21
Horn, *Hollande*	0 10 16 E	2 34 0	52 37 0
Hull, *Angleterre*	0 10 40 O	2 40 0	53 47 0
Inverness , *Ecosse*	0 24 40 O	6 10 0	57 30 0
Islamabad , *Bengale* . . .	5†57 44 E	89 26 0	22†20 0
Islande { Cap Nord	1 40 16 O	25 4 0	66 44 0
Pointe Sud du Golfe d'Arnafiord	1 46 32 O	26 38 0	65 48 50
Patrix-Fiord *ou* Vat-neyre	1*46 0 O	26 29 53	65*35 45
Cap Langaness, *à son* extrémité	1 13 44 O	18 26 0	66 22 0
Hola	2 28 16 O	22 4 0	65 44 0
Isle d'Aix, *Bretagne* . .	0*14 4 O	3 31 5	46* 0 15

f ij.

Suite de la TABLE de la différence des Méridiens.

Noms des Lieux.	Différ. des Méridiens. En temps.				Différ. des Méridiens. En degrés.				Latitude ou hauteur du Pole.			
	H.	M.	S.		D.	M.	S.		D.	M.	S.	
Isle Alegranza, *une des* Canaries	1*	3	24	O	15	51	0		29*25	30		N
——Amsterdam, *mer des* Indes	4	48	15	E	72	3	45		37	50	0	S
——Amsterdam, *Isle des Amis*, mer du S. . . .	11	48	20	O	177	5	0		21	9	0	
——Anegade *ou* Noyée, *une des Antilles*	4	25	52	O	66	27	55		18	34	0	N
——L'Anguille, *une des Antilles*, Pte. la plus O.	4	22	16	O	65	34	0		18	15	0	
——Anholt, *mer de Danemar.* à la Tour de Feu..	0	36	16	E	9	4	0		56	44	15	
——Enatum, *Nouvelles Hebrides*	11	11	0	E	167	45	0		20	10	0	
——Antigue, *une des Ant.* au port Saint-Jean . . .	4*	17	56	O	64	29	0		17*	4	30	
——De l'Arc, *mer du Sud*, Pointe Est . . : . . .	9	34	4	O	143	31	0		18	23	0	S
——De l'Ascension, *Océan méridional*	1t.	6	46	O	16	41	31		7†56	30		
——De l'Assomption, *Ind.*	2	29	40	E	44	55	0		9	47	0	
——De l'Aventure, *mer du sud*	9	46	27	O	146	36	45		17	5	15	
——D'Aves, *une des Ant.*	4	24	44	O	66	11	0		15	30	0	N
——d'Aurigny, *dans la* Manche . . . . . . ,	0	18	8	O	4	32	0		49	45	0	
——De l'Aurore, *Nouvelles-Hebrides*	11	3	52	E	165	58	0		15	8	5	S
——Ba'abea, *Nouvelle-Calédonie*	10	48	12	E	162	3	0		20	7	0	
——Barbade, *une des Ant.* pointe la plus N. . . .	4	9	47	O	62	26	45		13	18	0	N
——Barbeude, *idem* P. N.	4	17	24	O	64	22	0		17	49	45	
——De Bas, *Bretagne* . .	0	25	25	O	6	21	20		48	45	40	
——Bonavista, *Isle du* Cap-Vert	1	40	25	O	25	6	15		16	6	2	

Suite de la TABLE de la différence des Méridiens.

Noms des Lieux.	Différ. des Méridiens.						Latitude ou hauteur du Pole.			
	En temps.			En degrés.						
	H.	M.	S.	D.	M.	S.	D.	M.	S.	
Isle Boscawen ou des Co-cos, *mer du sud* . . ,	11	50	0 O	177	30	0	15	50	0	S
—Botanique, *Nouvelle Calédonie*	10	51	59 E	164	57	45	22	26	40	S
—Bourbon, *Indes*, à S. Denis	3*32	40	E	53	10	0	20*51	43		
—Brava, *Isle du Cap-Vert*	1	48	20 O	27	5	0	14	50	58	N
—Byron, *mer du sud*..	11	38	4 E	174	31	0	1	18	0	S
—Canarie, *P. la plus N.*	1	11	51 O	17	57	45	28*13	0		N
—Carteret, *mer du sud*.	10	27	8 E	156	47	0	8	33	0	S
—Célebes, *Indes*, à Ma-cassar	7	42	59 E	117	29	45	5	9	0	
Ceylan, *Indes* à Trinque-maly . .	5	15	28 E	78	52	0	8	35	0	N
à la pointe de Gale ..	5	11	48 E	77	57	0	6	0	0	N
—De la Chaine, *mer du sud*	9	52	52 O	148	13	0	17	23	0	S
—Charlton, *Baie d'Hudson*	5	25	36 O	81	24	0	52	3	0	N
—De la Chevre ou Isle Cabre, *Indes*	7	50	52 E	117	43	0	13	55	0	
—Coates, *mer des Ind.*	6	2	15 E	90	33	45	22	6	0	S
—Corvo, *une des Açores*, pointe S.	2	14	10 O	33	32	32	39	41	41	N
—De Cube Cap Maïsi..	5	6	36 O	76	39	0	20	8	0	
à la Havane	5	36	34 O	84	8	30	23	11	52	
—Cumberlan, *mer du S.*	9	31	32 O	142	53	0	19	18	0	S
—Cummin, *Indes* . .	7	54	55 E	118	43	45	31	40	0	N
—Dassem, *Afrique* .	1	2	55 E	15	43	0	33	25	0	S
—Desirade, *une des Ant.* à l'ance du Galet . . .	4	14	2 O	63	30	30	16	24	43	N
—Diego Garcia, *Indes*.	4	33	20 E	68	20	0	7	15	0	S
—Dieu, *Bretagne* . . .	0*18	43	O	4	40	45	46*42	23		N
—Dominique (la), *une des Antilles*, pointe N.	4	16	2 O	64	0	30	15	37	30	

Suite de la TABLE de la différence des Méridiens.

Noms des Lieux.	Différ. des Méridiens.						Latitude ou hauteur du Pole.			
	En tems.			En degrés.						
	H.	M.	S.	D.	M.	S.	D.	M.	S.	
Isle de la Dominique *une des Marquises*, mer du S.	9	25	23 O	141	20	40	9	40	40	S.
——Douteuse, *mer du Sud*	9	35	48 O	143	57	0	17	20	0	
——Du Duc d'Yorck , *id.*	11	41	28 O	175	22	0	8	41	0.	
——Egmont , *idem* . . .	9	23	16 O	140	49	0	19	20	0	
——Egmont , une des Isles de la Reine Charlotte . .	10	47	4 E	161	46	0	11	0	0	
——Frramanga, *Nouvelles Hebrides*	11	7	58 E	166	59	30	18	46	30.	
——Irraname, *idem* . . .	11	12	8 E	168	2	0	19	31	0.	
——Des Etats { Cap S. Jean	4	24	24 O	66	6	0	54	47	10.	
{ Havre du nouvel an..	4	26	0 O	66	30	0	54	48	55	
——Fayal, *une des Açores*, à la Ville	2	4	0 O	31	0	5	38	32	20	N
——Fédale, *Afrique* . . .	0	38	1 O	9	30	15	33	46	45	
——De Fer , *une des Canaries*	1*22		0 O	20	30	0	27*45		0	
——Juan-Fernandez, *mer du Sud*	5	18	44 O	79	41	0	33	45	0	S
Isle de Feu, *une du Cap-Vert*, au pic	1	47	0 O	26	45	0	14	56	45	N.
——Flore, *une des Açores*, pointe N.	2	13	46 O	33	26	34	39	33	59	
——Formose , *Indes* , à Tay-Wan	7	50	21 E	117	35	20	23	0	0	
——Fortavantare, *une des Canaries*, pointe de l'O.	1* 7		26 O	16	51	30	28* 4		0	
——De France *ou* Maurice , au port Louis . .	3	40	32 E	55	8	0	20	9	45	S
——Fulo , *une des Isles Feroë*, pointe N. E. . .	0	32	0 O	8	0	0	62	26	30	N
——Furneaux , *mer du S.*	9	41	43 O	145	25	40	17	11	0	S.
——Georgie , *mer du S.* Baie de Possess. . . .	2	38	28 O	39	37	0	54	5	0	S.
——Glocester , *mer du S.*	9	29	56 O	142	29	0	19	11	0.	

Suite de la TABLE *de la différence des Méridiens.*

Noms des Lieux.	Différ. des Méridiens.		Latitude ou hauteur du Pole.
	En temps.	En degrés.	
	H. M. S.	D. M. S.	D. M. S.
Ifle Gomere, *une des Ca-naries*	1*17 52 O	19 28 0	28* 5 40 N
———Gonave, *près Saint-Domingue*, pointe E. . . .	5 0 30 O	75 7 29	18 52 0
———Gorée, *Afrique* . . .	1*19 4 O	19 46 0	14*40 10
———Gower, *mer du Sud*	10 26 56 E	156 44 0	7 56 0 S
———Gracieufe, *une des Canaries*, pointe. N. E.	1* 3 16 O	15 49 0	29*18 0 N
———Gracieufe, *une des Açores*	2 1 8 O	30 17 0	39 2 0
———Grafton, Ifles Bashées *mer du Sud*	7 54 44 E	118 41 0	21 4 0 S
———Grouais, *Bretagne* . .	0*23 10 O	5 47 37	47*38 4 N
———Guam, *une des Ma-riannes ou Larrons* . .	9 32 32 E	143 8 0	13 25 0
———Guernefey, *vis-à-vis le Château Cornet* . . .	0 19 32 O	4 53 0	49 26 0
Ifle Hammerfoft, *Norvege*	1*25 33 E	21 23 15	70†38 22
———Hervey, *mer du Sud*	10 44 28 O	161 7 0	19 17 0 S
———Howe, *mer du Sud*	10 25 43 O	156 25 40	16 46 30
———Huaheine, *une des Ifles de la Société* . . .	10 13 49 O	153 27 15	16 44 0
Ifle de la Jamaïque, *Port-Royal*	5†16 18 O	79 4 30	18 0 0 N
———Jerfey, *à S. Aubin* . .	0 18 9 O	4 32 9	49 12 47
———Yvica, *au port d'Y-vice*, ...	0 2 56 O	0 44 0	38 55 0
Ifle Lagoon, *mer du Sud.*	9 27 8 O	141 47 0	18 47 0 S
———Lancerote, *une des Canaries*, pointe E. . .	1* 3 4 O	15 46 0	29*14 0 N
———L'Epreux (des), *Nou-velles-Hébrides*	11 2 37 E	195 39 15	15 23 30 S
———Longue, *Debouq de S. Doming.* pointe la plus E.	5 8 48 O	77 12 0	22 49 0 N
———Loups (des), *une des Canaries*	1* 4 36 O	16 9 0	28*46 0

Suite de la Table de la différence des Méridiens.

Noms des Lieux.	Différ. des Méridiens. En tems.			Différ. des Méridiens. En degrés.			Latitude ou hauteur du Pole.		
	H.	M.	S.	D.	M.	S.	D.	M.	S.
Isle de Madagascar. { Baie S. Augustin . .	2	43	16 O	40	49	0	23 35 29 S		
Cap S. Sebastien . .	2	56	20 E	44	5	0	12 30 0		
Baie d'Antongil . .	3*12	13	E	48	3	15	15*27 23		
Foulpcinté . .	3*10	10	E	47	32	30	17 40 14		
Ille Madeleine, *une des Marquises* . . .	9	24	35 O	141	9	0	10 25 0		
——Madere { A Funchal . .	1*17	4	O	19	16	0	32*38 30 N		
Au Cap Laur.	1	16	4 O	19	1	0	32 45 45		
—— Mahé *ou* Seichelle, *Indes*	3	33	0 E	53	15	0	4 38 0 S		
—— Mai (de), *isle du Cap-Vert,* pointe S. . . .	1	42	4 O	25	31	0	15 6 0 N		
——Majorque, *au port de* Palme	0	0	39 E	0	9	45	39 35 0		
——Mallicolo, port Sand-wich, *mer du Sud* .	11†2	16	E	165	34	0	16†25 20 S		
——Malte (de), à l'Ob-servatoire	0*48	28	E	12	7	0	35 53 47 N		
—— Mangalibom, *Indes* .	7	33	14 E	113	18	30	6 10 0		
—— Marie Galanté, *une des Ant.,* Basse-Terre	4	14	48 O	63	42	0	15 55 15		
——Masafuero, *mer du S.*	5	30	44 O	82	41	0	33 45 0 S		
——Maurua, *une de la* Société	10	19	27 O	154	51	40	16 25 40		
Mételin, *Archipel* . . .	1	36	0 E	24	0	0	39 8 0 N		
—— Midelbourg, *une des* Amis;	11	47	16 O	176	49	0	21 24 0 S		
——Minorque, *au Fort S.* Philippe	0*	5	54 E	1	28	30	39*50 46 N		
——Montserat, *une des* Antilles, pointe la plus S.	4	18	55 O	64	43	40	16 42 0		
—— Navigateurs (des), *mer du Sud*	11	26	56 O	171	44	0	14 6 0 S		
——Nieves (des), *une des* Ant. pointe la plus Sud	4	20	10 O	65	2	30	17 12 0 N		
——Norfolk, *mer du Sud*	11	3	24 E	165	51	0	29 1 45 S		

Isle

Suite de la TABLE de la différence des Méridiens.

Noms des Lieux.	Différ. des Méridiens. En tems.				Différ. des Méridiens. En degrés.				Latitude ou hauteur du Pole.			
	H.	M.	S.		D.	M.	S.		D.	M.	S.	
Isle de l'Observatoire, *Nouv. Calédonie* . . .	10†49	29	E		162	22	14		20†18	0		S
——Ohéréroa, *mer du S.*	10	12	24	O	153	6	0		22	27	0	
——Oleron, *au Fanal de la Tour de Chaffiron* . .	0*15	1		O	3	45	13		46*	2	50	N
——Ofnabrug, *mer du S.*	9	35	32	O	143	53	0		22	0	0	S
——Oueffant, *Bretagne*, au Fanal	0*29	38		O	7	24	33		48*28	30		N
——Ours (des), *Baie d'Hudfon*	5	29	0	O	82	15	0		54	34	0	
——Ours (des), *mer glaciale*	0	56	20	E	14	5	0		74	32	0	
Isle Palme (de), *une des Canaries*, à Taffacorté	1*21	12		O	20	18	0		28*38	0		
——Palmerfton, *mer du S.*	11	1	4	O	165	16	0		18	0	0	S
——Pâques (de), *mer du Sud*	7	28	23	O	112	5	45		27	6	30	
——Pantecôte (de la), *mer Sud*	9	21	0	O	140	15	0		19	26	0	
——Pic (du), *une des Açores*, au Pic	2	3	0	O	30	45	0		38	28	40	N
——Pitcairn, *une des Marquifes*, *mer du Sud* . . .	9	2	40	O	135	40	0		22	22	0	S
Portorico & fes environs. — Pointe N. E. . . .	4	32	38	O	68	9	30		18	36	0	N
Pointe S. E. . . .	4	33	6	O	58	16	30		18	9	0	
Cap Roxo *ou* pointe S. O.	4	39	50	O	69	57	30		18	5	0	
Cap de l'Aiguade, *ou* pointe N. O. . .	4	40	17	O	70	4	10		18	31	40	
Ifle aux Crabes . .	4	32	6	O	68	1	30		18	2	0	
Petite Ifle Zachée	4	40	50	O	70	12	30		18	24	0	
——Porto - Sancto, *près l'Ifle de Madere*	1	14	57	O	18	44	15		32	58	15	
——Prince (du), *Indes*	6	49	44	E	102	26	0		6	28	0	S
——Prince de Galles (du), *mer du Sud*	10	1	40	O	150	25	0		15	0	0	

Suite de la TABLE de la différence des Méridiens.

Noms des Lieux.	Differ. des Méridiens.		Latitude ou hauteur du Pole.
	En tems.	En Degrés.	
	H. M. S.	D. M. S.	D. M. S.
Isle Prince Guill. Henri (du), *mer du Sud* . .	9 33 40 O	143 25 0	19 0 0 S
——Pylestaart , *près celles des Amis*	11 52 2 O	178 0 30	22 23 0
Isle Ré (de) { à S. Martin	0*14 48 O	3 41 59	46*12 18 N
au *Fanal de la Tour des Baleines*. .	0*15 38 O	3. 54 28	46*14 48
——Redonde (la) , *une des Antilles*	4 19 31 O	64 52 45	16 54 0
——Reine Charl. (de la), *mer du Sud*	9 21 32 O	140 23 0	19 18 0 S
——Résolution (de la). *mer du Sud*	9 36 16 O	144 4 0	17 23 30
——Rodrigue, *Indes* . .	4* 3 26 E	60 51 30	19*40 38
——Ronde , *Indes* . . .	6 12 48 E	93 12 0	6 0 0 N
——Roterdam , *une des Amis , mer du Sud* . . .	11 47 18 O	176 49 30	20 16 30 S
Isle de Saba, *une des Ant.*	4 22 44 O	65 41 0	17 39 30 N
——Sable (de) { pointe E.	4 7 48 O	61 57 0	44 6 0
Amér. sept. { pointe O,	4 10 40 O	62 40 0	44 6 0
——Ste. Agnès , *une des Sorlingues*, au Fanal . .	0 36 20 O	9 5 0	49 56 0
——St. Antoine , *une du Cap-Vert*, pointe N. O.	1 49 28 O	27 22 0	17 12 0
——S. Barthelemi, *une des Antilles*, pointe N. O.	4 21 50 O	65 27 30	17 53 30
——S. Barthelemi, *Nouv. Hebrides*	10 59 54 E	164 58 30	15 42 0 S
——Ste. Catherine, *Amer. mérid.*	3 26 24 O	51 36 0	27 35 0
Ste. Christine , *une des Marquises*, pointe de la Résolution	9†25 51 O	141 27 40	9†55 30
——S. Christophe, *une des Ant.* pointe Ste. Croix	4 20 41 O	65 10 20	17 14 45 N

Suite de la TABLE *de la différence des Méridiens.*

Noms des Lieux.		Différ. des Méridiens. En tems.				En degrés.			Latitude ou hauteur du Pole.			
		H.	M.	S.		D.	M.	S.	D.	M.	S.	
	Isle Ste. Claire, *une des Canaries*	1*	3	38	O	15	52	0	29*	19	0	N
	—Ste. Croix, *une des Vierges*, pointe la plus E.	4	28	8	O	67	2	0	17	51	0	
Isle S. Domingue & ses environs.	Cap Samana	4	46	26	O	71	36	30	19	15	0	
	Vieux Cap François	4	49	37	O	72	24	13	19	40	30	
	Le Cap François, *à l'Eglise*	4*	58	34	O	74	38	25	19*	46	24	
	Port de Paix . . .	5	0	56	O	75	14	0	19	55	0	
	Isle de la Tortue, pointe de l'O. . .	5	1	28	O	75	22	0	20	4	30	
	Mole S. Nicolas, à la Ville	5*	3	19	O	75	49	45	19*	49	20	
	Cap S. Marc . . .	5	0	32	O	75	8	2	19	12	30	
	Port-au-Prince. . .	4	58	20	O	74	35	0	18	40	0	
	Léogane, à l'embouc. de la Rouillonne . .	4	59	40	O	74	54	55	18	35	0	
	Le Petit Goave . . .	5*	0	40	O	75	10	0	18	27	0	
	Fort S. Louis	5*	2	40	O	75	40	0	18*	18	40	
	Caye d'Argent . . .	4	49	7	O	72	16	43	20	25	0	
	Grande Caïque, pointe du Sud	4	55	18	O	73	49	30	21	27	0	
	La Grande Inague, pointe du N. E. . .	5	1	59	O	75	29	45	21	19	0	
	Isles Plates, pointe la plus E.	5	4	0	O	76	0	0	22	38	0	
	Isle de la Fortune, pointe O.	5	7	3	O	76	45	50	22	30	10	
	Isle Longue, pointe la plus E.	5	8	48	O	77	12	0	22	49	0	
	Isle S. Eustache, *une des Antilles*, à la Ville . .	4	22	0	O	65	30	0	17*	29	0	
	—St. George, *Indes* . .	3	54	20	E	58	35	0	7	7	0	S
	—St. George, *une des Açores*	2	1	16	O	30	19	0	38	39	0	N

Suite de la TABLE de la différence des Méridiens.

Noms des Lieux.	Différ. des Méridiens.		Latitude ou hauteur du Pole.
	En tems.	En Degrés.	
	H. M. S.	D. M. S.	D. M. s.
Isle ste. Helene , *océan méridional*	0†32 32 O	8 8 0	15 55 0 S
——st. Kildas , *mer du N.*	0 48 40 O	12 10 0	58 4 0 N
——ste. Lucie , *une des Ant.* Cap le plus N. . .	4 14 12 O	63 33 0	14 6 45
——st. Marcou , *Norm.* .	0*13 59 O	3 29 45	49*29 48
——ste. Marie , *une des Açores* , à la Ville . . .	1 49 57 O	27 29 10	36 56 40
——st. Martin , *une des Ant.* pointe O.	4 22 35 O	65 38 45	18* 4 20
——st. Michel , *une des Açores* , pointe O. . .	1 53 19 O	28 19 49	37 49 41
——s. Paul , *Amér. sept.* pointe du S. S. E. . .	4 9 7 O	62 16 45	47*11 30
——st. Paul , *mer des Ind.*	5 1 56 E	75 29 0	37 51 0 S
——st. Pierre , *Indes* . .	3 18 0 E	49 30 0	9 22 0
——st. Pierre , *une des Marquises*	9 24 40 O	141 10 0	9 58 0
——st. Pierre , *près Terre-Neuve* , au Bourg . . .	3*54 28 O	58 37 0	46*46 30 N
——st. Thomas , *une des Vierges* , à la Ville . . .	4 29 12 O	67 18 0	18*21 56
——st. Yago *du Cap-Vert,* à la Praya	1*43 30 O	25 52 30	14*53 40
——Des Saints , *Bretagne*	0 29 40 O	7 25 0	48 5 5
——salvage	1 13 0 O	18 15 0	30 8 30
——sandwich , *Nouvelles Hebrides*	11 4 56 E	166 14 0	17 41 0 S
——sauvage , *mer du Sud*	11 27 18 O	171 49 30	19 2 15 S
——sel (de) , *du Cap-Vert*	1 41 1 O	25 15 15	16 38 15 N
——simson , *mer du Sud*	10 28 8 E	157 2 0	8 33 0 S
——soolo , *Indes* , à Tu-lyau	7†55 46 E	118 56 30	5†57 0 N
——O-Taïti , *mer du Sud,* pointe de Venus . . .	10†7 39 O	151 54 45	17†29 17 S

Snite de la **TABLE** *de la différence des Méridiens.*

Noms des Lieux.	Différ. des Méridiens.						Latitude ou hauteur du Pole.		
	En tems.			En Degrés.					
	H.	M.	S.	D.	M.	S.	D.	M.	S.
Isle Tanna, *Nouv. Hebrides*, port de la Résolution	11	9	28 E	167	22	5	19†32	25	S.
Ténériffe, *Ca-naries* . . { Port de l'Ortava.	1*15	40 O		18	55	0	28*25	0	N.
Au Pic . .	1*16	0 O		19	0	0	28*17	0	
—Tercère, *une des Aço-res*, à Angra.	1	58	11 O	29	32	42	39	39	7
Cap de Raye. . . .	4	5	54 O	61	28	30	47*37	0	
Isle Burgeo.	3*59	44 O		59	36	0	47*36	0	
Isle S. Pierre au Bourg	3*54	28 O		58	37	0	46*46	30	
Le Chapeau rouge. .	3	51	20 O	57	50	0	46*53	50	
Pont des Trépassés. .	3	42	2 O	55	30	30	46*43	30	
Cap de Raze. . . .	3	40	28 O	55	7	0	46	37	30
S. Jean, à la Ville. .	3	38	8 O	54	32	0	47*34	0	
Cap Bonavista . . .	3	39	20 O	54	50	0	48	50	30
Cap Réel, pointe du N.	3	41	30 O	55	22	30	49	34	0
Cap S. Jean	3	51	52 O	57	58	0	50	9	30
Isle de Groais, pointe du N.	3	52	0 O	58	0	0	50	49	30
Cap de Grat	3	51	36 O	57	54	0	51	39	30
Belle-Isle du N., *poin-te du Sud.*	3	51	26 O	57	51	30	51	51	30
Pointe Riche. . . .	3	59	6 O	59	46	30	50	39	0
—Timor, *Indes.* cap S.O	8	6	36 E	121	39	0	10	23	0 S
—Timorland, *Indes*, pointe du S.	8	38	16 O	129	34	8	8	15	0
—Tinian, *une des Ma-riannes ou Larrons* . .	9	34	4 E	143	31	0	14	58	0 N
—Tiookéa *ou de Geor-ge*	9	49	54 O	147	28	30	14	30	30 S
—Tapoamanu, *mer du S.*	10	11	52 O	152	58	0	17	28	0
—Tortue (de la) *idem* .	11	58	56 E	179	44	0	19	43	45
—Tortue (de la) *idem* .	10	33	16 O	158	19	0	2	2	0 N
—Traitres (des) *idem* .	11	50	16 O	177	34	0	15	55	0 S

(Dans la marge de gauche, en regard de ce groupe :) **Terre-Neuve & environs.**

Suite de la TABLE de la différence des Méridiens.

Noms des Lieux.	Differ. des Méridiens. En tems.			Differ. des Méridiens. En Degrés.			Latitude ou hauteur du Pole.			
	H.	M.	S.	D.	M.	S.	D.	M.	S.	
Isle de la Trinité, *Océan Méridional*	2	11	0 O	32	45	0	20	25	0	S
Isle Ulieta, *une de la Soci.* Baie d'Ohaman	10†15	48	0 O	153	57	5	16†45	36		S
——Vierge Gourde, *petites Ant.* fort Spanishtown	4	27	1 O	66	45	10	18*18	0		N
——Walcheren, *Zélande,* pointe O.	0	4	20 E	1	5	0	51	32	●	
——Willis, *mer du Sud,* près l'isle Georgie. . .	2	43	15 O	40	48	40	54	0	0	S
——Wingoë, *Suéde,* à la Pyramide	0	36	38 E	9	9	30	57	38	0	N
——Wallis, *mer du Sud* .	11	57	16 O	179	19	0	13	18	0	S
Wight (de) *Angleterre* { pointe Benbridge . .	0	13	35 O	3	23	45¾	50	40	15	N
pte. de Dunnose . . .	0	14	21 O	3	35	20	50	33	30	
Isle Ximo, *Japon,* à Nangasaky	8	25	49 E	126	27	15	32	32	0	
Isle du duc d'Yorck, *mer du Sud*	11	41	28 O	175	22	0	8	41	0	S
Kingsale, *Irlande,* à la Ville	0	43	24 O	10	51	0	51	34	0	N
Kola, *Russie*	2†	2	43 E	30	40	45	68†52	55		
Kullen, (Cap) *Suéde,* au Feu.	0	40	2 E	10	0	30	56	17	50	
Lanscron, *Suéde.* . . .	0	41	42 E	10	25	30	55	52	0	
Land's-end *ou fin de terre,* Angleterre.	0	32	9 O	8	2	15	50	6	0	
Larrache, *Afrique.* . .	0	34	2 O	8	30	28	35†11	0		
Laurwig, *Norvege.* . .	0	29	8 E	7	17	0	59	1	15	
Lécluse, *Hollande.* . .	0	3	36 E	0	54	0	51	18	0	
Léogane, *isle S. Doming.*	4	59	40 O	74	54	55	18	35	0	
Lewestown, *Amérique.*	5	9	45 O	77†26	22		38†47	27		

Suite de la TABLE *de la différence des Méridiens.*

Noms des Lieux.	Différ. des Méridiens.		Latitude ou hauteur du Pole.
	En tems.	En degrés.	
	H. M. S.	D. M. S.	D. M. S.
Lima, *Perou*	5*16 38 O	79 9 30	12* 1 15 S
Lisbonne, *Portugal,* congrégat. de l'Oratoire. .	0*45 25 O	11 28 45	38*42 20 N
Liverpool, *Angleterre* .	0*21 6 O	5 16 30	53*27 0
Livourne, *Italie* . . .	0 32 8 E	8 2 0	43 33 2
Londres, *Angleterre,* à St Paul	0* 9 38 O	2 24 37	51*30 40
Louisbourg. *isle Royale,* Langue de Terre . . .	4* 9 0 O	62 15 0	45*53 40
Macao, *Chine.*	7†25 45 E	111 26 15	22†12 44
Macascar, *Indes,* dans l'Isle Célebes.	7 49 59 E	117 29 45	5 9 0 S
Madras, *Indes,* au For S. George.	5 13 10 E	78 17 30	13 4 54 N
Malaca, *Indes*	6 39 0 E	99 45 0	2 12 6
Malaga, *Espagne* . . .	0 25 20 O	6 20 0	36 45 0
Malte, *isle de Malte,* à l'Observatoire	0*48 28 E	12 7 0	35*53 47
Manille, *isle de Luçon,* une des Philippines . .	7*54 8 E	118 32 0	14*36 8
Marenes, *Saintonge* . .	0*13 48 O	3 26 53	45*49 22
Marseille, *Provence* . .	0*12 9 E	3 2 8	43*17 45
Martinique, (la) *une des Antilles,* fort Royal. .	4*14 40 O	63 40 0	14*35 55
Mazagan, *Afrique.* . .	0 42 28 O	10 37 0	33 19 30
Medenblick, *Hollande* .	0 10 28 E	2 37 0	52 45 0
Mergui, *Indes.*	6 23 19 E	95 49 45	12 12 0
Messine, *Italie,* dans la Sicile.	0 55 45 E	13 56 15	38 21 0
Middelbourg, *Hollande,* Isle de Valcheren. . .	0 4 40 E	1 10 0	51 31 30
Milo, *Archipel,* Capitale de l'Isle	1*30 40 E	22 40 0	36*41 0
Mogador, *Afrique* . . .	0 46 40 O	11 40 0	31†27 0
Musketto-Cove, *Groenl.*	3 41 3 O	55 15 45	64 55 13

Suite de la Table de la différence des Méridiens.

| Noms des Lieux. | Différ. des Méridiens. | | Latitude ou hauteur du Pole. |
	En temps.	En degrés.	
	H. M. S.	D. M. S.	D. M. S.
Nangazaki, *Japon*, isle de Ximo	8 25 49 E	126 27 15	32 32 0 N
Nankin, *Chine*	7 45 24 E	116 21 4	32 4 30
Nantes, *Bretagne* . . .	0*15 35 O	3 53 48	47*13 7
Naples, *Ital.* collèg. Roy.	0*47 30 E	11 52 30	40*50 15
Narbonne, *Languedoc* .	0* 2 41 E	0 40 8	43*11 13
New-Cambridge, *Amer* .	4†54 0 O	73 30 0	42 25 0
New-Castle, *Angl* . .	0 15 20 O	3 50 0	55 0 0
Nice, *Piémont*	0*19 49 E	4 57 22	43*41 54
Nieuport, *Flandres* . .	0* 1 40 E	0 24 55	51* 7 41
Nouvelle Calédonie, Mer du Sud. — Havre de Balade, à Pudyoua . . .	10 49 29 E	162 22 14	20 18 0 S
Cap du Couronnement.	10 59 16 E	164 49 0	22 5 0
Promontoire de la Reine Charlotte.	10 59 35 E	164 53 45	22 15 0
Cap du Prince de Galles.	10 58 32 E	164 38 0	22 29 0
Isle des Pins. . . .	11 1 16 E	165 19 0	22 38 0
Nouvell. Hollande ou nouv. Galles mérid. — Cap de Diemen. . .	9 34 4 E	143 31 0	43 39 0
Isle New-Stone . .	9 36 32 E	144 8 0	43 48 0
Cap S.-E.	9 38 44 E	144 41 0	43 36 0
Baie de l'Aventure. .	9 40 44 E	145 11 0	43 23 0
Cap Howe.	9 50 40 E	147 40 0	37 25 0
Le Colombier . . .	9 52 0 E	148 0 0	35 19 0
Baie de Botanique. .	9 56 16 E	149 4 0	34 0 0
Port Stephens . . .	9 59 20 E	149 50 0	32 40 0
Cap Byron.	10 4 44 E	151 11 0	28 37 30
Pointe de l'isle double.	10 3 32 E	150 53 0	25 58 0
Cap Sandy *ou* de Sable	10 3 20 E	150 50 0	24 45 0
Cap Conwai. . . .	9 44 52 E	146 13 0	20 36 0
Cap Glocester . . .	9 43 28 E	145 52 0	19 59 0
Cap Bedfort	9 31 44 E	142 56 0	15 15 0
Cap Grenville . . .	9 20 12 E	140 3 0	11 58 0
Cap Yorck.	9 17 8 E	139 17 0	10 37 0
Isle du Pr. de Galles, *Cap Cornwall.* . .	9 14 44 E	138 41 0	10 43 0

Suite de la TABLE *de la différence des Méridiens.*

Noms des Lieux.	Différ. des Méridiens. En tems.				En degrés.			Latitude ou hauteur du Pole.			
	H.	M.	S.		D.	M.	S.	D.	M.	S.	
1 Nouvelle { *Cap S. George.*	10*	3	19	E	150	49	45	4	53	30	S
1 Irlande , { *au port Praslin*	10†	3	6	E	150	46	30	4* 49	27		
1 Nouvell. Orléans, *Amer.*	6*	9	15	O	92	18	45	29* 57	45		N
1 Nouvell. Yorck, *idem* .	5†	6	4	O	76	31	0	40†	4	0	
Cap Paliser	11	31	56	E	172	59	0	41	38	0	S
Cap Turnagain , *ou* du Retour. . . .	11	38	28	E	174	37	0	40	28	0	
Isle Portland *ou* Tea-howray	11	43	32	E	175	53	0	39	25	0	
Cap Table.	11	42	20	E	175	35	0	39	7	0	
Baie de Pauvreté . .	11	42	20	E	175	35	0	38	42	0	
Baie de Tolaga. . .	11	44	59	E	176	14	45	38	21	30	
Cap Est.	11	44	44	E	176	11	0	37	42	30	
Baie de Mercure . .	11	32	28	E	137	7	0	36	48	5	
Pointe Rodney . . .	11	29	12	E	172	18	0	36	15	0	
Baie des Isles. . . .	11	26	44	E	171	41	0	35	12	0	
Mont-Carmel. . . .	11	21	24	E	170	21	0	34	51	0	
Cap Nord.	11	21	4	E	170	16	0	34	22	0	
Isles des trois Rois, la plus grande. . . .	11	17	32	E	169	23	0	34	12	0	
Cap Campbel. . . .	11	29	4	E	172	16	0	41	44	0	
Cap Sud.	10	59	16	E	164	49	0	47	19	0	
Cap Farewel *ou* d'A-dieu.	11	21	30	E	170	22	30	40	37	0	
Terre du St. { Esprit Cap Cumber-land. . . .	10	57	52	E	164	28	0	14	39	30	
Cap Quiros .	11	0	4	E	165	1	0	14	56	8	
Isle de la Table. . .	10	59	12	E	164	48	0	15	38	0	
Isle S. Barthelemi. .	10	59	54	E	164	58	30	15	42	0	
Isle Malicolo, *port* Sandwich	11†	2	16	E	165	34	0	16† 25	20		
Isles Maskeline, *mi-lieu.*	11	2	41	E	165	40	15	16	32	0	
Isle des Lépreux .	11	2	37	E	165	39	15	15	23	30	
Isle ou Pic de l'Etoile	11	3	20	E	165	50	0	14	29	0	
Isle de l'Aurore . .	11	3	52	E	165	58	0	15	0	0	

Left-margin group labels: *Nouvelle Zelande, mer du Sud* (Cap Paliser … Cap Farewel); *N. Hébrides ou Cyclad. m. d. S.* (Terre du St. Esprit … Isle de l'Aurore).

Suite de la TABLE *de la différence des Méridiens.*

Noms des Lieux.	Différ. des Méridiens.		Latitude ou hauteur du Pole.
	En tems.	En Degrés.	
	H. M. S.	D. M. S.	D. M. S.
Île de la Pentecôte .	11 4 5 E	166 1 15	15 44 20 S
Isle Sandwich , *milieu*	11 4 56 E	166 14 0	17 41 0
Le Monument , *Rocher*	11 5 17 E	166 19 15	17 14 15
Isles Shepherd , *milieu*	11 5 32 E	166 23 0	16 58 0
Isle Erramanga , *cap des Traitres* . . .	11 8 6 E	167 1 30	18 43 30
Isle Tanna , *port de la Résolution.* . .	11† 9 28 E	167 22 5	19†32 25
Isle Enatum	11 11 0 E	167 45 0	20 10 0
Olinde *ou* Fernambouc , *Brésil.*	3 29 8 O	37 24 30	8 13 0 S
Olonne, *Poitou*	0*16 32 O	4 7 58	46*29 50 N
Oneille, *Italie*	0 22 24 E	5 35 0	43 55 0
Orient, (l') *Bretagne* .	0*22 50 O	5 42 35	47*44 34
Ostende, *Flandres* . .	0* 2 20 E	0 35 2	51*13 55
Oudembosc, *Brab. Holl.*	0 8 16 E	2 4 0	51 35 30
Umba , *Laponie*	2† 7 44 E	31 56 0	66 39 47
Palmiers (pointe des), *Indes.*	5 39 54 E	84 58 30	20 45 0 N
Panama, *Amérique.* . .	5 28 24 O	82 6 0	8 58 50
Paris , à *l'observatoire* Royal.	0* 0 0	0 0 0	48*50 15
Patras, *Turquie*	1 18 40 E	19 40 0	38 5 0
Patrix-Fiord, *Island* . .	1*46 0 O	26 29 53	65*35 45
Pékin, *Chine*, Observat. Impérial	7*36 35 E	114 8 45	39*55 30
Penmark (pointe de), *Bretagne*	0 26 53 O	6 43 10	47 47 0
Petersbourg (S.) *Russie*, à l'Observatoire . . .	1*52 0 E	28 0 0	59*56 23
Philadelphie, *Am. Sept.*	5†10 17 O	77 34 15	39†56 55

En marge, verticalement : N. Hébrides ou Cyclad. m. d. S.

Suite de la TABLE de la différence des Méridiens.

Noms des Lieux.	Différ. des Méridiens. En temps.			Différ. des Méridiens. En degrés.			Latitude ou hauteur du Pol.		
	H.	M.	S.	D.	M.	S.	D.	M.	S.
Pic des Açores	2	3	0 O	30	45	0	38	28	40 N
Pic de l'Isle de Feu, *une du cap Vert.*	1	47	0 O	26	45	0	14	56	45 N
Pic de Ténériffe, *Canari.*	1*16		0 O	19	0	0	28*17		0
Pilier (le), *à l'embouch. de la Loire.*	0*18	49	O	4	42	20	47*	2	29
Pimbeuf, *Bretagne.* . .	0*17	32	O	4	22	53	47*17		12
Pife, *Toscane.*	0†31	28	E	7	52	0	42†43		7
Plymouth, *Angleterre.* .	0†26	19	O	6	34	38	50†22		24
Pondichery, *Indes.* . .	5*10	6	E	77	31	30	11*55		42
Ponoi, *Laponie.* . . .	2†35	12	E	38	48	0	67†	4	30
Pontorson, *Normandie* .	0*15	27	O	3	51	47	48*33		18
Portland, *Anglet.* pte. S.	0	19	14 O	4	48	30	50	30	0
Port-Louis, *Bretagne.* .	0*22	51	O	5	42	40	47*42		10
Port Mahon, *fort Saint Philippe.*	0*	5	54 E	1	28	30	39*50		46
Port de Paix, *isle Saint Domingue.*	5	0	56 O	75	14	0	19	55	0
Port Praslin, *nouv. Irlande*	10†	3	0 E	150	46	30	4†49		27 S
Port au Prince, *Isle Saint Domingue.*	4	58	20 O	74	35	0	18	40	0 N
Port Royal, *Jamaïque* . .	5	16	18 O	79	4	30	18	0	0
Port S. Julien, *Amérique meridionale*	4	44	12 O	71	3	0	49	10	0 S
Porto, *Portugal.* . . .	0	43	8 O	10	47	0	41	10	0 N
Porto-Belo, *Amérique* .	5*28	40	O	82	10	0	9*33		5
Portsmouth, *Angleterre, au Port.*	0†13	41	O	3	25	15	50	47	5
Providence (la) *N. Ang.*	4	55	0 O	73	45	0	41	50	40
Pulo Condor, *Indes.* . .	6	54	28 E	103	37	0	8	40	0
Pulo Mankap, *Indes.* . .	7	9	4 E	107	16	0	3	5	0 S
Quanton, *Chine.*	7	22	53 E	110	43	15	23	7	50 N
Québec, *Canada.* . . .	4†54	0	O	73	30	0	46*55		0
Quimper, *Bretagne.* . .	0*25	50	O	6	27	25	47*58		24
Quito, *Pérou.*	5*21	0	O	80	15	0	0*13		17 S

h ij

Suite de la TABLE de la différence des Méridiens.

Différ. des Méridiens.	Différ. des Méridiens. En tems.			En degrés.			Latitude ou hauteur du Pole.		
	H.	M.	S.	D.	M.	S.	D.	M.	S.
Ram-Head, *Angleterre* .	0 26	37	O	6	39	15	50	18	40 N
Rio-Janéïro, *Bréfil.* . .	3* 0	15	O	45	3	45	22*54	10	S
Rochefort, *Aunis* . . .	0*13	14	O	3	18	34	45*57	0	N
Rochelle (la) *Aunis.* .	0*14	0	O	3	29	55	46*	9	21
Rome, *Italie*, à S. Pierre.	0*40	37	E	10	9	15	41*53	54	
Roterdam, *Hollande* . .	0 8	38	E	2	9	30	51*54	56	
Rouen, *Normandie* . . .	0* 4	59	O	1	14	40	49*26	23	
Royan , *Saintonge* . .	0*13	28	O	3	22	6	45*37	55	
Saint-André , *Ecoffe* . .	0 19	28	O	4	52	0	56	27	0
———Brieux , *Bretagne* .	0*20	13	O	5	3	17	48*31	21	
———Croix , *Afrique* . .	0 48	0	O	12	0	0	30*30	0	
———David , *Angleterre* .	0 30	20	O	7	35	0	52	0	0
———François , (Baie de) *Amérique*	3 51	26	O	57	51	30	52	40	30
———Jean-de-Luz , *Efp* .	0*16	2	O	4	0	32	43*23	15	
———Joseph, *Californie* .	7*28	10	O	112	2	30	23*	3	42
———Malo , *Bretagne* . .	0*17	29	O	4	22	22	48*38	59	
———Mathieu , *Bretagne* , au Fanal.	0*28	30	O	7	7	25	48*19	52	
———Michel (Mont), *Normandie*	0*15	26	O	3	51	27	48*38	11	
———Paul-de-Léon , Breta.	0*25	21	O	6	20	21	48*40	55	
———Tropez , *Provence.* .	0*17	17	E	4	19	20	43*16	17	
———Valery, *fur Somme* .	0* 2	52	O	0	42	54	50*11	13	
———Valery, *en Caux* . .	0 6	35	O	1	38	50	49*52	12	
Salé (nouveau) *Afrique* .	0 36	14	O	9	3	30	34† 5	0	
Salonique ou Theffalonique , *Turquie.*	1*23	12	E	20	48	0	40*41	10	
Scarbouroug, *Angleterre.*	0 10	8	O	2	32	0	54	14	0
Scutari , *Turquie.*	1 46	40	E	26	40	0	51	40	0
Sénégal (entrée du) *Afri.* pointe Preberie.	1 15	26	O	18	51	30	15	53	0
Siam *ou* Juthia, *Indes.* .	6 34	0	E	98	30	0	14	18	0
Smirne, *Turquie.*	1*39	59	E	24	59	45	38*28	7	
Start-point , *Angleterre* .	0 23	28	O	5	52	0	50	9	0
Stockolm, *Suéde.*	1† 2	53	E	15	43	15	59†20	31	
Surate, *Indes.*	4 40	14	E	70	3	30	21†10	0	

Suite de la TABLE de la différence des Méridiens.

Noms des Lieux.	Diffr. des Méridiens.						Latitude ou hauteur du Pole.		
	En temps.			En degrés.					
	H.	M.	S.	D.	M.	S.	D.	M.	S.
Terre de Feu.									
Cap S. Diégo, *pointe la plus E. de la T. de Feu*	4	50	12 O	67	33	0	54	32	0 S
Baie des Succès. . .	4	30	56 O	67	44	0	54	49	45
Cap du Succès . . .	4	31	4 O	67	46	0	55	1	0
Isles Barnevelt, *mili.*	4	37	8 O	69	17	0	55	49	0
Isles Evouts	4	37	12 O	69	18	0	55	34	30
Cap Horn	4	39	0 O	69	45	0	55	58	30
Isles de S. Ildefonse .	4	47	8 O	71	47	0	55	51	0
Cap de Noël.	4†49	27	O	72	21	50	55†21	57	
Isle Gilbert	4	53	43 O	73	25	45	55	13	0
Cap de Désolation. .	4	56	56 O	74	14	0	54	55	0
Cap Noir	5	1	29 O	75	22	15	54	32	30
Cap Desiré.	5	6	28 O	76	37	0	53	4	15
Ter. de Sandwich mer du Sud.									
Isle de la Chandeleur, *milieu.* . .	1	58	8 O	29	32	0	57	10	0
Isle Saunder. . .	1	57	8 O	29	17	0	58	0	0
Cap Montagu. . .	1	56	20 O	29	5	0	58	33	0
Cap Bristol. . .	1	56	40 O	29	10	0	59	2	30
Pic Friesland. . .	1	56	58 O	29	14	30	59	2	0
Thulé Australe. .	2	0	16 O	30	4	0	59	34	0
Texel (entrée du) pointe sud	0	9	44 E	2	26	0	53†2	0 N	
Tornea, *Suéde*.	1*27	30	E	21	52	37	65*50	50	
Toulon, *Provence* . . .	0*14	26	E	3	36	35	43*	7	24
Tour des Baleines, *Isle de Ré.*	0*15	38	O	3	54	28	46ʳ14	48	
Tour de Chassiron, *Isle d'Oléron.*	0*15	1	O	3	45	13	46*	2	50
Tour de Cordouan, *Guyenne*	0*14	3	O	3	30	38	45*35	15	
Tréguier, *Bretagne*. . .	0*22	21	O	5	35	10	48*46	45	
Trinquebar, *Indes*. . .	5	9	28 E	77	22	0	10	56	0
Trinquemaly, *Indes*, isle de Ceylan	5	15	28 E	78	52	0	8	25	0
Tripoli, *Barbarie* . . .	0*43	1	E	10	45	15	32*55	40	

Suite de la TABLE de la différence des Méridiens.

Noms des Lieux.	Différ. des Méridiens.		En degrés.			Latitude ou hauteur du Pole.		
	H. M. S.		D. M. S.			D. M. S.		
Uranibourg, *Danemar.*, Isle d'Huen.	0*40 59 E		10 14 45			55*55 4 N		
Valparaiso, *Chili* . . .	4*58 15 O		74 33 45			33* 0 30 S		
Vannes, *Bretagne* . . .	0*20 26 O		5 6 26			47*39 14 N		
Venise, *Italie*.	0 38 48 E		9 42 0			45†27 7		
Vera-Crux, *Amérique*. .	6 39 16 O		99 49 0			19 12 0		
Roche-Bonne. . . .	0 19 6 O		4 46 30			46 14 0		
Blanches-Vertes . .	0 19 24 O		4 51 0			46 16 0		
La Chapelle, *Roche très-douteuse*. . .	0 38 8 O		9 32 0			47 24 0		
Vigie au N.O. du Cap Finistere.	1 2 0 O		15 30 0			46 24 0		
Rocher de Rokol . .	1 5 40 O		16 25 0			57 30 0		
Roche au N. de Madere, *Douteuse*. . .	1 13 34 O		18 23 30			33 16 15		
Rocher des Mouettes.	1 25 20 O		21 20 0			67 27 0		
Mayda *ou* Méda, *Douteuse*	1 28 0 O		22 0 0			46 10 0		
Vigie à l'E. de Ste Marie des Açores . . .	1 28 36 O		22 9 0			36 54 0		
Vigie dans le S-E. ¼ S. de l'isle Verte . . .	1 45 40 O		26 25 0			42 30 0		
Vigie au N. de S. Michel des Açores .	1 48 44 O		27 11 0			38 50 0		
Isle Verte, *très-dout.*	1 55 0 O		28 45 0			44 52 0		
Vigie vers le S. de l'Isle Jacquet . . .	2 39 0 O		39 45 0			45 40 0		
Isle Jacquet, *très-douteuse*.	2 41 0 O		40 15 0			46 45 0		
Vigie à l'O. de Corvo, *l'une des Açores*. .	2 55 0 O		43 45 0			39 40 0		
Vigie à l'E. de la pte. S. du grand banc. .	3 24 32 O		51 8 0			41 0 0		
Banc *ou* Haut-Fond .	3 28 0 O		52 0 0			15 56 0		
Vigie à l'O. de la pte. S. du grand banc. .	3 48 52 O		57 13 0			40 50 0		

Suite de la TABLE *de la différence des Méridiens.*

Noms des Lieux.	Différ. des Méridiens.						Latitude ou hauteur du Pole.			
	En tems.				En Degrés.			En Degrés.		
	H.	M.	S.		D.	M.	S.	D.	M.	S.
Vigies. { Roches à l'E. des Bermudes	4	0	20	O	60	5	0	32	13	0 N
Vigie vue en 1773 . .	4	30	0	O	67	30	0	24	34	0
Ecueil au N. de Porto-Rico	4	37	0	O	69	15	0	20	50	0
Vigo, *Espagne*	0	44	0	O	11	0	0	42*13	20	
Vintimille, *Italie* . . .	0	21	10	E	5	17	30	43	23	20
Wardus, *Laponie* . . .	1	55	7	E	28	46	45	70†22	36	
Worcum, *Hollande* . .	0	10	13	E	2	33	20	51	47	0
Ylo, *Pérou*	4*54	12		O	73	33	0	17*36	15	S

F I N.

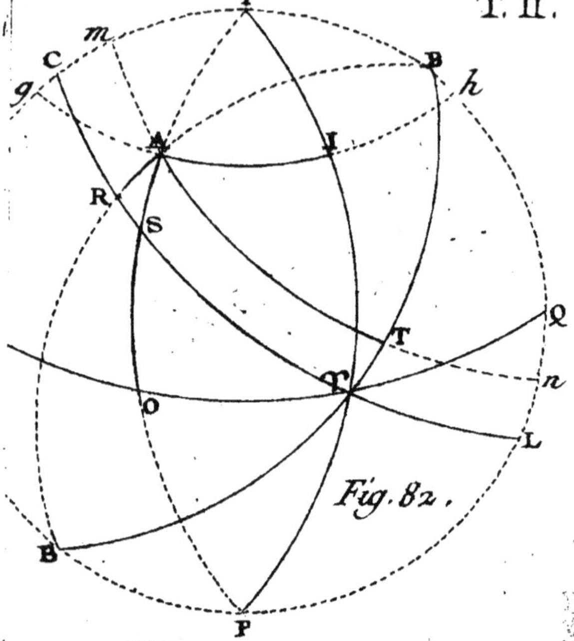

Fig. 82.

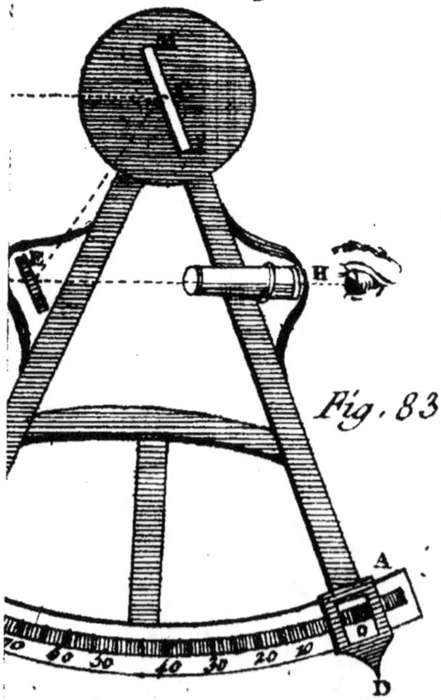

Fig. 83.

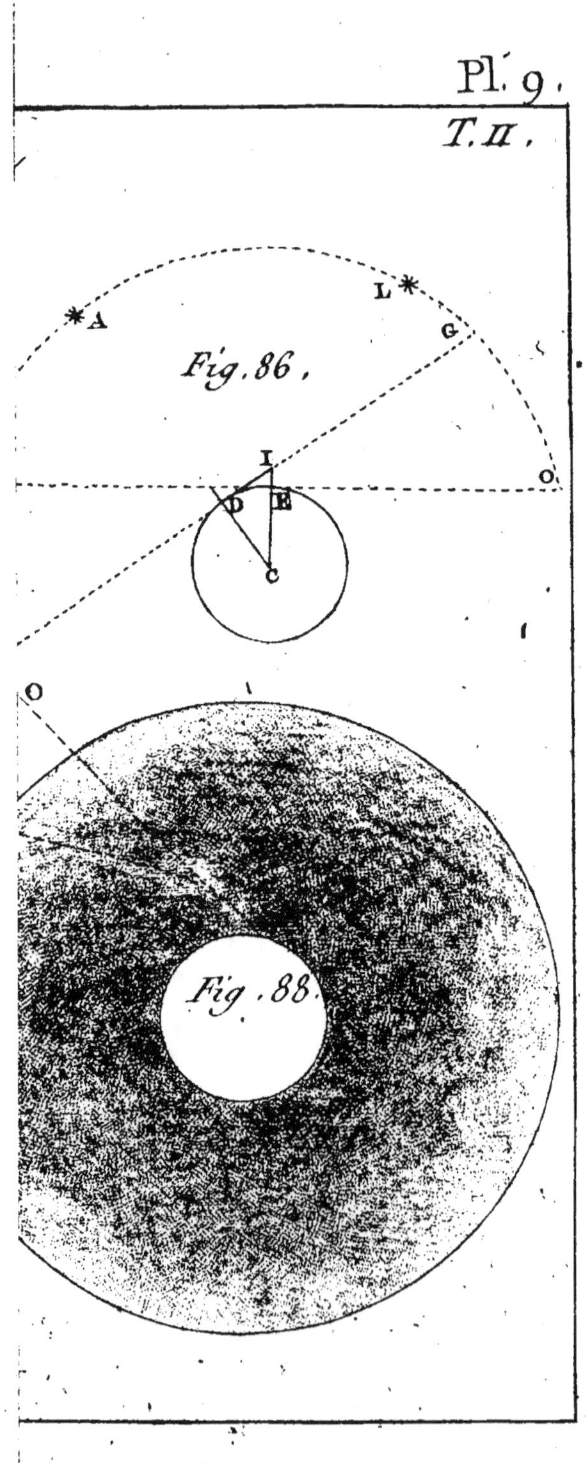
A
L
G
Fig. 86.
I
D E
C
O
O
Fig. 88.

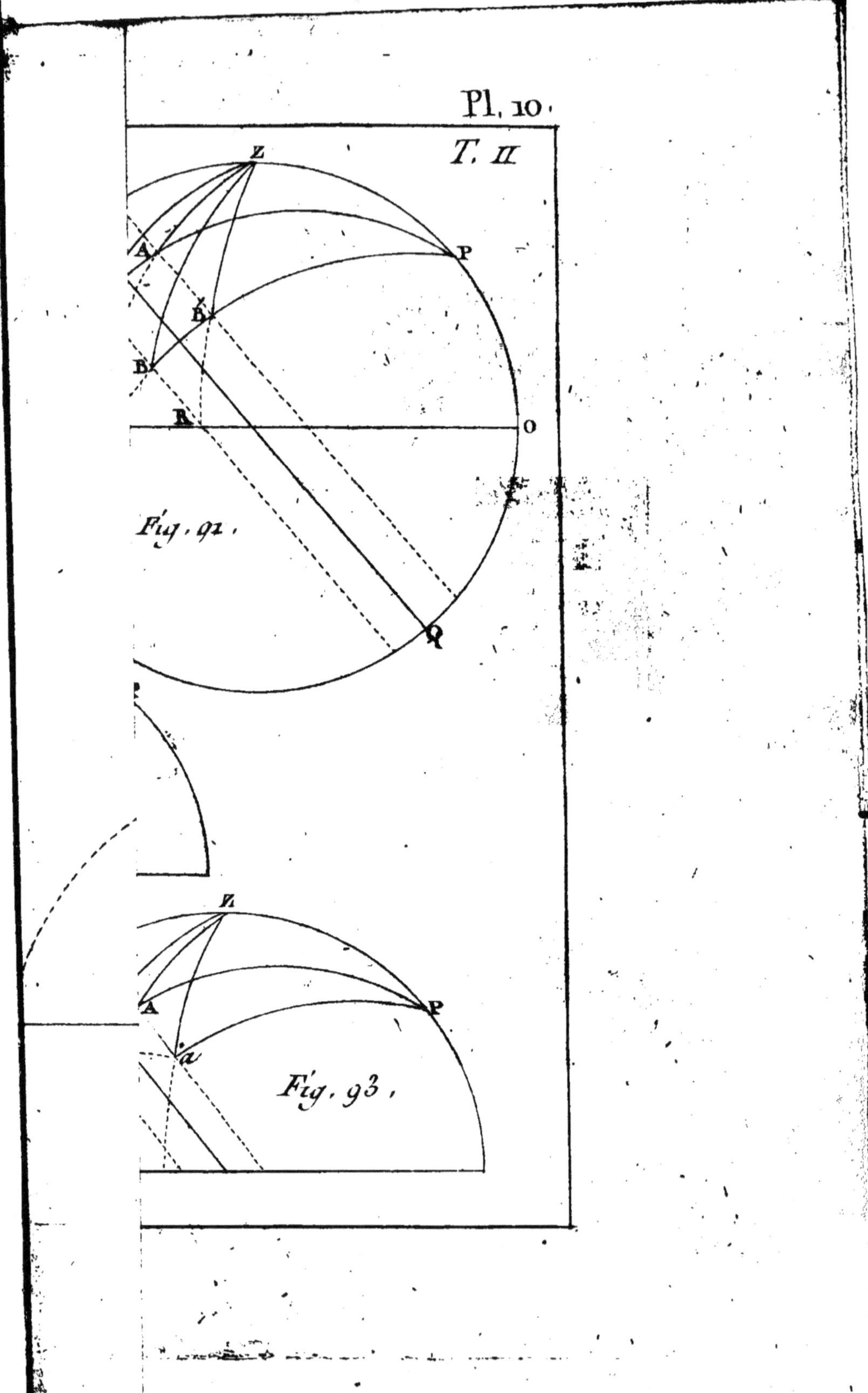
Pl. 10.
T. II
Z
A
P
D
B
R
O
Q
Fig. 92.
Z
A
P
a
Fig. 93.

Pl. 11.
T. II. 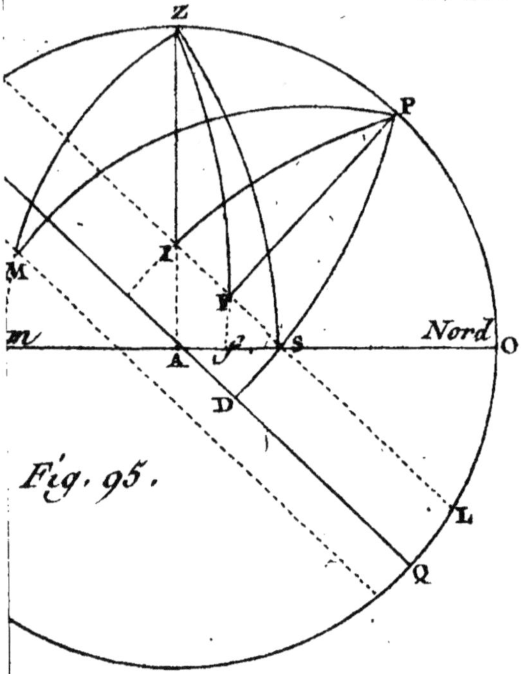
Z
P
M
I
F
m
Nord
O
A
f
S
D
L
Q
Fig. 95. 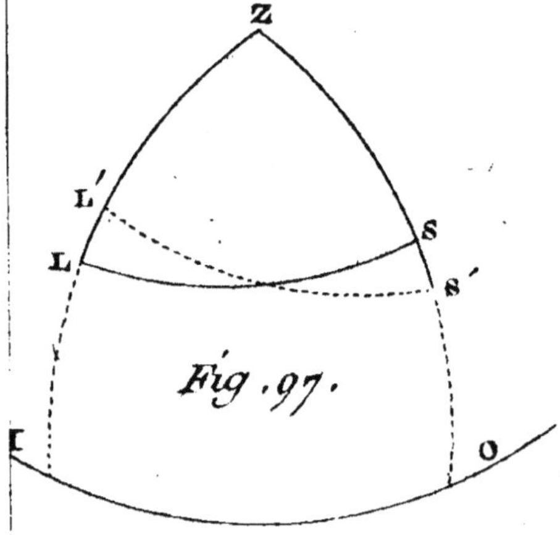
Z
L'
S
L
S'
Fig. 97.
I
O

www.ingramcontent.com/pod-product-compliance
Lightning Source LLC
LaVergne TN
LVHW021530170726
843501LV00004B/1019